高等职业教育精品教材·市场营销专业

销售商务礼仪

刘 娟 杨 帆 主 编
乔平平 卢秋萍
宋 琳 袁艳娟 副主编

电子工业出版社
Publishing House of Electronics Industry
北京·BEIJING

内容简介

本书依据"应用为本,学以致用"的理念,以企业销售活动涉及的礼仪活动为主线,涵盖了销售礼仪的方方面面,突出了礼仪在销售活动中的运用。

本书共分 7 章,包括礼仪与销售礼仪概述、销售人员的个人形象礼仪、销售人员的交往礼仪、销售人员的办公礼仪、销售实务礼仪、销售活动礼仪、商务仪式礼仪。本书较为全面地介绍了销售商务礼仪的相关知识和运用技巧。

本书具有较广泛的适用性,既可作为大专院校相关专业学生的教学用书,也可作为社会培训用书及自学者的学习用书。

未经许可,不得以任何方式复制或抄袭本书之部分或全部内容。
版权所有,侵权必究。

图书在版编目(CIP)数据

销售商务礼仪 / 刘娟,杨帆主编. —北京:电子工业出版社,2019.6
ISBN 978-7-121-33118-3

Ⅰ. ①销… Ⅱ. ①刘… ②杨… Ⅲ. ①销售-礼仪-高等学校-教材 Ⅳ. ①F713.3

中国版本图书馆 CIP 数据核字(2017)第 293122 号

责任编辑:贾瑞敏　　　　　　　　特约编辑:许振伍　胡伟卷
印　　刷:北京虎彩文化传播有限公司
装　　订:北京虎彩文化传播有限公司
出版发行:电子工业出版社
　　　　　北京市海淀区万寿路 173 信箱　邮编 100036
开　　本:787×1 092　1/16　印张:11.5　字数:294 千字
版　　次:2019 年 6 月第 1 版
印　　次:2021 年 7 月第 4 次印刷
定　　价:38.00 元

凡所购买电子工业出版社图书有缺损问题,请向购买书店调换。若书店售缺,请与本社发行部联系,联系及邮购电话:(010)88254888,88258888。
质量投诉请发邮件至 zlts@phei.com.cn,盗版侵权举报请发邮件至 dbqq@phei.com.cn。
本书咨询联系方式:电话 010-62017651;邮箱 fservice@vip.163.com;QQ 群 427695338;微信 DZFW18310186571。

前 言

"销售商务礼仪"是高职市场开发与销售专业（3 年制）的必修专业课程，是实务系列的主干课程，讲授商务活动各环节和场合必须遵循的礼仪规范，对学生职业能力的培养和职业素养的养成起着支撑作用。现代社会的开放性和文化的多元性决定了人们必须懂得礼仪、会运用礼仪，因此礼仪教育已经成为素质教育的一部分，日益发挥着重要的作用。通过本课程的学习，学生应具备市场开发与销售人才所必需的商务礼仪知识，掌握成为高素质人才所必需的商务礼仪基本理论和技能，以提高自身修养和综合素质，增强适应社会和职业变化的能力；帮助组织在社会上树立良好的形象，培养自己从事市场开发与销售的职业能力。

本教材的特点如下。

1. 注重学生职业能力的培养

本教材针对市场开发与销售岗位，紧紧围绕该岗位核心能力的要求，针对岗位需要整合各个章节，突出技能训练。

高职学生的职业能力包括职业道德、求职技巧、沟通表达能力等，这些都是学生未来长期发展的关键能力。本教材在注重岗位技能培养的同时，设立素质培养目标，关注学生情商与综合素质的发展，通过教学内容的合理编排和教学过程中的体验训练，提升学生的沟通能力和团队合作能力。

2. 注重教材与企业的关联度

本教材注重教材与企业的关联度，体现在 3 个方面：一是教材内容与企业的关联度，教材内容和岗位要求接轨；二是教学团队与企业的关联度，在教学团队的配备上，注意校企互聘共用结合，聘请校外兼职教师或"双师型"教师，承担一定的实践教学任务；三是教学资源与企业的关联度，在教材开发方面获得学校和企业的共同支持，实现学生未来走出校门后与企业无缝接轨。

本教材由刘娟、杨帆担任主编，乔平平、卢秋萍、宋琳、袁艳娟担任副主编。本教材编写的具体分工为：刘娟编写第一章、第二章；卢秋萍编写第三章；袁艳娟编写第四章；杨帆编写第五章；乔平平编写第六章；宋琳编写第七章；全书由刘娟和杨帆负责统稿和审稿工作。

本教材的编写得到了河南工业职业技术学院、河南福森药业有限责任公司、苏州太湖旅游发展新天地有限公司、河南赊店老酒股份有限公司、郑州方特欢乐世界等有关领导的支持和帮助，在此一并表示衷心感谢！

由于编者水平有限，书中难免有不足之处，敬请广大读者批评和指正。

编 者

目 录

第一章 礼仪与销售礼仪概述 /1

第一节 礼仪概述 /2
　一、礼的基本概念 /2
　二、礼仪的起源和演变 /3
　三、现代礼仪的特征 /4
　四、现代礼仪应遵守的原则 /5
　五、东方礼仪和西方礼仪的差异 /6
第二节 销售礼仪概述 /8
　一、销售与礼仪的关系 /8
　二、销售礼仪的含义及特征 /9
　三、销售礼仪的基本原则 /9
　四、销售礼仪的作用 /11
本章小结 /12
复习思考 /12

第二章 销售人员的个人形象礼仪 /14

第一节 个人形象礼仪概述 /15
　一、个人形象礼仪的含义 /15
　二、个人形象礼仪的特征 /16
　三、个人形象礼仪的重要性 /17
第二节 销售人员仪容设计 /18
　一、仪容的含义 /18
　二、销售人员仪容的修饰 /19
第三节 销售人员仪表设计 /27
　一、仪表的含义 /27
　二、销售人员着装礼仪 /28
第四节 销售人员仪态设计 /33
　一、仪态的含义 /33
　二、销售人员的仪态礼仪 /33
本章小结 /42
复习思考 /42

第三章 销售人员的交往礼仪 /44

第一节 见面招呼礼仪 /45
　一、问候致意礼仪 /45
　二、握手礼 /54
　三、称谓礼仪 /57
第二节 见面交往礼仪 /61
　一、名片礼仪 /62
　二、介绍礼仪 /67
本章小结 /74
复习思考 /75

第四章 销售人员的办公礼仪 /77

第一节 销售人员的办公室礼仪 /78
　一、办公室礼仪的含义及作用 /78
　二、办公室的职业形象 /79
　三、办公室的工作规范 /80
　四、办公室的环境礼仪 /82
第二节 销售人员的办公室会面礼仪 /84
　一、办公室的称呼礼仪 /84
　二、办公室的握手礼仪 /85
　三、办公室的问候礼仪 /85
　四、办公室的待客礼仪 /86
　五、办公室的送客礼仪 /87
第三节 销售人员的办公室相处礼仪 /87
　一、办公室与上级相处的礼仪 /87
　二、办公室与下级相处的礼仪 /90
　三、同事间的交往礼仪 /92

第四节　销售人员的办公室通信礼仪 /93
　　一、文书礼仪 /93
　　二、电话礼仪 /94
　　三、传真礼仪 /96
　　四、电子邮件礼仪 /98
　　五、微信礼仪 /99
第五节　销售人员的会议礼仪 /100
　　一、主持礼仪 /100
　　二、发言礼仪 /103
　　三、参会礼仪 /103
本章小结 /106
复习思考 /106

第五章　销售实务礼仪 /108

第一节　产品销售礼仪 /109
　　一、产品销售礼仪的含义 /109
　　二、产品销售礼仪的具体运用 /110
　　三、产品销售礼仪的注意事项 /115
第二节　销售谈判礼仪 /117
　　一、销售谈判礼仪的概念及
　　　　特点 /117
　　二、销售谈判礼仪的具体运用 /118
　　三、销售谈判礼仪的注意事项 /119
第三节　网络销售礼仪 /120
　　一、网络销售礼仪的原则 /120
　　二、网络销售的礼仪规范 /121
本章小结 /123
复习思考 /123

第六章　销售活动礼仪 /125

第一节　宴请礼仪 /126
　　一、餐桌礼仪 /126
　　二、宴客礼仪 /127
第二节　舞会礼仪 /128
　　一、舞会准备 /128
　　二、舞会陪同 /129

本章小结 /132
复习思考 /132

第七章　商务仪式礼仪 /134

第一节　签字仪式礼仪 /135
　　一、签字仪式的含义 /135
　　二、签字仪式的准备 /135
　　三、签字仪式的座次礼仪 /138
　　四、签字仪式的基本程序 /141
第二节　剪彩仪式礼仪 /141
　　一、剪彩仪式的主要内容 /142
　　二、剪彩的准备 /143
　　三、剪彩仪式的程序 /146
第三节　开业仪式礼仪 /151
　　一、开业仪式的原则 /152
　　二、开业仪式的作用 /152
　　三、开业仪式的准备 /152
　　四、开业仪式的具体形式及其
　　　　程序 /154
　　五、参加开业仪式的礼仪要求 /158
第四节　新闻发布会礼仪 /158
　　一、新闻发布会概述 /158
　　二、新闻发布会的原则 /158
　　三、新闻发布会的特点 /159
　　四、新闻发布会的筹备 /159
　　五、新闻发布会的程序 /163
　　六、媒体的应对 /164
　　七、现场的应酬 /164
　　八、善后的事宜 /165
　　九、新闻发布会应注意的礼仪
　　　　事项 /165
第五节　国旗礼仪 /166
　　一、国旗悬挂规范 /166
　　二、国旗悬挂法 /167
本章小结 /171
复习思考 /172

参考文献 /175

第一章
礼仪与销售礼仪概述

在人与人的交往中，礼仪越周到越保险。

——［英］托·卡莱尔

学习目标

1. 了解礼仪的基本概念。
2. 了解礼仪的发展。
3. 了解销售礼仪的特点。

 **情境导入**

赵先生是一家银行的职员，平时很少买衣服，周五晚上时间相对比较空闲，因此他来到了繁华的商业街逛商场散心。在商场快下班的时候，赵先生走进了一家服装柜台，店里的几名店员都显得很忙碌，有的在对账，有的在盘点货品，还有的在清扫店面。赵先生拿起一条裤子问："这条裤子是多大号的呀，我能穿吗？"其中一位店员抬起头来打量了他一下说："适合你这身材的号恐怕没有。"赵先生有点尴尬，但因为想买，就追问了一句："到底有没有？能不能找找？"那位店员很不耐烦地回答："不用喊了，现存的号你都穿不了。"接着又加了一句："先生快点儿看行吗？我们已经下班了，商场马上关门了。"赵先生非常生气地放下裤子，气愤地说："什么服务态度！"随后他推门而去。

任务 作为销售人员，店员的态度符合销售礼仪吗？销售礼仪包括那些方面？

学习礼仪，不仅是为了形象、为了效能，更是为了服务。学习礼仪，不仅可以让个人拥有一种良好的形象，还可以让组织具有良好的声誉。对于组织来说，不管它是否盈利，形象是最根本的。销售礼仪日益成为企业竞争取胜的一个重要法宝。对于销售人员来说，注重礼仪的学习，既能提升个人素养和形象，又有助于树立和维系高知名度及高美誉度的企业形象。

第一节　礼仪概述

一、礼的基本概念

（一）礼

礼本意为敬神，今引申为表示敬意的通称，既是表示尊敬的言语或动作，也是人们在长期的生活实践与交往中约定俗成的行为规范。

在古代，礼特指奴隶社会或封建社会等级森严的社会规范和道德规范。今天，礼的含义比较广泛，既可指为表示敬意而隆重举行的仪式，也可指社会交往中的礼貌和礼节。所以说，礼的本质是"诚"，有敬重、友好、谦恭、关心、体贴之意。

（二）礼貌

1．礼貌的含义

礼貌是人与人在交往中，一个人在待人接物时的外在表现。它通过言谈、表情、举止表示了敬重和友好的行为准则，既体现了时代的风尚和人们的道德品质，也体现了人们的文化层次和文明程度。

2．礼貌的分类

礼貌可分为礼貌行为和礼貌语言两部分。

① 礼貌行为。礼貌行为是一种无声的语言，如微笑、点头、欠身、鞠躬、握手，正确的站姿、坐姿等。

② 礼貌语言。礼貌语言是一种有声的行动，如使用"小姐""先生"等敬语、"恭候光临""我能为您做点什么"等谦语、"哪一位""不新鲜""有异味""哪里可以方便"等雅语。

在人际交往中讲究礼貌，不仅有助于建立相互尊重和友好合作的新型关系，而且能够缓解或避免某些不必要的冲突。

有家企业的公关人员小刘，说话办事都有板有眼，就是有一个缺点，凡是他看不惯的人，他就不想与之多说，结果得罪了不少客户。公关部经理对他说："我们岁数相差二十好几，性格差异更大，你好动，我好静，但并不影响我们的合作，你想想这是为什么？"脑子灵活的小刘一听，便知道经理是在批评自己。他悟出一个道理：脾气、性情不同的人同样可以做朋友。从那以后，他开始接纳个性特别的客户，并能取其长处，友好往来，很快赢得了客户的好感。

资料来源：张岩松. 公关交际艺术［M］. 北京：中国社会科学出版社，2006.

（三）礼节

1．礼节的定义

礼节是指人们在日常生活中，特别是在交际场合中，相互表示尊重、友好、致意、祝愿、慰问等的惯用形式。

2．礼节的表现形式

礼节是礼貌的具体表现形式，是人内在品质的外化。有礼貌、尊重他人是通过礼节表现出来的。例如，尊重师长，可以通过见到长辈和教师问安行礼的方式表现出来；欢迎他人到来可以通过见到客人起立、握手等礼节来表示；得到别人帮助可以说声"谢谢"来表示感激的心情。

借助这些礼节，对别人尊重友好的礼貌得到了适当表达。不掌握这些礼节，则在与人交往时虽有尊重别人的内心愿望却难以表达出来，所以我们应掌握正确（规范）的礼节，以便正确地表达意愿。

（四）礼仪

1．礼仪的定义

礼仪通常是指在较大、较隆重的正式场合，为表示敬意、尊重、重视等所举行的合乎社交规范和道德规范的仪式。

2．礼仪与礼节和礼貌的关系

（1）礼仪就是表示礼节的仪式

礼节是礼仪的基本组成部分。换言之，礼仪在层次上要高于礼貌、礼节，其内涵更深、更广。

（2）礼貌是礼仪的基础

礼仪实际上是由一系列具体的表现礼貌的礼节所构成的。它不像礼节一样只是一种做法，而是一个表示礼貌的系统、完整的过程。

（五）仪式

仪式是指在一定场合，表示郑重、敬意、友好而举行的具有专门程序化行为规范的活动。

任何组织都有一定形式的仪式活动。精心安排的文化仪式，可以使员工在日常工作和生活的熏陶中认同和体现共同信念。庄严的仪式也确实有助于精神理念的强化。

（六）礼宾

礼宾即"以礼待宾"之意，也就是说，按照一定的礼仪接待宾客。

在现实生活中，特别是在人际交往、涉外活动中，主方根据客方人员的身份、地位、级别等给予相应的接待规格和待遇，即为礼宾或礼遇。

二、礼仪的起源和演变

（一）起源

现代礼仪源于礼，礼的产生可以追溯到远古时代。自从有了人，有了人与自然的关系，有了人和人之间的交往，礼便产生和发展起来。

从理论上讲，礼起源于人类为协调主客观矛盾需要的人和人的交往中；从仪式上讲，礼起源于原始的宗教祭祀活动。

（二）形成与发展

原始社会——萌芽：只是指祭祀天地、鬼神、祖先的形式。

奴隶社会——正式形成：由祭祀形式跨入全面制约人们行为的领域。

封建社会——礼仪的发展、变革时期：将人的行为纳入封建道德的轨道，形成了正统的封建礼教。

近代——礼仪范畴逐渐缩小，礼仪与政治体制、法律典章、行政区划、伦理道德等基本分离。

现代——主要指仪式和礼节，去掉了繁文缛节、复杂琐碎的内容，吸收了许多反映时代风貌、适应现代生活节奏的新形式。其简单、实用、新颖、灵活，体现了高效率、快节奏的时代旋律。

一位先生要雇一位没带任何介绍信的小伙子到他的办公室做事，这位先生的朋友感到很奇怪。这位先生说："其实，他带来了不止一封介绍信。你看，他在进门前先蹭掉了脚上的泥土，进门后又先脱帽，随手关上了门，这说明他很懂礼貌，做事很仔细；当看到那位残疾老人时，他立即起身让座，这表明他心地善良，知道体贴别人；那本书是我故意放在地上的，其他所有的应试者都不屑一顾，只有他俯身捡起，放在桌上；当我和他交谈时，我发现他衣着整洁，头发梳得整整齐齐，指甲修得干干净净，谈吐温文尔雅，思维十分敏捷。怎么，难道你不认为这些细节是极好的介绍信吗？"

资料来源：杨友苏，石达平．品礼：中外礼仪故事选评［M］．上海：学林出版社，2008．

三、现代礼仪的特征

（一）国际性

礼作为一种文化现象，跨越了国家和地区的界线，为世界各国人民所共同拥有。在讲文明、懂礼貌、相互尊重的原则基础上形成完善的礼节形式，已为世界各国人民所接受并共同遵守。

随着国际交往的不断增进，各个国家、地区和社会集团所惯用的一些礼仪形式为世界范围内的人们所共同接受并经常使用，逐渐形成了一些更加规范化、专门化的国际礼仪。现代礼仪兼容并蓄，融会世界各个国家的礼仪之长，使其更加国际化、更加趋同化。

（二）民族性

礼仪作为约定俗成的行为规范，在拥有共性的同时，又表现出一种较为明显的民族、国别的差异性。

由于不同国家、不同民族各自的历史文化传统、语言、文字、活动区域不同，其各自的人民在长期历史过程中形成的心理素质特征不同，所以各民族、各国家的礼仪都带有本国家、本民族的特点。

（三）传承性

礼仪是一个国家、民族传统文化的重要组成部分。它的形成和完善是历史发展的产物，一旦形成，便会长期沿袭、经久不衰。

（四）时代性

礼仪作为一种文化范畴，具有浓厚的时代特色。礼仪随着时代的发展而发展变化。

四、现代礼仪应遵守的原则

（一）尊重原则

孔子："礼者，敬人也。"在人际交往中，应以尊重为前提，尊重对方，同时保持自尊。就是说，在现代礼仪中，尊重原则是其实质。在礼仪行为实施的过程中，要体现出对他人真诚的尊重，而不能藐视他人。礼仪本身从内容到形式都是尊重他人的具体体现。在交往中，任何不尊重他人的言行都会引起别人的反感，更不会赢得别人对自己的尊重。

（二）遵守原则

礼仪作为一种维护共同利益的行为规范，每个人都有责任、义务去维护，并共同遵守。各种类型的人际交往，都应当自觉遵守一系列的准则。

1. 遵守公德

社会公德是全体公民为维护正常生活秩序而共同遵循的最简单、最起码的公共生活准则。它直接反映出一个社会公民的礼节、礼貌、道德修养程度和水准，是人类社会文明程度的重要标志。

2. 遵时守信

遵守时间、讲求信用是建立和维护良好社会关系的基本前提。

（1）守时（遵守时间）

① 要有约在先。
② 要如约而行。
③ 要适可而止。

（2）守信（信守承诺）

取信于人是公认的建立良好人际关系的基本条件之一，同时也是生活于文明社会的现代人应具备的一种优良品德。

① 必须慎于承诺。在做出承诺之前要三思，在做出承诺之后要认真遵守，出现异况要说明原委。
② 必须重视承诺。

3. 真诚友善

以诚待人，心诚则灵。人际交往中的真诚是赢得对方信任和尊重的前提。

4. 谦虚随和

在人际交往中，虚心、不摆架子、不自以为是、不固执己见，就会容易被对方所接受。

有一批应届毕业生22人，实习时被导师带到北京的国家某部委实验室参观，全体学生坐在会议室里等待部长的到来。这时有秘书给大家倒水，同学们表情木然地看着她忙活，其中一个还问了句："有绿茶吗？天太热了。"秘书回答说："抱歉，刚刚用完了。"林晖看着有点别扭，心里嘀咕："人家给你倒水还挑三拣四。"轮到他时，他轻声说："谢谢。大热天的，辛苦了。"秘书抬头看了他一眼，满含着惊奇。虽然这是很普通的客气话，却是她今天唯一听到的。

门开了，部长走进来与大家打招呼。不知怎么回事，静悄悄的，没有一个人回应。林晖左右看了看，犹犹豫豫地鼓了几下掌，同学们这才稀稀落落地跟着拍手，由于不齐，越发显得零乱起来。部长挥了挥手："欢迎同学们到这里来参观。平时这些事一般都是由办公室负责接待，因为我跟你们的导师是老同学，非常要好，所以这次我亲自来给大家讲一些情况。我看同学们好像都没有带笔记本，这样吧，王秘书，请你去拿一些我们部里印的纪念手册，送给同学们做纪念。"接下来，更尴尬的事情发生了，大家都坐在那里，很随意地用一只手接过部长双手递过来的手册。部长脸色越来越难看，来到林晖面前时，已经快要没有耐心了。就在这时，林晖礼貌地站起来，身体微倾，双手握住手册，恭敬地说了一声："谢谢您！"部长闻听此言，不觉眼前一亮，伸手拍了拍林晖的肩膀："你叫什么名字？"林晖照实作答，部长微笑点头，回到自己的座位上。早已汗颜的导师看到此情此景，才微微松了一口气。

两个月后，毕业分配表上，林晖的去向栏里赫然写着国家某部委实验室。有几位颇感不满的同学找到导师："林晖的学习成绩最多算中等，凭什么选他而没选我们？"导师看了看这几张尚属稚嫩的脸，笑道："是人家点名来要的。其实你们的机会是完全一样的，你们的成绩甚至比林晖还要好，但是除了学习，你们需要学的东西太多了，修养是第一课。"

资料来源：杨友苏，石达平. 品礼：中外礼仪故事选评［M］. 上海：学林出版社，2008.

（三）适度原则

人类学家论证古代"礼"通"履（鞋子）"。就是说，礼要像鞋子一样大小合适，即适度原则。

现代礼仪强调人和人之间的交流与沟通一定要适度，在不同场合，对不同对象应始终不卑不亢、落落大方，把握好一定的分寸。

（四）自律原则

在要求对方尊重自己之前，首先应检查自己的行为是否符合礼仪规范的要求，只有做到"严于律己""宽以待人"，才能赢得别人的尊敬和好感。

五、东方礼仪和西方礼仪的差异

当今不同文化背景的人们彼此间的交往日益增多，密切的跨文化沟通是当今世界的一个重要特征。在人类社会中，差异最大的两种文化传统是东方传统和西方传统。东方传统包括中国、日本、朝鲜、印度、新加坡等国家；西方传统见之于美国、英国、意大利、德国和法国等国家。

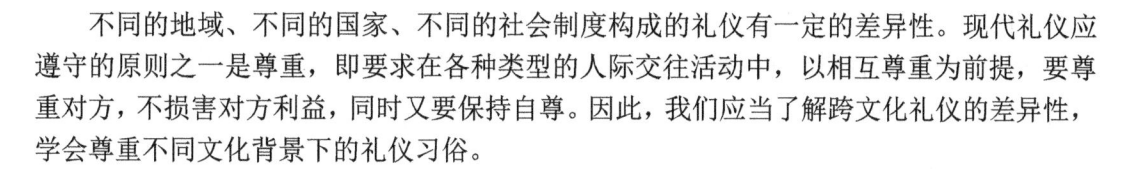

不同的地域、不同的国家、不同的社会制度构成的礼仪有一定的差异性。现代礼仪应遵守的原则之一是尊重，即要求在各种类型的人际交往活动中，以相互尊重为前提，要尊重对方，不损害对方利益，同时又要保持自尊。因此，我们应当了解跨文化礼仪的差异性，学会尊重不同文化背景下的礼仪习俗。

（一）东方礼仪的特点

古老的东方以其富含人情味的传统礼仪向世人展示了悠久的历史文化和无穷的魅力。

1. 重视亲情和血缘（情感式）

东方民族尤其信奉"血浓于水"这一传统观念，所以人际关系中最稳定的因素是血缘关系。当多种利益发生矛盾和冲突时，多数人都会选择维护有血缘关系的家庭利益。

有很多古语都反映出东方民族重视亲情和血缘这一特点，如"老吾老以及人之老，幼吾幼以及人之幼""父母在，不远游""人丁兴旺，儿孙满堂"等。

2. 谦逊、含蓄

东方人比较讲究谦虚、含蓄、委婉。

3. 强调共性（整体性）

东方人非常注重共性拥有，强调整体性和综合性，国民都有较强的民族感，在日本这种民族感尤其突出。东方人注重集体主义、团队精神、凝聚力，强调组织的团结和谐，交往的目的以协调各种关系为重。例如，日本丰田汽车公司的经营管理充满家庭式色彩，富有人情味，人人以为公司出力而感到光荣。

4. 礼尚往来

礼是联系人际交往的媒介和桥梁。这里的"礼"，主要是指礼物。其实，礼物本身并不重要，重要的是渗透其中的情感。

东方人讲究"来而不往非礼也"，送礼的名目繁多，除了重要的节日相互拜访需要送礼，平时的婚、丧、嫁、娶、生日、提职、加薪都可以作为送礼理由。

（二）西方礼仪的特点

西方礼仪的产生与西方文明的发展有密切的关系。它萌芽于古希腊，形成于17世纪至18世纪的法国，其间深受古希腊、古罗马、法兰西等地区和国家文化的影响。

1. 简单实用（务实性）

英美人喜欢单刀直入，预热的阶段很短。

西方礼仪具有很强的务实性。西方人特别是美国人，在开场白和结束语中，没有一套谦辞，而且啰唆的谦辞会使美国人反感："你没有准备好就不要讲了，不要浪费别人的时间。"

2. 崇尚个性自由

西方人讲求个人尊严、隐私神圣不可侵犯。

3. 惜时如金

① 西方人常随身携带记事本，记录日程安排。赴约会提前到达，至少要准时，且不会随意改动。

② 西方人常把交往对象是否遵守时间当作判断其工作是否负责，是否值得与其合作的

重要依据。

③ 西方人工作作风严谨，工作时间与业余时间区别分明，下班时间、休假时间不会打电话谈论工作问题。

第二节　销售礼仪概述

一、销售与礼仪的关系

在社会发展的今天，销售礼仪问题实质就是人的问题。人是销售过程中一切行为的主体，因为要通过人表达销售的理念、诉求、价值观。

销售人员礼仪是指企业的销售人员，在与顾客交往的过程中所展现出来的尊重与友好的个人行为规范。

企业的形象在很大程度上是由企业的销售人员在接触顾客的过程中形成的。从服务的角度讲，企业的服务人员与顾客的第一次接触十分重要，这就是第一印象的重要性。第一印象留下美好的记忆，会极大地利于销售人员的说服工作和宣传工作；反之，一旦出现不礼貌行为，就很难与顾客打交道。因此，对销售人员的个人礼仪问题一定要规范化——从礼仪培训入手，进行案例讲解，实行情景演练，提高责任意识，进行实战操作，以达到提高销售人员礼仪水平的目的。

销售与礼仪的关系如下。

① 销售是决定因素，礼仪服务于销售，对销售起着辅助和促进作用。

② 礼仪对销售的能动性。恰当的礼仪能够促进销售目标的顺利实现。

张秉贵从1955年11月开始到百货大楼站柜台，三十多年的时间里接待顾客400万人，没有跟顾客红过一次脸、吵过一次嘴，没有怠慢过任何一个人。他把为人民服务的信念与本职工作密切联系起来。他认为："站柜台不单是经济工作，也是政治工作；不但是买与卖的关系，还是相互服务的关系。""一个营业员服务态度不好，外地人会说你那个城市服务态度不好，港澳地区同胞会感到祖国不温暖，外国人会说中国人不文明。我们真是工作平凡，岗位光荣，责任重大！"

从为国家争光、为人民服务的政治信念出发，他练就了"一抓准"和"一口清"的过硬本领，通过眼神、语言、动作、表情、步伐、姿态等调动各个器官的功能，几乎成为那个时代商业领域的服务规范。商业服务业的简单操作，被他升华为艺术境界。

在北京，传统的"燕京八景"名扬天下，而张秉贵售货艺术被人们誉为"第九景"。张秉贵不仅技术过硬，而且注重仪表，天天服装整洁，容光焕发。他认为："站柜台就得有个干净利落的精神劲儿，顾客见了才会高兴地买我们的东西。特别是我们卖食品的，如果不干不净，顾客就先倒了胃口，谁还会再买我们的东西啊！"他坚持每周理发，每天刮胡子、换衬衣、擦皮鞋。

张秉贵一进柜台，就像战士进入阵地。普通售货员一般早晨精神饱满，服务态度较好；下午人疲倦了，就不太爱说话，也懒得动弹，对顾客就容易冷漠。张秉贵却不然，从清晨开门接待第一位顾客，到晚上送走最后一位顾客，自始至终都能春风满面、笑容可掬。他到了退休的年龄，体力明显不济，但一上柜台还是表现得生龙活虎，下班后可却往往步履蹒跚。同志们说他是"上班三步并作一步走，下班一步变为三步迈"。

看张秉贵工作，也成了许多人的享受。有一位拄着拐杖的老人，经常来欣赏他卖货。这位老人对他说："我是因病休息的人，每天来看看您站柜台的精神劲儿，我的病也仿佛好了许多。"一位音乐家看了他的售货后说："你的动作优美，富有节奏感，如果配上音乐，是非常动人的旋律。"

资料来源：曹彦志，张秉贵. 京八景添一景［N］. 北京青年报，2001-06-21（10）.

二、销售礼仪的含义及特征

1. 销售礼仪的含义

销售礼仪是一般礼仪在销售活动中的运用和体现，是指销售人员在销售活动中用以维护企业或个人形象，对服务对象表示尊重和友好的行为规范。

2. 销售礼仪的特征

① 销售礼仪属于企业销售活动，是企业行为的组成部分。

② 销售礼仪不仅注重情感沟通，而且注重信息交流，善于利用大众传媒来沟通企业与公众的关系。

③ 销售礼仪的主要目的在于树立和维护企业的良好形象。

④ 销售礼仪排除地域性和民族的局限性，既重视礼仪的民族特性，也重视礼仪的普遍性和共同性——诚信和服务于消费者、处处尊重消费者。

三、销售礼仪的基本原则

销售礼仪是一般礼仪在市场销售活动中的具体运用和发展，既继承了一般礼仪的基本精神，又反映了市场销售活动的内在需求。这些特征决定了在实施销售礼仪的过程中必须遵守一些基本的原则。

1. 平等原则

现代礼仪中的平等原则是指以礼待人、有来有往，既不能盛气凌人，也不能卑躬屈膝。平等原则是现代礼仪的基础，是现代礼仪有别于以往礼仪的最主要原则。

礼仪中的"优先"与各民族的风俗习惯、宗教信仰等有很大关系。以"女士优先"原则为例，在一些国家，如巴基斯坦，讲究男女授受不亲，在公共场合，如果男女出双入对、卿卿我我，会被认为是不合礼仪。但是，在这个国家里，男士非常尊重女士，对待女士谦逊有礼：见了女士，一般不会主动握手，除非女士先伸手；尽管公共汽车非常拥挤，男士也会让女士们先上车，车上的座位分得很清楚，女士坐前面，男士坐后面；餐厅的情形也一样，男女桌位分开，陌生的男士是绝不可以随意过界或上前搭讪的。在任何时候排长队，女士都可直接走到队伍的前面去。

2. 互尊原则

古人云："敬人者，人恒敬之。"只有相互尊重，人和人之间的关系才会融洽和谐。

上海有一家电影院曾发生这样一件事：年末，电影院经理把员工，包括离退休人员及其家属都请到电影院来参加茶话会。会前，专门制作了这些离退休人员和在职职工的生活录像片，会上放给大家看。每个人，尤其是离退休职工非常感动。原因很简单，这些人一辈子干的工作就是给别人放电影，从未感受到自己上银幕是什么滋味。今天他们有机会在给人们放了一辈子电影的电影院里看自己走上银幕，感到电影院的领导没有忘记自己一辈子的辛苦，能不感动吗？因此，很自然地加深了对自己单位的感情，同时也使在职职工感到振奋，团体的凝聚力由此大增。

要在与人交往中通过礼仪的形式体现出对对方的尊重，应从以下几个方面做起。

第一，与人交往，要热情而真诚。热情的态度，意味着对别人的隆重接纳，会给人留下受欢迎、受重视、受尊重的感觉，而这本来就是礼仪的初衷和要旨。当然，热情不能过度，过分的热情会使人感到虚伪和缺乏诚意。因此，待人热情一定要出自真诚，是尊重他人的真挚情感的自然流露。如果心存不敬，却又要故意表现出热情，则会让人感到做作，引起反感。这一点在与客户及其他来访者打交道时尤为重要。不论来访者是不是客户，客户部的工作人员都应热情接待；不论是不是自己的客户，都应热情真诚地为其服务。

第二，要给他人留有面子。所谓面子，即自尊心。即便是一个毫无廉耻之心的人，也存在着一定的自尊心。失去自尊，对一个人来说，是一件非常痛苦、难以容忍的事情。因此，伤害别人的自尊心是严重失礼的行为。

第三，允许他人表达思想，表现自己。每个人都有表达自己思想、表现自身的愿望。社会的发展，为人们弘扬个性提供了更为广阔的空间。丰富的个性色彩和多元思想的共存，是现代社会区别于传统社会的一个基本特征。因此，现代礼仪中的互尊原则，要求人们必须学会彼此宽容，尊重他人的思想观点和个性。

3. 诚信原则

诚信原则是指遵时守信，"言必信，行必果"。取信于人在人际交往中是非常重要的。

《韩非子》中记载着这么一则寓言。有一户有钱人家的围墙被大雨冲塌了，隔壁的邻居提醒他："要及早修复，免得盗贼侵入。"有钱人家的儿子也同样说道："爸爸，及早修理吧，不然小偷会来的。"结果当天晚上小偷果然来了，偷走了不少东西。有钱人家的反应是：儿子预先说在前，意见很对，有先见之明，却对邻居起了疑心，怀疑邻居是小偷。

原因很简单，一方面，中国人自古以来是家天下，血缘关系是亲不可分的纽带，影响了人们对客观事物公正的判断；另一方面，就是人的心理反应，产生了"自己人效应"更易于相互吸引。当你信任一个人的时候，就会想：既然是这个人说的，就一定靠得住。因此，常常是别人信任你，才认为你是对的。因此，在人际交往中，必须博得人们的信任，才更有利于自己的成功。信任是靠慢慢积累的，与客户初次打交道，客户都会抱着怀疑的态度跟你沟通，一旦接触多了，你在工作中言而有信，客户也就慢慢开始信任你了，这样就更利于自己开展工作，更好地为客户服务。

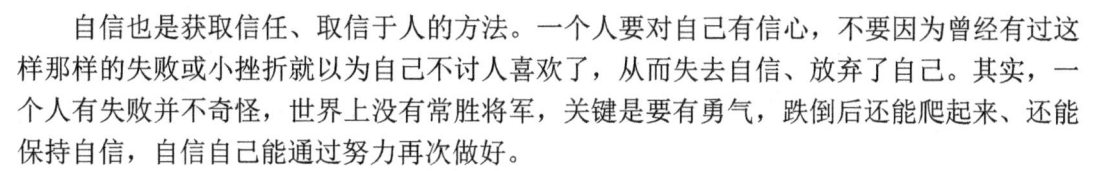

自信也是获取信任、取信于人的方法。一个人要对自己有信心，不要因为曾经有过这样那样的失败或小挫折就以为自己不讨人喜欢了，从而失去自信、放弃了自己。其实，一个人有失败并不奇怪，世界上没有常胜将军，关键是要有勇气，跌倒后还能爬起来、还能保持自信，自信自己能通过努力再次做好。

4. **宽容原则**

宽容就是心胸宽广。"海纳百川，有容乃大"，能设身处地为别人着想、能原谅别人的过失，也是一种美德。宽容被作为现代人的一种礼仪素养。

那么，如何在礼仪中体现宽容原则呢？我们认为，应从以下几个方面做起。

第一，要做到"入乡随俗"。例如，西亚一些国家受宗教信仰的影响，禁止女性向家庭成员以外的男性裸露肌肤，严格讲究男女授受不亲。去这些国家访问、做客，就应尊重他们的礼仪规范。

第二，理解他人，体谅他人，对他人不求全责备。"金无足赤，人无完人"，现实生活中的人，没有十全十美的。表现在礼仪方面，有些人擅长礼仪交际，说话办事滴水不漏；有些人则不熟悉礼仪知识，形似粗俗。

第三，虚心接受他人对自己的批评意见，即使批评错了，也要认真倾听。"人非圣贤，孰能无过"，有了过错后允许他人批评指正，才能得到大家的理解和尊重。有时，批评者的意见是错误的，但只要不是出于恶意，就应以宽容大度的姿态对待，有则改之，无则加勉。特别是在工作中应注意这个问题。

5. **自律原则**

礼仪犹如一面镜子。对照它，可以发现自己的品质是真诚、高尚，还是丑陋、粗俗。真正领悟礼仪、运用礼仪，关键还要看自己的自律能力。

四、销售礼仪的作用

销售礼仪不但关系到个人，还关系到企业销售任务能否完成。

某省会城市一家三星级饭店的女总经理，衣着得体大方，待人热情，正在宴请北京来的专家。席间，秘书突然过来说有急事，请她暂时离席去送外宾，可是她却迟迟未起身，原来是她双脚不堪忍受高跟鞋的束缚，出来"解放"了一会儿，突然有了情况，一时找不到"归宿"，令她很难堪。

（一）销售人员良好的礼仪有助于赢得顾客的信任

企业形象往往是销售人员不经意间表现出来的。彬彬有礼、谈吐举止恰当的销售人员在同顾客交往的过程中，能很好地代表企业形象及企业的品牌和商品。在日常生活中，不难见到因销售人员的举止粗鲁、不礼貌而导致顾客流失的现象。

（二）销售人员良好的礼仪有助于推销自己

与人际交往一样，销售人员在面对客户时，礼仪也往往是衡量销售人员文明程度的准绳。它不仅反映了销售人员的人际交往技巧和应变能力，也反映了销售人员的风度和气质，

销售商务礼仪

甚至是道德情操和修养水平。有句话叫"先做人后做事",意思是销售人员在进行销售业务前,先做好礼仪行为,再进行产品或服务的销售工作——在销售产品时,要首先能够推销自己。良好的礼仪表现是销售人员塑造完美个人形象,改善与顾客关系的必然要求。

本章小结

礼仪是社会文明的产物,礼仪的产生和发展的历史是人类得以摆脱原始的蒙昧状态而进化到物质文明与精神文明高度发达的今天的根本原因。礼仪维系着社会的稳定,礼仪是人际沟通的纽带和桥梁。

本章从礼仪概述和销售礼仪概述两个方面对礼仪的概念、发展、特征、遵守的原则及礼仪的作用进行了介绍。

复习思考

 **想一想**

1. 礼仪的含义及特征是什么?
2. 礼仪在社会生活中的作用有哪些?
3. 销售礼仪的基本原则有哪些?
4. 销售礼仪的作用有哪些?

 **谈一谈**

小处不可随便

传说有人把于右任先生写的"不可随处小便"重新组合装裱,于是就有了"小处不可随便"的典故。其实,"小处不可随便"是中国人自古以来的一条处世原则。古语道:"战战栗栗,日谨一日。人不蹶于山,或蹶于垤。"告诫人们时时提防被小土堆绊倒,这或许是"小处不可随便"的最古老的典故。

不光是中国,外国人也有差不多的观念。"针眼大的窟窿斗大的风",小处随便的人往往不受欢迎,在某些特殊的场合甚至会造成严重的后果。这方面最典型的例子大概就是18世纪的法国公爵奥古斯丁的所作所为。1786年,法国国王路易十六的王后玛丽·安东尼到巴黎戏剧院看戏,全场起立鼓掌。放荡不羁的奥古斯丁为了引起王后的注意,面向王后吹了两声很响的口哨。当时吹口哨被视为严重的调戏行为,国王大怒,把奥古斯丁投入监狱。而奥古斯丁入狱后似乎就被遗忘了,既不审讯,也不判刑,只是被日复一日地关着。后因时局变化，也曾有过出狱的机会，但阴差阳错，终究还是无人问津。直到1863年老态龙钟的奥古斯丁才被释放，他当时已经72岁了。两声口哨换来50年的牢狱之灾，实在是天大的代价。

与此相反，一滴水可以折射太阳的光辉，小处端正的人往往能获得人们的信任。法国有个银行大王，名字叫恰科。但他年轻时并不顺利，52次应聘均遭拒绝。第53次他又来到了那家在当地最好的银行，礼貌地说完再见，转过身低头往外走去。忽然，他看见地上有一枚大头针，横在离门口不远的地方。他知道大头针虽小，弄不好也能对人造成伤害，就弯腰把它捡了起来。第二天，他出乎意料地接到了这家银行的录用通知书。原来，他捡大头针的行为被董事长看见了。从这个不经意的小动作中，董事长发现了他品格中闪光的东西，这样精细的人很适合做银行职员。于是，董事长改变主意决定聘用他。恰科也因此得到了施展才华的机会，走上了成功之路。

思考 你是怎样理解"小处不可随便"的？

第二章
销售人员的个人形象礼仪

人以美的规律去创造世界、创造美，就是对他自己的一种自然形态不是听其自然，而是有意识地加以改变。

——[德]黑格尔

学习目标

1. 了解个人形象礼仪的含义及特征。
2. 理解销售人员着装的原则及配色方法。
3. 掌握销售人员仪容、仪表、仪态的具体设计规范。
4. 能够根据社交、商务等不同场合进行相应的着装设计。
5. 能够利用所学知识展示个人整体形象，规范个人行为礼仪。

 **情景设计**

王芳，某高校文秘专业高才生，毕业后就职于一家公司做文员。为适应工作需要，上班时，她毅然放弃了"清纯少女妆"，化起了整洁、漂亮、端庄的"白领丽人妆"：不易脱色的粉底液，修饰自然、稍带棱角的眉毛，与服装色系搭配的偏浅色的眼影，紧贴上睫毛根部描画的灰棕色眼线，粘上黑色自然型睫毛，再加上略显浓艳的唇色，整个妆容清爽自然，尽显自信、成熟、干练的气质。但在公休日，她又给自己来了一个"大变脸"，化起了久违的"青春少女妆"：粉蓝或粉绿、粉红、粉黄、粉白等颜色的眼影，彩色系列的睫毛膏和眼线，粉红或粉橘的腮红，自然系的唇彩或唇油，使整个人看上去娇嫩欲滴、鲜亮淡雅，让人整个身心都倍感轻松。心情好，工作效率自然就高。工作一年来，王芳以自己得体的外在形象、勤奋的工作态度和骄人的业绩，赢得了公司上下一致的好评。

任务 如何评价王芳的两种妆容？

解决问题 首先，化妆一定要根据不同的场合来进行。王芳就把握住了这一点，在工作日和公休日采用了不同的化妆风格，取得了比较好的效果。其次，年轻女性化妆时一定要与自己的年龄相符合。例如，王芳无论是在工作日还是在公休日，化妆时都注重化得自然。另外，得体的妆容既尊重了别人，也美化了自己，能给自己的仪容增色不少。

礼仪形象是个体形象的外在表现形式之一，礼仪形象的好坏往往反映出一个人教养、素质的高低。维系人们正常交往的纽带就是礼仪形象。在人际交往中，其外在的形态、容貌、着装、举止等是一种信息，在不知不觉中已经传给了对方，这些信息无疑会或好或坏地影响交际活动的全过程。随着社会交往的日渐频繁，人们对个人礼仪的重视程度日益提高。表面上看，个人礼仪是仅涉及一个人的仪容、仪表、仪态等无关紧要的小事，然而事实告诉我们，小事之处显精神，举止言谈见文化。在销售活动中，个人礼仪不仅影响销售人员的个人形象，也影响一个组织的形象。因此，每一位销售人员必须加强对个人仪容、仪表、仪态等方面知识和规范的学习。

第一节　个人形象礼仪概述

一、个人形象礼仪的含义

礼仪是一个人立足社会、成就事业、获得美好人生的基础。讲究礼仪首先要从个人形象礼仪做起，良好的个人形象是社会沟通的基础，是迈向成功的第一步。

个人形象简称形象，是指一个人在人际交往中留给他人的总体印象，以及由此而形成的总体评价和总体看法。形象主要是容貌、魅力、风度、气质、化妆、服饰等直观的、外在的东西。这是一种值得开发、利用的资源。

1960年9月，尼克松和肯尼迪在全美的电视观众面前，举行他们竞选总统的第一次辩论。当时，这两个人的名望和才能大体相当，可以说是棋逢对手。但大多数评论员预料，尼克松素以经验丰富的"电视演员"著称，可以击败比他缺乏电视演讲经验的肯尼迪。但事实并非如此。为什么呢？肯尼迪事先进行了练习和彩排，还专门跑到海滩晒太阳来养精蓄锐。结果，他在屏幕上出现时精神焕发、满面红光、挥洒自如。而尼克松没听从电视导演的规劝，加之那一阵十分劳累，更失策的是面部化妆用了深色的粉，因而在屏幕上显得精神疲惫、表情痛苦、声嘶力竭。正如一位历史学家所形容："让全世界看来，他好像是一个不爱刮胡子和出汗过多的人，在带着忧郁感等待着电视广告告诉他怎么不失礼。"

形象主要是由内涵和外延两大要素构成的。内涵是指一个人的道德品质和学识，道德品质是一个人内涵的基础。古人云：欲修身必先利其器。这个时代我们所说的德主要指"三德"，即在家里要有家庭美德；在工作岗位要有职业道德；在公共场所，作为中华人民共和国的公民，要有公共道德。具备了这"三德"，内涵形象就比较丰满了。但是有了德，我们的形象内涵还不够充盈。在市场竞争的时代，我们要生存、要立足，必须要有"资本"，这就是要有学识，即专业知识。

外延也有两个内容：一个内容是能力，也就是才干和技能，其中有一个能力是不可或缺的，即人际交往、待人接物的能力；另一个内容是形象的外在视觉效果，也就是人们常说的穿着打扮、言谈举止等一些可视的外在行为。而我们所说的外延的待人接物能力，包括我们的穿着打扮、言谈举止，恰恰就是礼仪的内容和修养的外在体现。

礼仪看似是外在的东西，但却是一个人形象内涵的外在延展。试想如果一个人道德卑微、不学无术，就不可能有高尚的举止和优雅的谈吐。正是从这个意义上说，通过外在的举止、穿着打扮、待人接物，人们可以探询到一个人的内涵到底充盈到什么程度、深厚到什么程度。

可以通过说话方式、穿着打扮及办事效率来看礼仪是如何塑造和展现着我们自身美好形象的。例如，我们更多的是通过口头语言进行交流，那么同样一句话不同的人说出来就不一样；办事也是如此，给人的感觉也会不一样。这就是礼仪的得体适度的原则。说话得体，既要符合自己的身份，也要符合交际对象的身份。要体现得体，还应注意角色转换。在不同的场合，扮演的角色不一样，角色变了、身份变了，交往的技巧、心态也都要发生变化。而适度指的是说话的用词、表情、语气恰到好处。这也是一个功夫。恰到好处、恰如其分地表情达意，是需要在遵循礼仪规范、加强礼仪修养的基础上加以训练的。

二、个人形象礼仪的特征

（一）个人形象礼仪的外在特征

个人形象礼仪的外在特征是指个人的外表吸引力，包括个人静态的外表吸引力和动态的言行举止吸引力。

（二）个人形象礼仪的内在特征

1. 人格魅力——真、善、美

在当今社会中，为人处世的基本点就是要具备人格魅力。要懂得人格魅力，首先要懂得什么是人格。人格既是指人的性格、气质、能力等特征的总和，也是指个人的道德品质和人能作为权利、义务的主体的资格；人格魅力则是指一个人在性格、气质、能力、道德品质等方面具有的能吸引人的力量。在当今社会，一个人能受到别人的欢迎、接纳，那么他实际上就具备了一定的人格魅力。

杰弗德就是一个例子，他从地位卑微的会计步步高升，后来任美国电报电话公司总经理。他常对人说，他认为"人格"是事业成功的最重要的因素。他说："没有人能准确地说出'人格'是什么，但如果一个人没有健全的特性，便是没有人格。人格在一切事业中都极其重要，这是毋庸置疑的。"

像摩根、范登里普、杰弗德等领袖人物，都非常看重"人格"，认为一个人的最大财产便是"人格"。

一位有名的商店经理曾说："有些人生来就有与人交往的天性，他们无论对人对己，处世待人、举手投足和言谈行为都很自然得体，毫不费力便能获得他人的注意和喜爱。可有些人便没有这种天赋，他们必须加以努力，才能获得他人的注意和喜爱。但不论是天生的还是努力的，他们的结果无非是博得他人的善意，而获得善意的种种途径和方法便是'人格'的发展。"只有健全的人格才能获得人们的喜爱并乐意合作。因此，世间的智者贤人常把人格魅力极力表现出来。

2. 知性魅力——才华

知性美也是一种淡定的美、成熟的美。知性美介于感性和理性之间。知性的意义在于使人由不知到知、由无知到有知，简而言之就是由无到有。这应当是质的变化——由无到有，由浅知到深知，由知其表到知其里，由知其一到知其二、知其三乃至知其万物。知性美需要有超越利害关系的纯粹求知态度，需要有尊重公理、尊重逻辑的精神，需要有一种容忍不同见解的雅量。知性美的人拥有比较丰厚的知识底蕴，这对其思想、观念、性格、爱好等方面产生了深厚的影响，因此形成了其某种具有文化气息的气质和风格，并在言行举止中表现出来，使接触到的人都能感受到其深厚的文化积淀，从而散发出独特的魅力。这是知性美的一大特征。

余秋雨先生在鲁豫的《心相约》里作序，把鲁豫知性的特质描述得淋漓尽致。他写道："摆在她面前的采访目标，拿出任何一个来都会让最有经验的男性记者忙乱一阵。而她，却一路悠然地面对难以形容的约旦河西岸、佩雷斯、拉马丹，勇敢激愤地与伊拉克海关吵架，眼泪汪汪地拥抱在战火中毁家的妇女，企图花钱靠近萨达姆，直到在伊朗一次次与宗教极端主义的行为辩论……她的这些言行，都是个人即兴，绝无事先准备的可能，却总是响亮强烈，如迅雷疾风，让全球华语观众精神一振。"这样的历练，常人不可能拥有，只是其蕴含的质地品性，是可以借鉴的。

3. 性格魅力——幽默

幽默是智慧的影子，像光一样，无论多么黑暗都能照出一片光明；幽默是乐观的源泉，像水一样，当心灵陷入困境的时候，一小滴就能令人豁然开朗。

三、个人形象礼仪的重要性

个人形象关系到面试结果、工资水平、职位晋升等事业和生活的方方面面。良好的个人形象可使一个人魅力无穷、所向披靡；不良的个人形象会使人障碍重重、步履维艰。因此，强调个人礼仪修养有着极为重要的现实意义。

日本著名跨国公司松下电器的创始人，被称为"经营之神"的松下幸之助，从前不修边幅，企业也不注重形象，因此发展缓慢。一次他到银座的一家理发室去理发，理发师看到他的形象后，毫不客气地对他说："你对自己的容貌修饰毫不重视，就如同将你的产品弄脏似的。作为公司的代表，如果你不注意形象，产品能打开销路吗？"一番话将松下幸之助说得哑口无言。他将理发师的忠言牢记在心，从此以后对自己的外在形象十分重视，生意也随之兴旺起来。现在，松下电器的产品享誉天下，与松下幸之助长期率先垂范，要求员工懂礼貌、讲礼节是分不开的。

资料来源：国英. 公共关系与现代礼仪案例 [M]. 北京：机械工业出版社，2004.

① 得体地塑造和维护个人形象，会给初次见面的人以良好的第一印象。个人形象包括发型、着装、表情、言谈举止、待人接物、女性的化妆及饰品等。西方人在传统上有一套烦琐的见面礼节，从握手、问候到互相介绍都有约定俗成的习惯。在正式场合下，一个人的言谈举止可以体现一个人的内在品质。握手是最普通的见面礼。在美国，握手时，男女之间要由女性先伸手；男性握女性的手不可太紧，如果对方无握手之意，男性就只能点头鞠躬致意。长幼之间，年长的先伸手；上下级之间，上级先伸手；宾主之间，则由主人先伸手。握手时应注视对方，并摘下手套。如果因故来不及摘下手套，须向对方说明原因并表示歉意。还应注意，人多时不可交叉握手、女性彼此见面时可不握手。与握手的先后顺序一样，介绍两人认识时，要先把男性介绍给女性、先把年轻的介绍给年长的、先把职位低的介绍给职位高的。

② 个人形象不完全是个人的，而是要代表组织。服饰礼仪、职业礼仪渐渐成为企业的必修课：服饰礼仪是人们在交往过程中为了表示相互的尊重与友好，达到交往的和谐而体现在服饰上的一种行为规范；职业礼仪是在人际交往中，以一定的、约定俗成的程序、方式来表现的律己、敬人的过程，涉及穿着、交往、沟通、情商等内容。

③ 个人形象是沟通工具。俗话说"人靠衣服马靠鞍"，商业心理学的研究告诉我们，人和人之间的沟通所产生的影响力及信任度来自语言、语调和形象3个方面。它们的重要性所占比例是语言占7%、语调占38%、视觉（形象）占55%，由此可见形象的重要性。而服装作为形象塑造中的第一印象，成为众人关注的焦点。形象就是自己的未来，在当今激烈竞争的社会中，一个人的形象远比人们想象的更为重要。一个人的形象应该为自己增辉，当形象成为有效的沟通工具时，那么塑造和维护个人形象就成了一种投资，长期持续下去会带来丰厚的回报。没有什么比一个人许多内在的东西尚未展示，在没领到通行证之前就被拒之门外的损失更大了。

④ 个人形象在很大程度上影响着组织的发展。作为一个企业，个人形象的好坏在很大程度上影响着企业的成功或失败，这是显而易见的。只有当一个人真正意识到了个人形象和修养的重要性，才能体会到个人形象给自己带来的机遇有多大。同时要注意交往的对象，与大众传播、广告或是设计之类等有天马行空般灵感的行业人士交往时，在个人形象方面可以表现得活泼、时髦些；与金融保险或像律师事务所，以及日系公司等以中规中矩形象著称的行业人士交往时，则尽量以简单稳重的造型为佳。如果注意到了这一点，那么已经成功了一半。总之，人际交往中表现给上司、同事、商务伙伴及客户以专业稳重的个人印象是至关重要的，因此在出门上班前，正确地选择服装、发式，注意自身的言谈举止，对工作绝对有加分的效果。

第二节　销售人员仪容设计

一、仪容的含义

仪容主要是指人的容貌与仪态，是一个人的精神面貌和内在气质的外在体现。具体而言，仪容由一个人的面容、发式及身体所有未被服饰遮掩的肌肤所构成。在人际交往中，每个人的仪容都会引起交往对象的特别关注，并且会影响到对方对自己的整体评价。它不仅反映着一个人的精神面貌、朝气和活力，而且还给接触对象以最直接、最生动的第一感官信息。

二、销售人员仪容的修饰

（一）头发的修饰

华盛集团公司的卫董事长有一次要接受电视台的采访。为了慎重起见，事前卫董事长特意向公司为自己特聘的个人形象顾问咨询，有无特别需要注意的事项。对方专程赶来之后，仅仅向卫董事长提了一个建议：换一个较为儒雅而精神的发型，并且一定要剃去鬓角。对方的理由是：发型对一个人的上镜效果至关重要。果然，改换了发型之后的卫董事长在电视上亮相时：焕然一新——他的发型使他显得精明强干、他的谈吐使他显得深刻稳健。两者相辅相成，令电视观众为之倾倒。

① 头发应勤梳洗，保持自然光泽、洁净整齐，要无异味，无头屑，肩、背无落发。

② 在正式场合，可剪发、吹发、烫发，但不能染成自然色以外的颜色，也不要过多使用喷彩或啫喱水。

③ 男士提倡不留长发、不留鬓角。女士提倡剪短发，发长不应过肩，刘海不宜过低、不遮住眼睛。如果留有长发，在正式场合和重要场合应梳发髻、盘头或系扎，不能披头散发。

④ 正式场合和职业场合头发不可滥加装饰。女士如果有必要使用发卡、发绳、发带或发箍，应选黑色、蓝色、棕色，以显得朴实无华，并且不要插戴色彩艳丽或图案夸张的头饰。

⑤ 发型应高雅、干练、大方。发型反映出个人的修养和品位，关乎年龄、身材、服装。个别女士剪平头、剃光头，追求另类，是没有礼貌的表现。应坚持发分男女，反对女扮男装。除非是在娱乐场所或是文娱界人士，任何极端或夸张的发型都会损害自身的形象。

⑥ 发型与脸形相辅相成，关系密切。适当选择和修剪，可体现两者和谐之美。

- 圆形脸。宜头发侧分，长过下巴。
- 方形脸。侧重于以圆破方，拉长脸形，宜采用不对称发缝和翻翘发帘，增加变化。
- 长形脸。重在抑长，保留发帘，增加两侧发量和层次。
- 梨形脸。力求上厚下薄，头发上肥下瘦，适当补偿。
- 心形脸。宜选短发，露出前额，增多耳下发量，选择不对称发型。

总之，发型应扬长避短，体现悠悠风韵、勃勃生机。礼仪精髓是：讲究仪容，必须从"头"做起。

（二）皮肤的护理

1. 干性皮肤

表现特征：皮肤水分、油分均不正常，皮肤干燥、粗糙，缺乏弹性，皮肤的酸碱度不正常，毛孔细小；脸部皮肤较薄、易敏感，肌肤暗沉、没有光泽，易破裂、起皮屑、长斑，不易上妆，但外观比较干净，皮丘平坦，皮沟呈直线走向，浅、乱而广；皮肤松弛，容易产生皱纹和老化现象。干性皮肤又可分为缺油性和缺水性两种。

保养重点：多喝水，多吃水果、蔬菜；多做按摩护理，促进血液循环；注意使用滋润、美白、活性的修护霜和营养霜；注意补充肌肤的水分与营养成分，进行调节水油平衡的护理。

护肤品选择：不要过于频繁地沐浴及过度使用洁面乳，注意周护理及使用营养型的产品，选择非泡沫型、碱性度较低的清洁产品，以及有保湿功能的化妆水。

2．中性皮肤

表现特征：水分、油分适中，皮肤酸碱度适中，皮肤光滑、细嫩、柔软，富于弹性，红润而有光泽；毛孔细小，纹路排列整齐，皮沟纵横走向，是最理想的皮肤。这种皮肤一般炎夏易偏油，冬季易偏干。

保养重点：注意清洁、爽肤、润肤及按摩的周护理；注意日补水、调节水油平衡的护理。

护肤品选择：依皮肤年龄、季节选择，夏天选亲水性，冬天选滋润性。

3．油性皮肤

表现特征：油脂分泌旺盛，T区部位油光明显，毛孔粗大，常有黑头，皮质厚硬不光滑，皮纹较深；外观暗黄，肤色较深，皮肤偏碱性，弹性较佳，不容易起皱纹、衰老，对外界刺激不敏感；皮肤易吸收紫外线，容易变黑，易脱妆，易产生粉刺、暗疮。

保养重点：随时保持皮肤洁净清爽，少吃糖、刺激性食物，少喝咖啡，多吃维生素B_2或B_6以增强肌肤抵抗力；注意补水及皮肤的深层清洁，控制油分的过度分泌。

护肤品选择：使用油分较少、清爽性、抑制皮脂分泌、收敛作用较强的护肤品；白天用温水洗脸，选用适合油性皮肤的洗面奶，保持毛孔的畅通和皮肤清洁；暗疮处不可以化妆，不可使用油性护肤品，化妆用具应该经常清洗或更换，要注意适度的保湿。

4．混合性皮肤

表现特征：一种皮肤呈现出两种或两种以上的外观（如同时具有油性和干性皮肤的特征），多见为面部T区部位易出油，其余部分则干燥，并时有粉刺发生。80%的女性都是混合性皮肤，混合性皮肤多发生于20至39岁。

保养重点：按偏油性、偏干性、偏中性皮肤分别侧重处理。在使用护肤品时，先滋润较干的部位，再在其他部位用剩余量擦拭。注意适时补水、补充营养成分，调节皮肤的平衡。

护肤品选择：夏天参考油性皮肤的选择，冬天参考干性皮肤的选择。

5．敏感性皮肤

表现特征：皮肤较敏感，皮脂膜薄，皮肤自身保护能力较弱，皮肤易出现红、肿、刺、痒、痛和脱皮、脱水现象。

保养重点：经常对皮肤进行保养；洗脸时水不可以过热过冷，要使用温和的洗面奶洗脸；早晨，可选用防晒霜，以避免日光伤害皮肤；晚上，可用营养型化妆水增加皮肤的水分；在饮食方面要少吃易引起过敏的食物；皮肤出现过敏后，要立即停止使用任何化妆品，对皮肤进行观察和保养护理。

护肤品选择：应先进行适应性试验，在无反应的情况下方可使用；切忌使用劣质化妆品或同时使用多种化妆品,并注意不要频繁更换化妆品;不能用含香料过多及过酸或过碱的护肤品,而应选择适用于敏感性皮肤的化妆品。

(三)女士的化妆

美丽的容貌令人赏心悦目,但是天生丽质的人毕竟是少数。恰到好处的化妆,可以让女士增添信心,更加美丽和光彩照人。

阿美和阿娟是一所美容学校的学生,初学化妆,对化妆非常有兴趣。她们走在大街上,总爱观察别人的妆容,因此发现了一道道奇特的"风景线"。

一位中年妇女没有做其他化妆,只涂了嘴唇,而且是那种很红很艳的唇膏,只突出了一张嘴。一位女士的妆容看起来真的很漂亮,只可惜脸上精彩纷呈,脖子却粗糙、马虎,在脸庞轮廓上有明显的分界线,像戴了面具一样。再看,还有的女士用粗的黑色眼线将眼睛轮廓包围起来,像个"大括号",看上去那么的生硬、不自然。一位很漂亮的女士,身穿蓝色调的时装,却涂着橘红色的唇膏……

资料来源:国英. 公共关系与现代礼仪案例 [M]. 北京:机械工业出版社,2004.

1. "三庭五眼"的美学原理

世界各国均认为瓜子脸、鹅蛋脸是最美的脸形。从标准脸形的美学标准来看,面部长度与宽度的比例为 1.618 : 1,这也符合黄金分割比例。我国用"三庭""五眼"(见图 2.1)作为五官与脸形相搭配的美学标准。

① 三庭是指将人面部正面横向分为 3 个等分,即从发际至眉线为上庭、眉线至鼻底为中庭、鼻底至颔底线为下庭。

② 五眼是指将面部正面纵向分为五等分,以一个眼长为一等分,即两眼之间距离为一个眼的距离,从外眼角垂线至外耳孔垂线之间为一个眼的距离,整个面部正面纵向分为 5 个眼的距离。

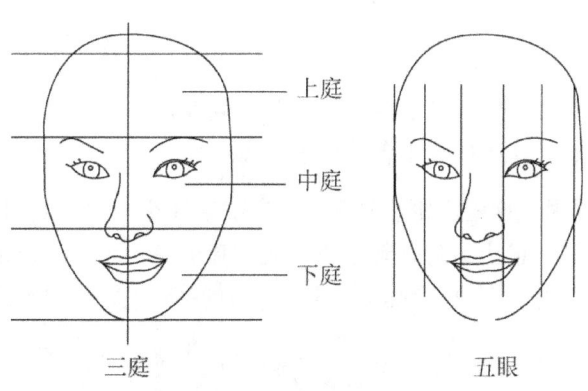

图 2.1 三庭五眼

2. 化妆的原则

① 化妆要在保持自然美的基础上增加修饰美。但无论淡妆、浓妆都要自然和谐,恰当适度。

② 应在出门前化好妆,要经常注意自己的形象。补妆时,不要当着别人的面进行,最

好到洗手间，而且不要借用别人的化妆品。

③ 化妆时要对自己的面容特点、化妆的重点和化妆品的特点了解清楚。

3. 化妆的步骤

步骤 1　把脸部和颈部洗干净。现代女性使用彩妆品后仅仅使用洗面奶是不能够彻底清洁皮肤的，应用卸妆产品卸妆，并定期做深层洁面工作，以免污垢、油脂堵塞毛孔，影响皮肤的正常代谢，引起一系列诸如炎症、青春痘、粗糙、暗淡等皮肤问题。因此，永葆青春的第一步是清洁彻底。

步骤 2　护肤。涂抹能改善并保护皮肤的护肤品，包括紧肤水或爽肤水、面霜、眼霜。

步骤 3　上底色。粉底的作用主要是均匀面部肤色，所以要选择与自己肤色接近的颜色——要注意脸与脖子的衔接。还有一个方法，选择与脖子颜色相同的粉底，就不会出现"面具脸"了。

平时化妆用粉底液即可，可根据自己面部的情况选择含油或不含油的，尽量不要用膏状粉底，打不好会显得底妆很厚重。有些人脸上有痘，觉得用膏状粉底打厚一点就可以遮住——如果是很平的痘印，遮盖力较强的粉底液就可以遮住；如果是突出的痘或凹凸不平的痘印，粉底越厚越明显（在上粉底前要先把眉毛修剪好）。

步骤 4　涂腮红。打上腮红，能使整个脸部显得柔美自然，也能使颧骨显得突出。再用同色腮红轻扫太阳穴部位，便可使面部色彩显得浓淡和谐。以脸颊为半径往耳方向打腮红，显得自然大方；以脸颊为半径打圆化腮红，显得可爱动人。

步骤 5　描眉。因为是日常妆，一般用眉刷来修饰眼眉。使用比眉色浅一号的眉粉，利用眉刷从眉头至眉尾顺向刷过，只要按照原有的眉形淡淡描画，不必刻意修饰，眉毛的颜色可以与发色协调一致。如果没有眉粉，用眼影粉来代替也可，但不可用珠光类的，要用亚光。

 小·技巧

眉毛过于稀少的人可以利用睫毛膏来达到丰满自然的效果，但要记住睫毛膏的量不要过多，刷的时候睫毛刷上略带一点点睫毛膏即可，顺着睫毛生长的方向轻刷而过。记得颜色要选对，肤色白人的可以选择咖啡色系的睫毛膏。

步骤 6　画眼。画眼包括画眼影、画眼线、夹睫毛 3 个内容，如图 2.2 所示。清亮的眼神需要纤长的睫毛陪衬。想让眼睛看起来更迷人，睫毛膏一定要刷。准备大小不一的两支睫毛夹，先用大号的睫毛夹夹卷整个睫毛，再用小号的睫毛夹将眼角不易夹到的睫毛夹翘。

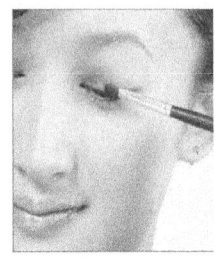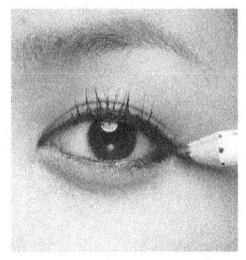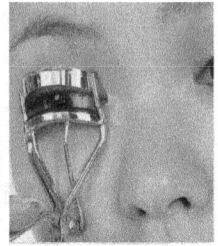

图 2.2　画眼

第二章 销售人员的个人形象礼仪

小技巧

夹睫毛的时候先用吹风机把睫毛夹加热后再夹，睫毛会更翘、更持久。还有一种方法是用打火机烤一下木制棉棒的木棒部分，然后用它在睫毛下向上撑起睫毛停留一会，就会有类似于电睫毛的效果。

步骤7　涂睫毛膏。首先用白色膏刷Z字形刷出一根一根的加密效果，然后刷睫毛的头部，使其加长。要等白色膏稍微干一会，再用黑色膏刷Z字形，由上至下刷。

步骤8　定妆。先用干粉扑蘸取适量的蜜粉对折揉匀，用手指弹去多余的粉末，均匀地按压在肌肤上，再用大号化妆刷刷去多余的粉末。千万不可遗忘眼角、鼻翼、嘴角这些油脂旺盛区域。

步骤9　涂唇。先用唇线笔描画，再用唇刷或口红棒涂抹。

资料小看板 2-1

化妆方法

1. 根据脸型

脸部化妆一方面要突出脸部五官最美的部分，使其更加美丽；另一方面要掩盖或者矫正有缺陷或不足的部分。经过化妆品修饰的美有两种：一种是趋于自然的美；另一种是艳丽的美。前者是通过恰当的淡妆来实现的，给人以大方、悦目、清新的感觉，最适合在家或平时上班时使用；后者是通过浓妆来实现的，给人以庄重高贵的印象，可用在晚宴、演出等特殊的社交场合。无论是淡妆还是浓妆，都要利用各种技术，恰当地使用化妆品，通过一定的艺术处理，才能达到美化形象的目的。

（1）瓜子脸型

瓜子脸是公认的理想脸型，化妆时宜注意保持其自然形状，突出其可爱之处，不必通过化妆去改变脸型。胭脂应涂在颊部颧骨的最高处，再向上、向外揉化开去；唇膏除嘴唇唇形有缺陷外，应尽量按自然唇形涂抹；眉毛可顺着眼睛的轮廓修成弧形，眉头应与内眼角齐，眉尾可稍长于外眼角。

正因为瓜子脸是无须太多掩饰的，所以化妆时一定要找出脸部最动人、最美丽的部位突出之，以免给人平平淡淡、毫无特点的印象。

（2）长脸型

长脸型的人在化妆时力求达到的效果应是增加面部的宽度。胭脂，应注意离鼻子稍远些，在视觉上拉宽面部，抹时可沿颧骨的最高处与太阳穴下方所构成的曲线部位向外、向上抹开去；如果双颊下陷或额部窄小，应在双颊和额部涂以浅色调的粉底，造成光影，使之变得丰满一些；眉毛修正时应令其成弧形，切不可有棱有角，且眉毛的位置不宜太高、眉毛尾部切忌高翘。

（3）圆脸型

圆脸型让人有可爱、玲珑之感，如果要修正为椭圆形并不十分困难。胭脂可从颧骨起始涂至下颌部，注意不能简单地在颧骨突出部位涂成圆形；唇膏可在上嘴唇涂成浅浅的弓

23

形，不能涂成圆形的小嘴状，以免有圆上加圆之感；粉底可用来在两颊造阴影，使圆脸瘦一点——选用暗色调粉底，沿额头靠近发际处起向下窄窄地涂抹，至颧骨部位下可加宽涂抹的面积，造成脸部亮度自颧骨以下逐步集中于鼻子、嘴唇、下巴附近的部位；眉毛可修成自然的弧形——可做少许弯曲，不可太平直或有棱角，也不可过于弯曲。

（4）倒瓜子脸型

这种脸型的人如果选择小气的纤细眉型则只会强调下半部脸的分量，所以应画大方的粗眉型。

（5）方脸型

方脸型的人可以相应地画上有棱角、较粗的大方眉或拱型眉，画纤细的眉型会显得很不协调。

（6）枣核脸

这种脸型的人切忌画八字眉，否则会使脸显大。画眉时应着重于眉头的修饰。

2. 根据鼻型

（1）扁长鼻子

在内眼角至眼睑部位打上褐色侧影，鼻尖偏上打亮粉底，在鼻尖处用暗色粉底加高鼻梁，抬高鼻头，起到缩短鼻子的视觉效果，使鼻子看上去显得挺拔。

（2）短小鼻子

可将眉头画得稍高些，从眉头起至鼻翼两侧涂紫褐色并晕染，鼻梁上端的化妆色彩要极淡，越向下越浓；鼻头部位以浓褐色用指尖抹开。

（3）尖长鼻子

用褐色刷在鼻子的两侧靠近两个内眼角处特意加深一些，再在鼻尖稍微刷上暗色。

（4）塌鼻子

在鼻梁上抹一条浅色的粉底，两侧可用紫褐色侧影并晕染，在塌陷外用亮色，即可在视觉上造成鼻梁的挺直。

（5）圆鼻子

这种鼻子在面部易造成体积过大的错觉，与脸其他部位显得不太协调，可用褐色侧影，从眉头沿鼻梁的两侧至鼻头涂抹，起到收缩鼻子的作用。

（6）鹰钩鼻

鼻梁两侧涂淡色侧影；在鼻梁突出处用深色粉底修饰，使其高度看似有所降低。

鼻子在整个面部化妆中不占主导地位，但对一些鼻部不够令人满意的女性来说，注意鼻部化妆有时可收到意想不到的效果。下面就是一些常用的化妆小技巧。

（1）鼻子过大

整个面部化妆应采用柔和的色调，过于鲜艳的眼妆及口红会加深鼻大的印象。鼻的两侧抹稍暗的鼻影，从鼻根开始，渐渐涂染到鼻翼。

（2）鼻子过短

掩饰的方法是从离眉头3.5厘米的位置起，向鼻尖方向抹鼻影，并在眉头和眼角之间抹入阴影，鼻梁上明亮的底粉与鼻影相配，鼻子太短的感觉便会得到缓解。

(3) 鼻梁太宽

掩饰方法是修饰时用眼影笔（最好是灰色的）在鼻梁两侧画上两条细细的直线，然后在鼻翼两侧施粉底，将粉底与鼻侧线一起轻轻揉开。

① 鼻子长度如果超过全脸的 1/3，用咖啡色的鼻影从上往下抹，在鼻尖处也擦一些，鼻子看起来就会短一些。

② 鼻子的长度如果不到脸部的 1/3，用咖啡色鼻影由眉头沿着鼻子的两侧下涂，直到鼻子的末端，鼻子就会显得长一些。

(4) 鼻梁太低

用白色的粉底涂在鼻梁底处，鼻子两侧涂上咖啡色的鼻影，鼻子就会显得高而挺了。

(5) 鼻翼张得太大

修正方法是在两个鼻翼部位涂上深色粉底。

用粉底来修正鼻子是要让鼻子显得挺直而有立体感，但鼻影的深浅不要太分明，以免使人看出有明显的分界线。

3．根据眼形

① 向心眼。向心眼是指两眼间距过近。间距过近的眼睛容易给人过于精明、工于心计的感觉，在调整的时候要把眼妆的重点放在眼睛的后半段，在视觉上尽量拉开两眼之间的距离。

② 离心眼。离心眼是指两眼间距过远。两眼间距过远容易给人造成幼稚、无神、呆板的感觉，在调整的时候要尽量拉近两眼之间的距离，适当前移眼妆的重点位置——可以适当拉长眼线，拉近两眼之间的距离，使眼睛更有神。

③ 高低眼。其实我们很多人的眼睛都有高低差距，只不过有的不明显或相对对称。在处理眼妆时，通过眼影、眼线、假睫毛等工具将低的补高，高的压低，让两者尽量趋于平衡。不要通过单一的元素刻意地去调整这种差距，因为那会造成很明显的单一元素不对称的感觉。

④ 眼睛过肿。眼睛过肿又称肿眼泡，这样的眼睛在调整的时候要尽量避免用浅淡的暖色，否则容易造成更肿的感觉。对比眼型可以用较深的颜色和冷色系的色彩，弱化眼睛在视觉上肿的感觉。

⑤ 大小眼。大小眼与高低眼的解决方式比较类似。有些大小眼是因为眼皮有单双之分，此时可以用美目贴来调整双眼的眼形，使其尽量一致，化妆时会容易很多。用美目贴来调整眼形时，眼睛偏小的那只美目贴的层数可略多些，一直调整到两眼一致为止。

⑥ 单眼皮。纯粹的单眼皮是无法粘贴出双眼皮的，因为没有褶皱痕迹的存在。但可以通过睫毛的支撑和眼线、眼影的结合使眼睛变大。有些单眼皮本身就很好看，不一定要做过分的调整，保持原有的特点就很好。将美目贴贴在眼睑处，可以打造出双眼皮的效果。为了让眼睛看起来漂亮一些可多层粘贴，一直贴到眼形较为漂亮为止。

⑦ 圆眼形。圆眼形的特征是内眼角间距小，眼睛弧度大，使人显得机灵活泼，但也有不成熟感。眼影晕染时，强调色用于上眼皮的内外眼角，眼尾影色向外晕染，眼中部用影色收敛，忌用亮色，眉骨部位用亮色；下眼睑的眼尾用强调色向外晕染，把眼形拉长。描

画眼线时，上睫毛线的内眼角略宽；眼睛中部不宜平直而且要细；外眼角拉长，加宽并上扬；下睫毛线的外眼角略宽，描画从外眼角向内的1/2部位。

⑧宽眼睑。宽眼睑的特征是眼睑过宽，使黑眼球比例变小，常使人显得没有精神，缺少灵气。矫正方法是使用眼影晕染，用深色眼影贴近睫毛根部向外晕染，眉骨下方用亮色。

⑨细眼形。细眼形的特征是眼睛细而长，总有眯眼的感觉，使人显得温和细腻，但欠生动活泼。矫正方法是使用眼影晕染——宜用偏暖色眼影强调，采用水平晕染方法，上眼睑的眼影由离眼睑边缘2毫米部位向上晕染，下眼睑部位从睫毛外侧向下晕染略宽些。

⑩下垂眼。内眼角高于外眼角的眼形，使人显得沉稳、成熟、和气，同时也显得忧郁、衰老和缺少活力。矫正方法是使用粘贴美目贴，将美目贴胶带剪成半牙形，长短宽细要依据眼形条件，将其贴在外眼角处的双眼睑褶皱上，并可使眼尾适当向上提升。

⑪上吊眼。上吊眼是指内眼角低，外眼角高，眼尾上扬。吊眼角的人显得机敏、年轻、有活力，但眼尾过于上扬显得不够温和，让人有严厉，甚至冷漠的感觉。矫正方法是使用眼影晕染，内眼角选用强调色和浅亮色，外眼角用偏暗的影色，下眼尾部位也用相应的强调色。

4．女士化妆的禁忌

化妆是每个女性日常生活中必做的功课。随着时代的进步，人们对自身素质的提高和个性的体现也越来越重视，得体优雅的化妆无疑会令女性更加充满自信。但是女性化妆也有一些禁忌，确保外在美的同时，也能体现内在美。

① 忌离奇出众或哗众取宠。
② 忌技法用错，显得角色缺失。
③ 忌残妆示人，有失庄重。一旦化妆出现残缺，要及时到无人之处补妆，而不能置之不理，让人觉得低俗、懒惰。
④ 忌岗上化妆，显得轻浮失礼。

（三）男士美容

男士美容的原则很简单，清洁整齐、精神爽利即可。
① 洁肤。
② 护肤。
③ 剃须。
④ 美牙。

（四）其他部位的修饰

1．口部的修饰

口部修饰主要是注意口腔卫生，坚持刷牙，防止产生异味。与人交往应酬前应禁食容易产生异味的食物，如葱、蒜、韭、虾酱、腐乳及烈酒等，也不要吸烟，必要时可含茶叶、口香液以除异味。男士最好坚持每天剃须，这样既可以令自己显得精明强干，又充满阳刚之气。如果"胡子拉碴"，往往给人印象不佳。

2. 四肢的修饰

（1）上肢修饰

手部被称为人的第二张脸，一双清洁、柔软的手，能增添他人对你的好感。人们往往通过观察一个人的手来了解一个人的职业、身份，以及他是如何生活的。因此，细心地呵护自己的手是完全有必要的。

要做好手部保洁，使手部无污痕，干干净净。与此同时，还要注意用手的卫生，如不用手揉眼睛、掏耳孔、抠鼻孔、搔头发等。如果喜欢经常咬指甲和指甲上的死皮，那么就必须戒掉这个坏习惯。要以良好的情绪来控制手指运动，让手看上去优雅自然。

① 勤剪指甲。指甲不能太长，应注意经常修剪，指甲缝中不能藏污纳垢。把指甲稍微磨滑，同时使用一种稍带粉红或肉色的指甲油，这样可以让手指看起来比较修长。

② 不在指甲上涂饰彩妆。除非是专业的化妆品营销人员，否则一般不宜在手指甲上涂抹彩色指甲油。色彩过于鲜亮（如橘红、朱红等）或过于凝重（如黑色、灰色等）的指甲油对大多数职业女性是不适宜的。也不宜在手背、胳膊上使用贴饰、刺字或刻画。

③ 不外露腋毛。在较为正式的场合，一般不要穿裸露肩部的上衣。如果有必要穿无袖装，要先剃去腋毛，因为让腋毛外露极不雅观，是失礼的。

（2）下肢修饰

人们观察一个人常有"远看头，近看脚"的习惯。因此，对下肢也须保洁与修饰，避免"凤凰头、扫帚脚"这种上下不相称的弊病。要保持下肢的清洁，勤洗脚、勤换鞋袜。此外，为了体现自己的文明程度，对于下肢的有关部位要进行适度掩饰和修饰，尽量做到不裸腿、不赤脚、不露脚趾、不显脚跟。

第三节　销售人员仪表设计

一、仪表的含义

仪表即人的外表，包括容貌、姿态、风度、形体、服饰等。这里将仪表的外延局限于形体、服装、饰品3个方面，其中重点是服饰。

在社交场合，仪表不但可以体现一个人的文化修养，也可以反映出一个人的审美趣味。穿着得体不仅能赢得别人的喜欢，给人以良好的印象，而且能够不断提高自己对生活的信心，使自己充分享受生活的乐趣。

国内一家效益很好的大型企业的总经理王克经过多方努力和上级有关部门的牵线搭桥，终于使德国一家著名的电气企业董事长同意与自己的企业合作。谈判时为了给对方留下时尚新潮的好印象，王克上身穿了一件T恤衫，下身穿了一条牛仔裤，脚上穿了一双旅游鞋。当他精神抖擞、兴高采烈地带着秘书出现在对方面前时，对方瞪着不解的眼睛上下打量了他一会儿后，显出不满的神情。这次合作没能成功。

资料来源：陈光谊. 现代实用社交礼仪[M]. 北京：清华大学出版社，2009.

二、销售人员着装礼仪

（一）着装的原则

1. TOP 原则

TOP 是 3 个英语单词的缩写，分别代表时间（Time）、目的（Object）和地点（Place），即着装应该与当时的时间、目的和所处的地点相协调。

TOP 原则是国际上通行的着装原则。

① 时间原则。不同时段的着装规则对女士尤其重要。男士有一套质地上乘的深色西装或中山装足以包打天下，而女士的着装则要随时间而变换。白天工作时，女士应穿着正式套装，以体现专业性；晚上出席鸡尾酒会就须多加一些修饰，如换一双高跟鞋，戴上有光泽的佩饰，围一条漂亮的丝巾。服装的选择还要适合季节气候的特点，保持与潮流大势同步。

② 目的原则。衣着要与目的协调。与顾客会谈、参加正式会议等，衣着应庄重考究；听音乐会或看芭蕾舞，则应按惯例着正装；出席正式宴会时，应穿中国的传统旗袍或西方的长裙晚礼服；在朋友聚会、郊游等场合，着装应轻便舒适。试想一下，如果大家都穿便装，你却穿礼服，就有欠轻松。同样，如果以便装出席正式宴会，不但是对宴会主人的不尊重，也会令自己颇觉尴尬。

③ 地点原则。在自己家里接待客人，可以穿舒适但整洁的休闲服；如果是去公司或单位拜访，穿职业套装会显得专业；外出时要顾及当地的传统和风俗习惯，如去教堂或寺庙等场所，就不能穿过露或过短的服装。

2. 整洁原则

在任何情况下，服饰都应该是整洁的。衣服不能沾有污渍，不能有绽线的地方，更不能有破洞；扣子等配件应齐全；衣领和袖口处尤其要注意整洁。

3. 整体性原则

正确的着装能起到修饰形体、容貌等作用，形成和谐的整体美。

4. 个性化原则

着装的个性化原则主要是指依个人的性格、年龄、身材、爱好、职业等要素着装，力求反映一个人的个性特征。选择服装因人而异，着重点在于扬长避短，显现独特的个性魅力和最佳风貌。现代人的着装呈现出越来越强的表现个性的趋势。

总之，穿着打扮要形成自己的风格，不要为追求时髦而不顾及自己的年龄、体形、个性，也不能因为怕被议论而不敢穿充分显示自己风格的服装。

5. 着装要协调

首先，着装要满足担当不同社会角色的需要。人们的社会生活是多方面、多层次的，在不同的场合担当不同的社会角色，因此要根据情况选择不同的着装。

其次，着装要与肤色、形体、年龄相协调。例如，较胖的人不要穿横格的衣服；肩窄的人可以选择有衬肩的上衣；颈短的人可选择无领或低领款式的上衣；而中老年女性不能像少女一样穿超短裙。

另外，着装还要注意色彩的搭配。色彩搭配的方法有两种，即亲色调和法和对比色调和法：亲色调和法是将色调近似但深浅浓淡不同的颜色组合在一起；对比调和法是将对比色进行搭配，使之对立，既突出各自的特征，又能相映生辉。

（二）不同场合的着装

着装是一种语言，在不同的场合下要穿着不同的服装，就是在同一场合，也会因不同的情况而穿着不同服装。例如，西服三件套比两件套更符合正式礼仪场合。同时，视场合调整自己的服饰时要考虑自身的个性因素。也就是说，无论在什么场合，假使服饰符合了环境，但穿着与自我不合，同样会浑身不自在。

在正式场合下，装束力求简洁。统一色调是明智的搭配方式，在色彩上常用灰褐色、海蓝色、灰色、隐艳色、铁锈色，选用不同宽度、间距的直条纹图案和单色。同时，在某种场合下，除考虑肤色、体形、个性因素之外，还须考虑职位、工作性质、年龄等因素。

1. 礼服

（1）男士礼服

传统的男士西方礼服有大礼服、晨礼服之分。

① 大礼服是公开场合行使礼仪的装束，是隆重的场合所穿的严肃、大方的服饰。例如，国家庆典仪式、国宴、国家最高领导人接见、春节国家领导人团拜、大使递交国书等场合，我国男同志一般着深色西装。不同国家，不同时期的大礼服有所不同。

② 晨礼服为大礼服的简略版。其形式与一般西服类似，一般为单排一粒扣或两粒扣，领型为戗驳领。此为日间礼服，用于参加日间的各种正式场合。黑色套装用于较正式又没有对穿着有明确要求的场合，可以有一点设计。

（2）女士礼服

女士礼服可分为大礼服、小礼服和常礼服，穿着场合与男士的传统礼服相对应。

① 大礼服。女同志按季节与活动性质的不同可穿西装（下身为西裤或裙）、民族服装、中式上衣配长裙或长裤、旗袍或连衣裙等。夏季也可穿长、短袖衫配裙子或长裤。

② 小礼服是以小裙装为基本款式的礼服，具有轻巧、舒适、自在的特点。小礼服的长度为了适应不同时期的服装潮流和本土习俗而变化，适合在众多礼仪场合穿着。小礼服的风格多种多样，有宫廷复古、民族风情、优雅甜美、英伦贵族、花园女孩、名媛淑女、摇滚、女神风范、异域风情、平民时尚等。其款式也新颖独特，包括抹胸裙、吊带裙、斜裙、收腰包身裙、背心裙、迷你裙、蛋糕裙、鱼尾裙、节裙、褶裙、筒裙等。制作小礼服的材质丰富，有雪纺、纯棉、蕾丝、真丝、羊毛、亚麻、绸缎、牛仔布、皮质等。

③ 常礼服。款式普通、开领、七分袖的连衣裙为常礼服，裙长从及膝至长裙不等，越长越正式；丝绸或丝质感的料子可加刺绣、花边等，应避免过于发光的布料；珍珠饰品为佳，随手的包要小而精致，鞋和包均可不必过于华丽。常礼服以缎料、平绒、丝绒等质地为主。

2. 男士西装

男士西装起源于欧洲，是欧美国家的一种传统服装样式，清朝末年传入中国，目前是世界上比较流行的一种服装，也是职业人士在正式场合的优先选择。

（1）西装的构成

一套合体的西装与衬衫、领带、皮鞋、袜子应是一个统一的整体。

① 西装的外套。西装有单件上装和套装之分。

② 西装的长裤。穿着西裤要考虑两个因素：一是大小，二是长短。

③ 衬衫。与西装配套的衬衫要挺括、整洁、无皱褶，尤其是领口。

④ 领带。领带被喻为"西装的灵魂"，必须与衬衫、西装搭配和谐。

⑤ 鞋。人们常说"西装革履"，穿西装不仅要打领带，而且要配穿像样的皮鞋。把全部的焦点都放在西服、领带、手表上，而认为鞋是微不足道的，是很错误的想法。

鞋子代表一个人的经济状况。许多人是从鞋子的质量来判断一个人的经济状况、社会地位或身份的。日本旅馆柜台的服务人员，通常会对投宿的客人鞠躬，借以观察对方的鞋子，来了解对方的身份和判断客人的地位。有一位保险销售精英曾这样描述他的团队："任何一名职员都必须穿着闪闪发光的皮鞋。一般来说，鞋是一个人身份的象征。穿破旧皮鞋的人，只有两种可能：第一是买不起，那他一定是一个不成功的销售人员；第二是舍不得买，那他是个鼠目寸光的人。无论哪种可能，他都不会取得我的信任。保险首先卖的是信誉，是形象，其次才是保险品种。"的确，一双旧皮鞋，或者一双廉价的、非真皮的合成革新鞋，有可能会大大地损害个人的形象，甚至带来可怕的后果。因此，在与他人见面之前，一定要记得把皮鞋擦得锃亮。记住成功学大师拿破仑·希尔说的一句话："擦亮皮鞋可以扭转公司的逆境，价值一百万美元。"

（2）男士穿西装的"三个三"原则

①"三色"原则。三色原则是在国外经典商务礼仪规范中被强调的，国内著名的礼仪专家也多次强调过这一原则。简单来说，就是男士身上的色系不应超过3种。很接近的色彩视为同一种。

②"三一"定律：鞋子、腰带、公文包3处保持一个颜色，黑色最佳。

③"三大"禁忌：左袖商标要拆掉；不能穿尼龙袜，不能穿白色袜；领带质地选择真丝和毛质的，除非制服配套否则不用一拉得，颜色一般采用深色，除了制服短袖衬衫，短袖衬衫不能打领带，夹克不能打领带。

3. 女士的职业装

（1）职业女性套裙的构成

① 颜色。一般以黑色、藏青色、灰褐色、灰色和暗红色等冷色系为好。

② 衬衫。白色、黄白色和米色与大多数套装都能搭配。

③ 内衣。确保内衣合身，既要穿得合适，又要注意内衣颜色不外显。

④ 丝巾。丝巾能起到提亮女士套裙的作用。选择丝巾时，注意丝巾的颜色中应包含有套裙的颜色。

⑤ 袜子。女士穿裙子应当配长筒丝袜或连裤袜，颜色以肉色为最佳。

⑥ 鞋子。在正式场合女士要穿高跟皮鞋，不要穿凉鞋、露脚趾或露脚后跟的鞋。

（2）套裙的着装规范

深蓝色套裙是公司制服中使用得最广泛的。黑头发、黑眼睛的东方人，也很适合黑色服装。黑色除了可以隐藏缺点外，还可使体形看起来纤细一点，使皮肤显得白一点。如果选择轻柔的粉红、粉蓝、火黄、草绿系列，则更能显示女性阴柔之美。

裙装三禁忌：不能穿黑皮裙；不光腿，要穿双包鞋把易磨的前后都包住；不能在裙子下加健美裤，不能穿半截的袜子，弄出三截腿——用专业术语形容叫恶意分割。

（3）职业女性着装禁忌

① 过于鲜艳。着装过于鲜艳是指商务人员在正式场合的着装色彩较为繁杂、过分鲜艳，如衣服图案过分烦琐及标新立异等。

② 过于杂乱。着装过于杂乱是指不按照正式场合的规范化要求着装。杂乱的着装极易给人留下不好的印象，容易使客户对企业的规范化程度产生怀疑。

③ 过于暴露。在正式的商务场合身体的某些部位是不适宜暴露的，如胸部、肩部、大腿。在正式的商务场合通常要求不暴露胸部、不暴露肩部、不暴露大腿。

④ 过于短小。在正式场合，商务人员的着装不可以过于短小。例如，不可以穿短裤、超短裙，非常重要的场合不允许穿露脐装、短袖衬衫等。

⑤ 过于紧身。在社交场合身着非常紧身的服装是允许的。但是必须强调，在工作场合和社交场合是有所区别的，因此在比较正式的场合不可以穿着过分紧身的服装。设想一下，商务人员在工作场合穿着过于紧身的服装，凸显线条分明，又怎能体现出自己的庄重呢？

4．体形与着装

人的体形差异很大，理想的体形要求躯干挺直，身体各部分的骨骼都要匀称。如果能了解自己的体形缺陷，便可扬长避短。

（三）饰品的佩戴

在社交活动中，销售人员除了要注意服装的选择外，还要根据不同场合佩戴戒指、耳环、项链、胸花等饰品。

1．帽子

帽子是服装的重要组成部分，常常与服装配套。帽子既可正戴，也可歪戴，不同戴法会产生不同的视觉效果和礼仪效应。

2．戒指

戒指戴在不同的手指上所传递的语意是不同的，不同的场合应选戴不同质地的戒指。

资料小看板 2-2
戒指的国际标准戴法（佩戴左手）

大拇指——一般不戴戒指。
食指——想结婚，但尚未结婚。
中指——正在热恋中。

无名指——已经订婚或已经结婚。

小指——独身或已离婚。

有人用更简单的"追、求、订、婚、离"5个字说明将戒指分别戴在5个手指上的含义和暗示。

3．手镯与手链

一般情况下，男女均可戴手链，但仅戴一条，且戴在左手腕上。手镯、手链不能与手表同戴于一只手上。如果手腕、手臂不太漂亮，戴手镯与手链时要慎重，不然反而会暴露自己的短处。

4．项链

项链是戴于颈部的环形首饰，男女均可使用，是佩戴时间长、范围广泛的重要首饰，种类十分繁多。男士所戴的项链一般不应外露且不应多于一条，但可将一条长项链折成数圈佩戴。戴项链时，要与服装、颈部和肤色相协调。夏天因衣着单薄，佩戴金、银、珠宝项链都很美。浅色的毛衫要佩戴深色或艳一些的宝石类项链；深色的毛衫可配紫晶或红玛瑙项链。项链的粗细，应与脖子的粗细成反比。脖子较粗的人应选择较细的项链，脖子较细的人则应选粗一些的。从长度上区分，项链可分为4种：一是短项链，适合搭配低领上装；二是中长项链，可广泛使用；三是长项链，适合女士用于社交场合；四是特长项链，适合女士在庄重的社交场合佩戴。

5．耳环

耳环也叫耳坠，是女性耳垂的特殊饰物。其种类繁多，主要有有穗式和无穗式两大类。有穗式分单穗和双穗，无穗式又有大圆、小圆、椭圆、葡萄等花样。

大致说来，耳环的设计可分为穿耳洞、夹式和扭转式。穿耳洞的耳环佩戴较麻烦，但是样式精巧，选择也多。耳环选佩原则如下。

① 圆形丰满脸型者，可以配上尖形的耳环，使脸看起来较细长。

② 长脸型者，配上纽扣形的耳环，可使脸部显得较宽。

③ 椭圆脸型者，各式耳环皆可佩戴。

④ 身材纤细瘦小的人，应戴小巧秀气的耳环。如果是大耳环，会使人看起来头重脚轻。

⑤ 身材高大、脸型宽大的女性，应戴大型的耳环，才能衬出大方的气质。

⑥ 方脸型者，可戴长圆或圆形设计的耳环，以减少棱角感。

另外，如果已戴有镶着碎钻的眼镜，或者是打算佩戴好几串项链时，最好不要再戴耳环，以免显得俗气。

6．胸针和胸花

胸针作为一种服装的点缀物，常戴在领口、胸前等位置。其佩戴位置醒目，易引人注意。胸针的材料、造型图案种类较多，不同的胸针有着不同的寓意，使人显出不同的气度。

胸针可别在胸前，也可别在领口、襟头等位置。胸针式样要注意与脸型协调：长脸型宜佩戴圆形的胸针；圆脸型应配以长方形胸针；如果是方脸型，适宜用圆形胸针。

胸花的佩戴有一定的讲究，应根据服装的色彩、面料、款式来选用：白色衣裙配上天蓝色或翠绿色胸花，形成冷调的协调美；红色衣裙配以黄色、本色胸花，形成暖调的和谐美。

基本上重要正式场合中的司仪、特别来宾、颁奖人，都有资格戴胸花。在婚礼中，新郎、伴郎、招待、司仪及新娘的父亲都需要佩戴胸花。新郎的胸花，通常是新娘捧花中的主花，这是在选择新娘捧花时需要列入考虑的要素之一。传统上，新郎将捧花送给新娘，然后新娘从捧花中摘下一朵，别在自己的胸前。其他来宾的胸花，以简单、小巧为原则。一般一朵花再加上一些搭配的满天星类的小花就够了，不要让胸花变成一束花，胸花的花梗也不可太长。胸花一般都是别在西装外套的左领，不过现在胸花别在右领也不算失礼。如果没有现成的扣眼可放，胸花可置于西装领上，花梗垂直向下，对准鞋子的位置别好即可。

第四节 销售人员仪态设计

一、仪态的含义

仪态是指人在行为中的姿势和风度，主要包括人的站姿、坐姿、走姿等。姿势是指身体所呈现的样子，风度则属于内在气质的外化。

良好的仪态是一种修养，人们往往会凭借一个人的仪态来判断其品格、生活、能力和其他方面的修养程度。仪态美是一种综合美，是身体各部分器官相互协调的整体表现。

有一位华侨，到国内洽谈合资业务，谈了好几次，最后一次来之前，他曾对朋友说："这是我最后一次洽谈了，我要跟他们的最高领导谈。谈得好，就可以拍板。"过了两个星期，他和朋友相遇，朋友问："谈成了吗？"他说："没谈成。"朋友问其原因，他回答："对方很有诚意，谈判进行得也很好，就是跟我谈判的这个领导坐在我的对面，当他跟我谈判时，不时地抖动他的双腿。我觉得若是跟他合作，我的财就会被他抖掉了。"

二、销售人员的仪态礼仪

（一）站姿

1. 站姿的基本要领

① 全身站直，头部抬起，双眼平视。

② 女士站立时，应挺胸、收颌，双手自然下垂，双手叠放或相握于腹部，双脚与双腿并拢，如图 2.3 所示。

③ 男士站立时，一般应两腿平行，双脚微分开，与肩同宽，如图 2.4 所示。

④ 如果站立过久，双脚可以轮流后退一步，身体的重心轮流落在一只脚上，但上身仍要挺直。

图 2.3　女士标准站姿　　　　　　　　图 2.4　男士标准站姿

2. 不良站姿
① 全身不够端正。
② 双腿叉开过大。
③ 手脚随意活动。
④ 表现自由散漫。

（二）坐姿

坐姿要端正。平坐的姿态是：人体重心垂直向下，腰部挺起，脊柱向上伸直，挺胸；双肩平、松，躯干与颈、髋、腿、脚正对前方；双脚并拢，双手以手掌放在膝间或双膝平行，双膝不许向外叉开，两腿也不可直伸向前方；双手不要做小动作。

1. 坐姿的基本要领

① 头部端正，双目平视，面带微笑，下巴内收，不能出现仰头、歪头、低头、扭头等动作。

② 躯干挺直，腰部内收，不能塌腰，不坐满椅子或歪坐一边，通常只坐椅子的 1/2 或 2/3 左右。

③ 有扶手时，双手可以搭放或一搭一放。无扶手时，女士右手搭在左手上，可相交放于腹部或轻放于双腿之上。

④ 男士膝盖可以分开，但不可超过肩宽，女士膝盖不可以分开。

⑤ 当与人交谈时，不能总是转头，而应将整个上身朝向对方，以示对其重视和尊敬。

2. 几种典型的坐姿

比较正式的场合，可采取如下坐姿。

① 双腿垂直式。其具体要求是：双腿垂直于地面，双脚的跟、膝盖直至大腿都需要并拢在一起，双手自然放在双腿上。这是正式场合的最基本坐姿，可给人以诚恳、认真的印象。

② 双腿叠放式。其具体要求是：上下交叠的膝盖之间不可分开，两腿交叠呈一直线，才会造成纤细的感觉。双脚放置的方法可视座椅的高矮而定，既可以垂直，也可与地面呈45°斜放；脚尖不可翘起，更不应直指他人。采用这种坐姿时，切勿双手抱膝，更不能两膝分开。女士穿超短裙时应慎用这种坐姿。

③ 双腿斜放式。坐在较低的椅子或沙发上时，最好采用这种坐姿。其具体要求是：双腿并拢之后，双脚同时向右侧或左侧斜放，并且与地面形成 45°左右的夹角。这种坐姿使得就座者的身体呈现优美的 S 形。必须注意两膝不宜分开，小腿间也不要有距离。

④ 双脚交叉式。其具体要求是：双腿并拢，双脚在踝部交叉之后略向左侧或右侧斜放。坐在主席台上、办公桌后面或公共汽车上时，比较适合采用这种坐姿，感觉比较自然。

⑤ 双脚内放式。其具体要求是：两条小腿向后侧屈回，双脚脚掌着地，膝盖以上并拢，两脚稍微张开。这种坐姿尤其适合在自己并不受注目的场合使用，显得轻松自然。

⑥ 脚踝盘住收起式。椅子较低时，除可斜坐之外，还可以将脚踝盘起，往椅子下面靠。但像沙发这样下面没有空间的椅子不可采用这种坐姿。

3．不良坐姿

① 双腿过度叉开，高架"二郎腿"或4字形腿。

② 腿脚抖动，左顾右盼，摇头晃脑。

③ 双手放于上脑后、抱膝盖或小腿、放于臀部下面。

④ 双腿前伸或脚尖指向他人；双手撑椅，跷腿摸脚；坐下后随意转动椅子。

（三）走姿

1．走姿的基本要领

① 行走时，头部抬起，目光平视前方，双臂自然下垂，手掌心向内，并以身体为中心前后摆动。

② 男士应抬头挺胸，收腹直腰，上体平稳，双肩平齐，目光平视前方，步履稳健大方。

③ 女士走路要注意稳健、自然、大方，体现出力度与弹性，上身要挺直，收腹挺腰，如图 2.5 所示。

④ 男士步幅以一脚半距离为宜，女士步幅以一脚距离为宜。

2．不良走姿

① 横冲直撞。

② 抢道先行。

③ 阻挡道路。

④ 蹦蹦跳跳。

⑤ 奔来跑去。

⑥ 制造噪声。

⑦ 步态不雅。

图 2.5　女士标准走姿

3．特例走姿

① 引领客人。引领客人要配合脚步；在引领中，应适时提醒客人，转角时应稍停再迈步。

② 上下楼梯。上楼梯时，如果女性穿裙子，则宜在客人之后，让客人先行；下楼梯时，则应先走，上下距离保持一二级楼梯。

③ 出入房门。推门时，先推门进入，扶门等待客人进入后方可松手；拉门时，先拉门请客人先进，再随后跟进。

（四）蹲姿

1. 蹲姿的基本要领

① 站在所取物品的旁边，蹲下屈膝去拿，而不要低头，也不要弓背，要慢慢地把腰部低下。

② 下蹲时，两腿合力支撑身体，掌握好身体的重心，臀部向下，头、胸、膝关节不在一条线上。

③ 下蹲时，不要正对或背对客人蹲下，否则会让对方感到尴尬。

④ 下蹲时，注意不要让背后的上衣自然上提，以免露出皮肤和内衣裤。

⑤ 女士无论采用哪种蹲姿，切忌两腿分开。此外，下蹲时切忌弓背撅臀、突然下蹲、离人过近、蹲着休息。

2. 常见蹲姿

① 交叉式蹲姿，如图 2.6 所示。

② 高低式蹲姿，如图 2.7 所示。

图 2.6 交叉式蹲姿　　　　图 2.7 高低式蹲姿

3. 注意事项

① 不要突然下蹲。

② 不要距人过近。

③ 不要方位失当。

④ 不要毫无遮掩。
⑤ 不要随意滥用。

（五）手势

1. 手势的基本要领
① 手势的使用要准确。
② 手势的使用要规范。
③ 手势的使用要适度。

2. 常见手势动作
① 致意、告别。
② 递物。
③ 展示。
④ 指引，如横摆式（见图 2.8）、直臂式、曲臂式、斜臂式等。

图 2.8　横摆式指引手势

一位美国的工程师被公司派到他们在德国收购的分公司，与一位德国工程师在一部机器上并肩作战。当这位美国工程师提出建议改善新机器时，那位德国工程师表示同意并问美国工程师自己这样做是否正确。这位美国工程师用美国的 OK 手势给以回答。那位德国工程师见状放下工具就走开了，并拒绝与这位美国工程师进一步交流。后来这个美国人从他的一位主管那里了解到，这个手势对德国人来说意味着侮辱。

资料来源： 国英. 公共关系与现代交际礼仪案例［M］. 北京：机械工业出版社，2004.

（六）表情

表情是指一个人通过面部形态变化所表达的内心思想感情。面部表情能迅速、灵敏而又充分地表达各种感情。人的表情主要是通过眼神和微笑来传递的。

1. 眼神
眼神是指人们在注视时，眼部所进行的一系列活动及所呈现的神态。销售人员训练眼神时，应兼顾以下几点。

（1）注视的部位

公务凝视区域；社交凝视区域；亲密凝视区域。

（2）注视的角度

正视对方；平视对方；仰视对方。

（3）注视时间

据心理学家实验表明，人们目光相互接触的时间，通常只占交谈时间的 30% 至 60%。

2. 微笑
在人际交往中，微笑作为一种"通行证""润滑剂"，缩短了人和人之间的心理距离。正确的微笑应真诚、适度、合时宜。

销售商务礼仪

实训实践

实训设计一

项目名称　微笑训练。

项目目的　习惯性富有内涵的、善意的、真诚的、自信的微笑，如一杯甘醇的美酒，叫人流连。

项目要求　笑对自己，笑对他人，笑对生活，笑对一切。

项目说明

（1）他人诱导法——同桌、同学之间互相通过一些有趣的笑料、动作引发对方发笑。

（2）情绪回忆法——通过回忆自己曾经的往事，幻想自己将要经历的好事引发微笑。

（3）口型对照法——通过一些相似性的发音口型，找到适合自己的最美的微笑状态，如"一""茄子""呵""哈"等。

（4）习惯性伴笑——强迫自己忘却烦恼、忧虑，假装微笑。时间久了，次数多了，就会改变心灵的状态，发出自然的微笑。

（5）牙齿暴露法——笑不露齿是微笑；露上排牙齿是轻笑；露上下 8 颗牙齿是中笑；牙齿张开看到舌头是大笑。

项目步骤

（1）基本功训练

①课堂上，每个人准备一面小镜子，做面部运动。

②配合眼部运动。

③做各种表情训练，活跃脸部肌肉，使肌肉充满弹性；丰富自己的表情仓库；充分表达思想感情。

④观察、比较哪一种微笑最美、最真、最善，最让人喜欢、接近、回味。

⑤出门前，心理暗示"今天真美，真高兴"。

（2）创设环境训练

假设一些场合、情境，让同学们调整自己的角色，绽放笑脸。

（3）课前微笑训练

每一次礼仪课前早到一会儿，与老师、同学微笑示意、寒暄。

（4）微笑服务训练

课外或校外，参加礼仪迎宾活动和招待工作。

（5）具体社交环境训练

遇见每一位熟人或打交道的人都展示自己最满意的微笑。试着用微笑化解矛盾，用微笑打动别人，用微笑塑造自我成功的形象。坚持每天早上起床后训练。

实训设计二

项目名称　眼神。

项目目的　练就炯炯有神的、神采奕奕的、会放电的、会说话的眼神。同时，学会用敏锐的眼神洞察别人的心理。

项目要求 眼睛是心灵的窗口，灵魂集中在眼睛里；眼神是一种更含蓄、更微妙、更复杂的语言；让亲善的目光成为你展现人格魅力的法宝。

项目说明

（1）学会察看别人的眼色与心理；锻炼自己多彩的眼神。

（2）配合眉毛和面部表情，充分表情达意。

（3）注意眼神礼仪。不能对陌生人长久盯视，除非感情很亲密、欣赏，或者观看演出；眼睛眨动不要过快或过慢，过快显得不成熟，过慢则显得死气木讷；不要轻易使用白眼、媚眼、斜眼、蔑视等不好的眼神，除非特殊情况。

（4）习惯眼部化妆，以突出刻画眼神，富有情调。生活妆显得清新亮丽，可增添情趣和信心；舞台妆显得浓重或随心所欲，可改变形象。

项目步骤

（1）眼部动作训练

熟悉、掌握眼部肌肉的构成，锻炼肌肉韧性。眼神构成要素如下。

① 眼球转动方向——平视、斜视、仰视、俯视、白眼等。

② 眼皮瞳孔开合大小——大开眼皮、大开瞳孔，表示开心、欢畅、惊讶；大开眼皮、小开瞳孔，表示愤怒、仇恨；小开眼皮、大开瞳孔，表示欣赏、快乐；小开眼皮、小开瞳孔，表示算计、狡诈。

③ 眼睛眨动速度快慢——快，表示不解、调皮、幼稚、活力、新奇；慢，表示深沉、老练、稳当、可信。

④ 目光集中程度——集中，表示认真、动脑思考；分散，表示漠然、木讷；游移不定，表示心不在焉。

⑤ 目光持续长短——长，表示深情、喜欢、欣赏、重视、疑惑；短，表示轻视、讨厌、害怕、撒娇。

（2）眼神综合定位

以上要素往往结合在一起综合表现。注意细微的变化，淋漓尽致地表现富有内涵、积极向上的眼神。例如，"这是你的吗？"，可用不同的眼神表示出愤怒、怀疑、惊奇、不满、害怕、高兴、感慨、遗憾、爱不释手等。

（3）模仿动物的眼神

男性眼神像鹰一样刚强、坚毅、稳重、深沉、锐利；女性眼神像猫一样柔和、善良、温顺、敏捷、灵气、秀气、大气、亲切、自然。

（4）课外作业

① 购物时，观察服务员的眼神和态度之间的关系。

② 与亲朋好友进行目光交流，考察眼神是否与自己的思想感情相符。

③ 校园里与擦肩而过的同学进行眼神接触，试着揣摩对方的心理。

④ 与不同年龄、不同性别、不同职业、不同性格、不同情境的人交流，大胆尝试使用不同的眼神，并考察社交效果如何。

实训设计三

项目名称 形体训练方案。

项目目的 练习坐、立、走等基本仪态及举手投足,力求协调、昂扬、文明,有美感,符合身份、情境的要求。

项目要求

让你的举止、形态和谐得像一支动人的旋律,带给人意气风发、朝气蓬勃的快感;我自信,我很美;尽情挥洒成功的气质和风度。

项目说明

(1)课堂讲授与课外训练结合。

(2)观看《社交礼仪》《体态培训》等VCD。

(3)聘请专业教师讲座、指导。

(4)正反两种案例比较,让同学们自己得出结论。

(5)举办活动,检验效果,如健美操比赛、时装步表演等。

(6)注意在社交场合及生活中举止文雅,内强素质外塑形象,文明与美观并举。

项目步骤

(1)讲授基本动作要领,及禁忌。

(2)分组分节进行动作练习,建立良好的体态语言体系。

①坐姿练习 要求精神、友好、自然、大方、优雅、轻松。

练习一 练习入座起立。入座时,老师说"请坐",学生说"谢谢",女生双手掠一下裙子,按规范动作坐下。起立时,速度适中,既轻又稳。

练习二 练习坐姿。按规范的坐姿坐下,放上音乐。练习在高低不同的椅子、沙发,不同交谈气氛下的各种坐姿。训练时,重点强调上身挺直,双膝不能分开——用一张小纸片夹在双膝间,从始至终不能掉下来。

②站姿练习 要求挺拔、向上。靠墙检查,头、背、臀、脚后跟四点一线。

练习一 在一间空教室里排队站立。按照站姿的基本要求练习。老师不断提醒动作要领,并逐个纠正。学生进行自我调整,尽量用心去感觉动作要领。训练时可放些优雅、欢快的音乐,调节学生的心境,使微笑自然。每次训练20分钟左右。

练习二 贴墙站立。要求学生后脚跟、小腿、臀、双肩、后脑勺都紧贴墙。这种训练是让学生感受到身体上下处于一个平面。

练习三 背对背站立。要求两人一组,背对背站立,两人的小腿、臀部、双肩、后脑勺都贴紧。两人的小腿之间夹一张小纸片,不能让其掉下。每次训练20分钟左右。

练习四 站姿训练可结合微笑进行,强调微笑的准确、自然、始终如一。可配上悠扬、欢乐的音乐以调节学生的心境。

③走姿练习 要求协调、昂扬、朝气,有节奏感。男生重稳健、力度;女生重弹性、轻盈。头顶一本书,来回走动并不让其掉下来。

练习一 走直线。行走时双脚内侧稍稍碰到地上画的直线,即证明走路时两只脚几乎是平行的。配上节奏明快的音乐,训练行走时的节奏感。强调眼睛平视,不能往地上看,收腹、挺胸、面带微笑,充满自信和友善。

练习二 顶书而行。这是为了纠正走路时摇头晃脑的毛病,而保持在行走时头正、颈直的训练。

练习三 练习背小包,拿文件夹、公文包,穿旗袍时的行走。

④ 鞠躬训练 学生间互相行鞠躬礼;学生向老师行鞠躬礼。

⑤ 手势训练。要求亲切、适度,如握手、介绍、引领、招手、递物、鼓掌等。

(3) 情境举止训练,如交谈、辩论、演讲、歌唱、舞蹈、日常交往等场合。

(4) 模仿动作表演,如模仿影星、歌星、动物、同学等。

(5) 避免不良的手势、动作与举止,及时纠错并示范。

(6) 同学之间互相监督提醒,随时以最佳状态出现在众人面前。

(7) 自觉充当形象大使,以良好的气质和风度影响身边的每一个人。

实训设计四

项目名称 穿着打扮训练方案。

项目目的 用自己的审美情趣,塑造有个性的、美好的服饰形象,从而为综合形象增添魅力。

项目要求 穿出品位来;精心打扮自己的每一天。

项目说明

合己原则——符合自己的性别、性情、身材、身份等特征;合时原则——符合时代特征(超时髦)、季节特征、场合特征;合理原则——款式颜色搭配得体,符合规则。

项目步骤

(1) 从头开始,发型设计。

(2) 身材确认及个案搭配练习。

① A型。上身优势,下身不足——上紧下松。

② Y型。上身不足,下身优势——上宽下收。

③ X型。上下不足,腰部优势——露脐收腰。

④ H型。上下匀称,没有不足——各种款式。

⑤ O型。上下不足,肥胖宽大——筒状宽松。

(3) 建立自己的色彩档案。

① 了解色相。红黄蓝三原色,间色、复色、调和色。

② 了解色性:缩扩、远近、冷暖、轻重。

③ 了解色彩搭配法。统一法、点缀法、对比法、呼应法、超常法。

(4) 学会装饰。

(5) 学会化妆(生活妆、职业妆、晚会妆、舞台妆)。

(6) 了解穿着打扮误区。

本章小结

本章主要讲解仪容礼仪、仪态礼仪和服饰礼仪这 3 个方面的内容。这些礼仪对于塑造个人形象意义重大，而且个人形象在销售活动中是非常重要的——良好的个人形象能给人一种光环效应，有助于企业形象的美化。

仪容礼仪主要是指一个人的容貌各方面的礼仪规范。仪容礼仪的内容很多，如个人整洁，包括面部清洁、头发清洁及其他部位的清洁，美发与化妆的基本步骤等。

仪态是指一个人举止的姿态和风度。仪态礼仪的内容包括在商务社交场合采用规范的表情、站姿、走姿、坐姿、蹲姿、手势，以及适当的言谈举止等，以显示良好的教养和素质。

服饰礼仪的内容包括男性商务服装礼仪、女性商务服装礼仪、饰品的佩戴礼仪等。进行正确的服饰选择和色彩搭配，可以修正自身的外在缺陷；配以适合自己的发型和妆容，可以展示自身的独特气质。着装礼仪的基本原则包括 TOP 原则、色彩协调原则、体型协调原则等。

复习思考

想一想

1. 个人形象礼仪的主要特征有哪些？
2. 销售人员仪容的修饰应注意哪些事项？
3. 结合个人实际，谈谈服饰搭配的技巧与经验。
4. 简述着装礼仪的基本规范与要求。

谈一谈

飞机起飞前，一位乘客请求空姐给他倒一杯水吃药。空姐很有礼貌地说："先生，为了您的安全，请稍等片刻，等飞机进入平衡飞行后，我会立刻把水给您送过来。好吗？"

15 分钟后，飞机早已进入平衡飞行状态。突然，乘客服务铃急促地响了起来，空姐猛然意识到：糟了，由于太忙，她忘记给那位乘客倒水了。空姐来到客舱，看见按响乘客服务铃的果然是刚才那位乘客。她小心翼翼地把水送到那位乘客眼前，微笑着说："先生，实在对不起，由于我的疏忽，延误了您吃药的时间，我感到非常抱歉。"这位乘客抬起左手，指着手表说道："怎么回事，有你这样服务的吗？你看看，都过了多久了？"空姐手里端着水，心里感到很委屈。但是，无论她怎么解释，这位挑剔的乘客都不肯原谅她的疏忽。

接下来的飞行途中，为了弥补自己的过失，每次去客舱给乘客服务时，空姐都会特意走到那位乘客面前，面带微笑地询问他是否需要水，或者别的什么帮助。然而，那位乘客余怒未消，摆出不合作的样子，并不理会空姐。

到目的地前，那位乘客要求空姐把留言本给他送过去。很显然，他要投诉这名空姐。此时空姐心里很委屈，但是仍然不失职业道德，显得非常有礼貌，而且面带微笑地说道："先生，请允许我再次向您表示真诚的歉意。无论您提出什么意见，我都会欣然接受。"那位乘客脸色一紧，似乎准备说什么，可是没有开口。他接过留言本，开始在本子上写了起来。

等到飞机安全降落，所有的乘客陆续离开后，空姐心想这下完了。她担心地打开留言本，却惊奇地发现，那位乘客在本子上写下的并不是投诉信。相反，这是一封热情洋溢的表扬信。

是什么使得这位挑剔的乘客最终放弃了投诉呢？在信中，空姐读到这样一句话："在整个过程中，你表现出的真诚的歉意，特别是你的12次微笑深深打动了我，使我最终决定将投诉信写成表扬信！你的服务质量很高，下次如果有机会，我还将乘坐你们这次航班。"

思考

（1）微笑有何作用？

（2）微笑应注意什么？

第三章
销售人员的交往礼仪

> 生活里最重要的是礼貌,它比最高的智慧、比一切学识都重要。
>
> ——[俄]赫尔岑

学习目标

1. 掌握问候致意、握手、鞠躬、介绍及名片递交的基本礼仪规范、姿势和要求。

2. 学会恰当表达寒暄与问候,规范地行鞠躬礼、拥抱和吻礼、握手礼,正确使用称谓、名片,从而具备商务人员应有的优雅风度和基本素质。

情景设计

在公司办公大楼里,公司销售部员工张某到采购部门要资料,见到采购部李小姐,便道:"喂,李小姐,把这个月的采购报价单拿过来,我们销售部王总要参考。"

只听采购部李小姐回答道:"呵呵,我们正忙,你们销售部需要的话过两天再来拿吧。""呀,你……"张某一时语塞。

这时,财务部赵小姐过来对李小姐道:"您好!李姐,打扰您了。我们想要一份这个月的采购报价单,您看您现在方便吗?"李小姐道:"赵小姐,请稍等片刻啊,我马上打印出来给您。"

任务 从这段对话中你能看出什么问题吗?为什么张某吃了闭门羹,而赵小姐却进展顺利?

解决问题 通过细节我们发现,张某见了同事,只对对方说了声"喂",非常单调且没礼貌,而后者给对方的感觉是"她很尊重我,我们真的是'好姐妹'"。同时,前者还有以势压人、命令他人的态度,后者的态度则非常有礼貌和体谅对方。俗话说:"一句话惹人笑,

第三章　销售人员的交往礼仪

一句话惹人跳。"作为商务人员，见面打招呼的礼仪绝对不能忽视。也许就是这样一句小小的问候，就会拉近人和人之间的距离。

见面礼仪是与人交往时的最基本、最常用的礼节。心理学研究发现，与一个人初次见面，45秒钟内就能产生第一印象。如果他言行得体，我们就会在他身上寻找其他优秀的地方；如果他的言行不讨人喜欢，我们会倾向于探求他不良的特质，以便支持我们的第一次判断。这就是所谓的首因效应。首因效应告诉我们，人与人第一次交往时留下的印象，在对方的头脑中形成并占据着主导地位。

随着现代社会交往的日益频繁和竞争的日益激烈，在商务交往活动中展现我们素质的过程中，很可能由于我们的某一点疏忽或某一方面不注意而与很多机会失之交臂。因此，掌握基本的见面礼仪，能使人适应日常商务场合的礼仪要求，从容应对现代商务活动的需要，赢得客户好感，在竞争中脱颖而出，并不断提升个人的整体素质，给人留下深刻的第一印象，从而塑造商务人员良好的个人职业形象和企业形象。

第一节　见面招呼礼仪

在人际交往中，人们进行商务活动或出入公共场合，经常会碰见一些朋友、同事或合作伙伴等，打招呼便成了见面时必需的礼节。一般情况下可点头或微笑致意，也可以上前握手或互致问候。

小李今年大学刚毕业，在大华公司总经理办公室做秘书工作。一天，公司王总经理派他到机场去接广州明光公司销售部的吴丽晶经理。小李准时来到机场，在出口处吴经理见到小李手中的字牌，走到小李面前说："你好！你是小李吧，我是吴丽晶！"小李连忙用不太标准的普通话说："是的，是的，我是小李，您好！您就是广州过来的狐狸精（吴丽晶）吧？我是王总派来接您的。我是东方大学行政管理专业毕业的研究生，现在是王总的秘书。"一边说一边伸手准备与吴经理握手。面对小李这样的称呼、这样的自我介绍、这样的握手方式，吴经理会是什么感觉呢？

资料来源：吴蕴慧，徐静. 现代礼仪实务 [M]. 上海：上海交通大学出版社，2008.

一、问候致意礼仪

问候致意礼仪在人际关系建立之初，能发挥润滑剂的功效。向别人问候致意，要按对象、时间、场合、节庆的不同，采取不同的问候。问候时要停住脚步，面向被问候者，配以合适的姿态语，做亲切的问候。

（一）有声语言——寒暄与问候

寒暄是见面时谈天气冷暖之类的应酬话；问候是人们在相逢之际所打的招呼。

在多数情况下，二者应用的情景比较相似，都是作为交谈的"开场白"被使用的。从这个意义讲，二者之间的界限常常难以确定。

1. 寒暄

在社交活动中，寒暄能使不相识的人相互认识，使不熟悉的人相互熟悉，使沉闷的气氛变得活跃。尤其是初次见面，几句得体的寒暄语，会使气氛变得融洽，有利于顺畅地进入正式交谈。寒暄并不是几句废话，而是交谈的"导语"，具有抛砖引玉的作用，是人际交往中不可缺少的重要一环。从心理角度来看，初次见面，双方都有一种想了解对方的愿望，此时彼此都会注意对方的言谈举止，因此寒暄中的语言要体现出真挚、坦诚、热情。交谈者可以根据不同的场合、环境、对象进行不同的问候。

（1）寒暄的常见类型

① 问候型

随着时代发展，人们的问候不再像古代那样刻板了，比较随意的问候随处可见。例如，"上哪去呀？""吃过饭了吗？""怎么这么忙啊？"等。这种问候表面上看似提问，实际上只是表示问候的招呼语。这一类问候语只是见面时开始交谈的过渡语，并不需要回答。它主要用于熟识的人之间，在商务交往过程中适用于对比较熟悉的客户、朋友的问候。

现代社会较典型的问候方法是问好，常用的有"你们好！""大家好！"等。这是近几十年来新型的问候语，也是在商务交往中用得最多的一种问候语，既节省时间，又礼貌得体。

② 攀认型

攀认型问候是抓住双方共同的亲近点，并以此为契机进行发挥性问候，以达到与对方顺利接近的目的。商务人员与客人接触时，只要留心，就不难发现自己与客人有着这样或那样的共同点，像同乡、自己喜欢的地方、自己爱好的运动等就是与客人结交的切入点，就能与客户"沾亲带故"。例如，"大家都是昆明人，我爱人是昆明人，咱们算是半个老乡了""大家都是昆明人，我也算是昆明人。我在昆明读了四年书，昆明可以说是我的第二故乡了"。

③ 尊重型

尊重型寒暄主要是指在寒暄时积极地关注客人的各种需求，在寒暄过程中不露痕迹地解决客人在商务活动中的疑问或不安。客人的需求有衣食住行等具体方面的，也有心理感受方面的，如果商务人员在寒暄中能够有针对性地关注这些方面的问题，就能够在一定程度上让客户感觉到被尊重，就能有效地调节商务活动中的气氛。

案例小故事 3-1

"曾子避席"出自《孝经》，是一个非常有名的故事。曾子是孔子的弟子，有一次他在孔子身边侍坐，孔子就问他："以前的圣贤之王有至高无上的德行，精通奥妙的理论，用来教导天下之人，人们就能和睦相处，君王和臣下之间也没有不满。你知道它们是什么吗？"曾子听了，明白老师孔子是要指点他最深刻的道理，于是立刻从坐着的席子上站起来，走到席子外面，恭恭敬敬地回答道："我不够聪明，哪里能知道，还请老师把这些道理教给我。"

在这里，"避席"是一种非常礼貌的行为，当曾子听到老师要向他传授知识时，他站起身来，走到席子外向老师请教，是为了表示他对老师的尊重。曾子懂礼貌的故事被后人传诵，很多人都向他学习。

小思考 为什么在现代礼仪中，当长辈或者上级要与我们说话或交办事情时，要从座位上站起来呢？

④ 言他型

"今天天气真好""天气变暖和多了"这类话也是日常生活中常用的一种寒暄方式。特别是陌生人见面，一时难以找到话题，这类话可以打破尴尬的场面。言他型是初次见面较好的寒暄形式。

⑤ 应变型

应变型是针对交谈场景临时产生的问候语。例如，早晨在家门口或路上相遇，彼此问"早晨好，上班去啊？""送孩子上学去啊？"；在食堂里问"吃过了吗？"；在图书馆或教室里问"在读书啊？"。这种寒暄随口而来，但一定要自然得体，不能乱用。

案例小故事 3-2

在出访印度的商务展团中，一位中国商人调侃印度当地导游："请问你认为你在印度人里面算长得好看的吗？"在印度有不同种族且等级分明，白人相对阶层较高，这位导游在印度人中不算黑，大眼睛长睫毛，重点大学毕业。这位商人本来是想夸导游长得帅，但是导游不明白他的意思，摇摇头说："我长得很难看！"这位商人一时尴尬。这时，另一位商人赶紧说："不，你长得不难看，是耐看！""难"和"耐"两个字发音相近，不过以印度导游的中文水平还不能完全理解，就赶紧请教是什么意思。这位商人说耐看就是经得住长久地看，越看越好看的意思。印度导游立刻开心地笑了。

小思考 为什么第一位商人并非恶意地使用中国人习惯用的寒暄语时遭遇了尴尬，而第二位商人却能很好地化解呢？

由此可见，寒暄的话也并非可以随手拈来，而要分清时间、场合和对象。如果对方有不同的民族和风俗忌讳，最好避开这些忌讳，否则就会不合时宜。

⑥ 夸赞型

从社会心理学角度来说，赞美也是一种有效的交往技巧，能有效地缩短人和人之间的心理距离。美国心理学家威廉·詹姆士认为，渴望被人赏识是人最基本的天性。寒暄时适当赞美别人，有助于推动彼此友谊健康地发展。例如，同事新穿了一套西服，你见面时称赞道："小张，今天你看上去真精神！"小张肯定心里美滋滋的。当然，赞美要真正做到"美酒饮到微醉后，好花看到半开时"，寒暄时赞美的效果在于相机行事，适可而止。

总之，无论是哪一种类型的寒暄，都要掌握好分寸，恰到好处。从交际心理学的角度看，这是人们高情商的表现。恰当而幽默的寒暄能够使双方产生一种认同心理，使一方被另一方的感情所同化，体现着人们在交际中的亲和需求。这种亲和需求在融洽气氛的推动下逐渐升华，从而可以顺利地达到交际目的。

（2）寒暄的基本要求

① 自然切题。寒暄的话题十分广泛，包括天气冷暖、身体健康、风土人情、新闻大事等，但是寒暄时对具体话题的选择要讲究，话题的切入要自然。在商务交往中，先谈与工作有关的话题，再谈自己比较熟悉和对感兴趣的话题，这样才有可能使双方深入交谈下去。注意，商务人士在寒暄的过程中，不应涉及非议国家和政府、国家和行业机密、议论他人是非、私人隐私和格调不高的话题等。

② 建立认同感。切入了自然而得体的寒暄话题，双方的心理距离就会有效缩短，双方的认同感就容易建立起来了。

③ 创造和谐气氛。有了自然且得体的话题，有了认同感，再加上寒暄时诚恳、热情的态度、语言、表情及双方表现出的对寒暄内容的勃勃兴致，和谐的交际气氛也就自然创造出来了，这样就为下一步的交往打下了良好的基础。

④ 注意不同场合、不同对象适用的寒暄语也有差别。与初次见面的人寒暄，标准的说法是"您好""很高兴能认识您""见到您非常荣幸"，还有一些比较文雅的话，如"久仰""久闻芳名""幸会"等。

想随便一些，也可以说"早听说过您的大名""某某人经常跟我谈起您"，或者"我早就拜读过您的大作""我听过您做的报告"等。

跟熟人寒暄，用语不妨显得亲切一些、具体一些，可以说"好久没见了""您气色不错""您的小孙女好可爱呀""今天的风真大""上班去吗？"等。从交谈对象的年龄上考虑，对老年人可以问"身体好吗？"，对成年人问"工作忙吗？"，对少年儿童要问"几岁了？"或"上几年级了？"；从职业上考虑，对艺术家问"又有什么作品问世了？"，对商人问"生意怎么样？""最近在哪儿发财呢？"，对教师可以问"今天有课吗？"，对工人可以问"工作累不累？"，等等。说话时要委婉，恰到好处，用语不宜过多。

⑤ 寒暄语不一定要具有实质性的内容，而且可长可短，需要因人、因时、因地而异，但必须具备简洁、友好与尊重的特征。寒暄语应当删繁就简，不要过于程序化。寒暄语还应带有友好之意、敬重之心，既不容许敷衍了事般地打哈哈，也不可以戏弄对方。

2．问候

"问候"在《现代汉语词典》中解释为"问好"。问候礼是人与人见面时互相问候的一种礼节，包括初次见面问候、时间性问候、对不同类型客人的问候和节日问候等。

资料小看板 3-1

常见英文问候语

How are you? 你好吗？

Nice to meet you. 很高兴见到你。（适用于第一次见面）

Nice to see you again. 很高兴再次见到你。（适用于曾经见过，但不太熟的人）

How have you been? 你过得怎么样？（适用于有一阵子没见面的朋友）

Long time no see. 好久不见。（适用于很久没见的朋友）

How is it going? 近况如何？

How's everything with you? 你的一切如何？

Hi! Are you having fun? 嗨！你过得愉快吗？
How have you been (feeling)? 你近来如何？
So far so good. 到目前还好。
How is your business going? 你生意做得怎样？
How are things going? 事情进行得怎样？
How is your day going? 过得如何？
How are you doing these days? Well, about the same. 最近好吗？嗯，差不多一样。
What's new? 近况如何？
How do you feel today? 你今天觉得怎样？
I feel like a new man. 我觉得好像脱胎换骨了。
Are you making progress? 你有进展吗？
Have gotten over your cold? 你感冒好了吗？
Did you sleep soundly last night? 你昨晚睡得好吗？
What's the matter? Don't you feel well? 怎么了？你不舒服吗？

根据工作的需要，在用上述问候语的同时还可跟上"我能帮您做些什么？"或"需要我帮忙吗？"；在接待外宾时，我们不仅要会用汉语来表示对宾客的问候，还应掌握外语，按照外宾的习惯来表示问候。在西方，一般见面时先说"嗨！早安""晚安""你好""身体好吗？""最近如何？""一切都顺利吗？""好久不见了，你好吗？""孩子们都好吗？""最近休假去了吗？"，对新结识的人常问"你这是第一次来我国吗？""到我国多久了？""你喜欢这里的气候吗？""你喜欢我们的城市吗？"；中国人则爱问"去哪儿""忙什么""身体还好吧？""家人都好吧？"，等等。

案例小故事 3-3

一位住在某饭店的外国客人到饭店餐厅吃午饭。他走出电梯时，站在电梯口的女服务员很有礼貌地向客人点点头，并且用英语说："先生，您好。"客人微笑地回道："你好，小姐。"当客人走进餐厅后，引导员发出同样的一句话："您好，先生。"那位客人微笑着点了点头，没有开口。客人吃完午饭后，顺便到饭店的庭院中去溜达，当走出内大门时，一位男服务员又是同样的一句话："您好，先生。"

这时客人下意识地只是点头了事。等到客人重新走进内大门时，迎头见面的仍然是那位引导员，"您好，先生"的声音又传入客人的耳中，此时这位客人已感到不耐烦了，默默无语地径直去乘电梯准备回房间休息。恰好在电梯口又碰见那位女服务员，自然又是一成不变的套话"您好，先生"。客人实在不高兴了，装作没有听见的样子，皱起了眉头，而这位女服务员却丈二和尚摸不着头脑。

这位客人在离店时，给饭店总经理写了一封投诉信："……我真不明白你们饭店是怎样培训员工的。在短短的中午时间内，我遇到的几位服务员竟千篇一律地简单重复一句'您好，先生'，难道不会使用其他的语句吗？"

小思考 为什么这几位服务员使用礼貌的问候语却招致客人的不悦？

不能否认，在中国即便是在高档的专卖店、五星级饭店，可能也会由于企业文化培训不到位，使得毕恭毕敬地打招呼反而会让人感觉在走形式、走客套，而非发自内心的真诚。问候必须饱含真挚的情感，只有我们的问候是发自内心的真诚时，才会发挥它的积极作用，从而在别人的心目中留下深刻的印象，得到别人的认可和尊敬。

案例小故事 3-4

老田鸡"退二线"

某局新任局长宴请退居二线的老局长。席间端上一盘油炸田鸡，老局长用筷子点点说："喂，老弟。青蛙是益虫，不能吃。"新局长不假思索，脱口而出："不要紧，都是些老田鸡，已退居二线，不当事了。"老局长闻听此言顿时脸色大变，连问："你说什么？你刚才说什么？"新局长本想开个玩笑，不料说漏了嘴，触犯了老局长的自尊，顿觉尴尬万分。席上的友好气氛尽被破坏，幸亏秘书反应快，连忙接着说："老局长，他说您已退居二线，吃田鸡不当什么事。"气氛才有点缓和。

案例提示 表面看起来，是这位新局长没有注意老局长的心态想显示点幽默，结果因用词不当而弄巧成拙，其实是新局长内心深处隐藏的某些想法，因过于得意不由自主地流露。因此，无论从语言运用上，还是从个人思想、品质、性格上看，这位新局长的修养都欠佳。

从谈话中的礼仪要求来说，应注意对方的心理忌讳，对心境不同的人说不同的话。清代《治家格言》中就说："莫对失意人谈得意事。"

为了避免误解，统一而规范，社会交往中通常以"您好，很高兴认识您""早上好"——上午10点以前，"晚上好"——太阳落山之后，"见到你很高兴""一路辛苦啦"等作为问候语。如果在本该向对方问候时却一言不发，则是极其失礼的；如果只向对方点点头，或者只握一下手，通常会让人感觉冷淡，甚至会被理解为不想与之深谈或不愿与之结交；碰上熟人，也应当问候一下，如果视若不见、不言一词，难免显得自己妄自尊大或不懂礼貌。

带有讽刺、批评口吻的问候和不雅的问候，或者牵涉个人私生活、个人禁忌等方面的问候语最好不说。例如，"你家这楼可真高！""你的姓可真怪！""夫人很漂亮，是原配吗？""哥们儿，又见面了"等，都会令对方感觉不舒服甚至反感至极。

（二）无声语言——致意、鞠躬礼、拥抱和吻礼

在社会交往中，不但要会用美妙的有声语言表达自己的心声，还要善于运用自己的无声语言，含蓄地表示对交往对象的友好与敬意。

1. 致意礼

致意礼称为袖珍招呼，是人们见面之后用无声的动作语言，相互表示问候、尊重的一

种礼节，是已相知的友人之间在距离较远或不宜多谈的场合所运用的礼节。常用的致意方式有以下5种。

① 举手致意。多用在公共场合远距离遇见朋友时。

② 点头致意。多用在不宜交谈的场合遇见熟人时。

③ 微笑致意。常与其他礼仪相伴进行。

④ 欠身致意。多用在被他人介绍和他人向自己致意时。

⑤ 脱帽致意。注意，女性不必行脱帽礼。

一般来说，致意的礼仪规则是：男性首先向女性致意；年轻人首先向年长者致意；年轻女性首先向年长女性和比自己年纪大得多的男性致意；学生先向老师致意；下级先向上级致意；遇到身份较高者，不应立即起身去向对方致意，而应在对方的应酬告一段落之后，再上前致意；在人多拥挤的场所，打招呼最好是笑一笑或招一招手即可；在公共场所千万不要大声呼唤姓名，显得比较粗俗；对方向自己致意时，应以同样的方式向对方致意，毫无反应是失礼的；在街上打招呼，男性应欠身、脱帽子置于大约与肩平行的位置，表情应尽量显得和蔼可亲；在餐厅等场合，如果男女双方不十分熟悉，一般男性不必起身走到跟前去致意，在自己座位上欠身致意即可。对女性的要求则简单得多：她们无须考虑头上是否戴有帽子，无论什么场合，微笑着点头示意就可以了，友好的程度完全取决于与对方的关系是否亲密；女性如果愿意，可以走到男性的桌前去致意，此时男性应起身协助女性就座。致意的动作必须认认真真，以充分显示对对方的尊重。

2．鞠躬礼

鞠躬即弯腰行礼，是表示对他人敬重的一种礼节。它既适用于庄严肃穆或喜庆的场合，也适用于一般社交场所。

鞠躬礼适用于很多场合：讲演时，报告人在演讲开始前、结束后，都应行鞠躬礼；演员谢幕时，观众往往报以热烈的掌声，以感谢演员带给他们的艺术享受，为了向热情的观众表示回敬，演员通常要鞠躬表示谢意；举行婚礼时，新郎、新娘一般都保留着向双方父母鞠躬的传统礼仪；悼念时，都要向遗像、遗体、骨灰盒行鞠躬礼。现在，对鞠躬礼应用最多的是日本人和韩国人，他们见面时的礼节并非握手而是相互鞠躬。

行鞠躬礼时，必须保持正确的姿势。其要点为：身体直立，保持身体端正，双手自然垂落于身体两侧或右手搭在左手上在膝前放好，手指自然并拢；手放两侧时，中指抵裤线；目视对方，笑脸相迎；先说欢迎、问候或感谢语之后再行鞠躬；鞠躬时以大腿根部为轴，身体向前倾斜15°至90°不等；脖子和背部挺直，以腰为轴向前深鞠一躬，鞠躬时眼睛朝下看；头低到位后稍停顿，然后慢慢抬起头，再度目视对方。

行鞠躬礼时，鞠躬的深度、时间和次数要视彼此身份、地位、相识程度而定。向长辈行礼时，背要直，头不宜向下耷拉，腰要弯得深，上身向前倾伸，时间要相对停滞一会儿；大礼行三鞠躬，一般只行一鞠躬；同辈之间行礼时，腰要稍弯，但脊背要直，下巴不宜擦着领襟，时间以两三秒为宜。根据对对方的敬意程度，鞠躬礼分3种：第一，与客人擦肩而过时，行15°鞠躬礼；第二，接待客人时，行30°鞠躬礼；第三，向对方道歉或领受奖品时，行45°鞠躬礼。90°鞠躬礼是最恭敬的鞠躬礼。90°鞠躬礼的具体做法是：行礼时，深深地向下弯腰，双手的手指尖直至双膝为止。受礼者在还礼时，可以不鞠躬，而欠身点头即可。

销售商务礼仪

资料小·看板 3-2

鞠躬的 6 种错误做法

只点头的鞠躬　　　不看对方的鞠躬

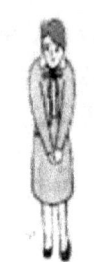

头部左右晃动的鞠躬　　双腿没有并拢的鞠躬

驼背式的鞠躬　　可以看到后背的鞠躬

　　行鞠躬礼时应注意：鞠躬时，如果戴着帽子则必须脱帽，因为戴帽子鞠躬既不礼貌，也容易滑落，使自己处于尴尬境地——脱帽所用的手应与行礼之边相反，如向左边的人行礼，要用右手脱帽，反之亦然；鞠躬时目光应向下看，表示一种谦恭的态度，不要一面鞠躬，一面试图翻起眼睛看对方；鞠躬时，切忌头部先低下，一边说问候语一边低头，或者弯腰后没有停顿立刻抬起；面向受礼者，距离为两三步远，在鞠躬过程中通常男性应将双手贴放于身体两侧的裤线之处，而女性的双手则应在下垂之后叠放于腹前；鞠躬时嘴里不能吃东西或叼着香烟；鞠躬礼毕后要双目注视对方以示礼貌，视线转移会给人以缺乏诚意的感觉；如果迎面碰上对方给自己行鞠躬礼，则在鞠躬过后向右边跨出一步，给对方让开路；切忌鞠躬时只低头而不弯腰，下巴抵在衣领处。

第三章　销售人员的交往礼仪

3. 拥抱礼

在西方，拥抱是与握手一样重要的见面礼仪。熟人之间、生人之间、男性之间、女性之间、异性之间，都可以行拥抱礼——见面时拥抱，分手时也拥抱。拥抱不仅是人们日常交际中的重要礼仪，也是各国政府首脑外交场合中见面时的礼节。

世界上有些国家和地区的人，见面时不喜欢拥抱，我国就是如此。但是，随着涉外交往的增加，我们与外国朋友打交道时，也会行拥抱礼。这就需要了解有关拥抱礼的基本知识。

拥抱时两人相距约20厘米，双方均右臂偏上，左臂偏下，右手扶着对方的左后肩，左手扶着对方的右后腰，各自按自己的方位，两人头部及上身都向左拥抱。礼节性的拥抱可到此完毕。如果是为了表达更为真挚、亲密的感情，在保持原手位不变的情况下，双方还应接着向右拥抱，再次向左拥抱，才算礼毕。

当然，行拥抱礼要注意场合。如果出席的是商务活动，就不要与对方拥抱；在我国，除了外事活动以外，在普通的社交场合中一般情况下不拥抱；如果是涉外交往，更应注意所交往者的民族习惯，有的国家和地区的人见面时不太喜欢拥抱，如印度人见面不拥抱也不握手，日本、英国、东南亚等国也没有见面拥抱的习惯。

4. 吻礼

案例小故事 3-5

一位华商数年前在某城市投资了一个百万美元的项目。由于经营得当，又得到了各方的支持，几年下来，生意越做越好，投资回报率相当高。高兴之余，这位华商决定宴请一批新、老客户，合作的伙伴和代理商等表示谢意，地点就设在市内最豪华的一家五星级酒店的顶楼旋转餐厅。这是一个以高水准的服务而著称的餐厅。果然，客人们都受到了热情周到的接待，酒菜又很丰盛，宾主都十分欢愉。席间，这位华商乘兴多喝了几杯，有了些许醉意。到了10点钟左右，宴会接近尾声，有些客人开始离席。这位外商也站起身，打算离去。一位女服务员将他送到餐厅门口，有礼地道别："多谢您的光临，先生。请慢走。"

谁知道，这位华商下楼后没多久，又返回了餐厅，女服务员以为他忘记了什么东西，问他："先生，您有什么事呢？有什么我可以帮助您的地方？""喔，没什么。"外商回答，"只是，刚才我忘记吻你一下了。"

虽然大家都明白他是喝多了，但还是有很多人哄笑起来。华商站在那里不动，一副不吻不罢休的样子。其他的服务员都望向这位服务员，不知她会如何应付这个场面。只见她平静地走到华商面前，落落大方地伸出一只手，华商拿起她的手，吻了一下，然后满意地下楼去了。这一次没有再折回来。

众人都用佩服的眼光看着她，一个原本十分难堪的局面，被这位女服务员处理得自然得体。

吻礼是产生于西方社会交际场合的一种礼节，据说诞生于古罗马。那时，古罗马帝国严禁妇女饮酒。男子打仗归来，常要先检查一下妻子是否饮了酒，便吻她的嘴。这样沿袭成习，后来逐渐扩展到社交场合。由于国情和习俗的差异，在中国不可能倡导以亲吻和拥抱作为日常礼节，因为在情感含蓄的中国人看来，夫妇或情侣在大庭广众之下亲吻是有碍观瞻和有失检点的。不过，随着国际交往的加强，我们还是对吻礼有所了解比较好。

吻礼作为一种重要的社交礼节，用于表示亲密、热情和友好。西方人视彼此关系的不同，亲吻的部位不同，表示的含义也完全不同。一般而言，吻手表示敬意；吻颊表示欢喜；吻唇表示恋爱；吻额表示关爱；吻眼表示幻想；吻掌表示热情。见面时如果想表示亲近，女性之间可以互相亲脸；男性之间大都抱肩拥抱、贴面；男女之间互贴脸颊；长辈可亲晚辈的额头。人们以亲吻为礼时不要发出声响。

值得一提的是，吻手礼是男性向女性致敬的一种极为有礼的方式。一般男性身着礼服，立正垂首致意，然后用右手轻抬起女性的右手，并俯身弯腰用嘴唇靠近女性的右手，双唇微闭，象征性地轻触女性的手背或手指——不可以吻女性的手臂。行吻手礼时，如果啧啧作响或把唾液留在女性的手背上，是十分无礼的，应是双唇轻沾对方的手，不出声响。

吻手礼只限于在室内进行，在街道、影剧院等公共场所，男性不能向女性行吻手礼。如果男性在室内社交场合，来到女性面前垂首致意时，女性将手臂向上微微抬起，则是准许男性行吻手礼的表示。吻手礼仅限男性对自己特别敬重和爱戴的已婚女性表示敬意，未婚女性不应享受这种礼遇。因此，如果你是一位女性，不要轻易抬起右手。这种礼节一般适用于男性向祖母、母亲、有较高地位的夫人、上司夫人等表示崇高敬意。

二、握手礼

握手礼流行于许多国家，是我们日常生活中最为常见、使用范围十分广泛的见面礼。握手还是人际交往和商务活动中司空见惯的礼节，可以表示欢迎、友好、祝贺、感谢、敬重、致歉、慰问、惜别等各种感情。了解和掌握其礼仪规范，对于在社交和商务活动中因人施礼并了解对方的心态及性格特点有着重要意义。

（一）握手礼的基本规范

1. 握手对象与先后顺序

握手也讲究"该出手时再出手"，当被介绍后，最好不要立刻主动伸手。最有礼貌的握手顺序一般是：年长者、职务高者先伸出手，然后年轻者、职务低者再及时相握；如果年长者、职务高者用点头致意代替握手礼时，也应随之点头致意。通常客人来访时主人先伸手，以表示热烈欢迎和等候多时之意；告辞时待客人先伸手后，主人再伸手与之相握，才合乎礼仪，否则有逐客的嫌疑。在私人交往中，赴约聚会应先与主人握手，再与其他人握手；离开时也应先与主人握手告别再看别处，或者再与第三者交谈。与女性握手，男性一般不要先伸手，但男性如果伸出手来，女性一般不要拒绝，以免造成尴尬的局面。

2. 握手的姿势

行握手礼时，不必相隔很远就伸直手臂，也不要距离太近，一般距离约一步左右，上身稍向前倾，伸出右手，手掌与地面呈垂直状态，然后四指齐并，拇指张开，与对方伸出的手一握即可；时间宜短，要热情有力，要目视对方，面带微笑；女性同外国人握手时，手指与肩部要自然放松，以备男宾可能要行吻手礼。

3. 握手时机和时间

握手之前要审时度势，听其言观其行，留意握手信号，选择恰当的时机；尽量避免出手过早，造成对方慌乱，也要避免几次伸手相握均不成功的尴尬局面。握手时间长短的控制可根据双方的亲密程度灵活掌握:初次见面者,握一两下即可,一般应控制在两三秒之内,切忌握住异性的手久久不松开,而握住同性的手也不宜过长,避免"马拉松式"的握手;在列队迎接外宾时,握手的时间一般较短,应根据与对方的亲密程度而定。

4. 握手的力度

握手力度一般以不握痛对方为限度;男性握女性的手时应该轻一些,不要握满全手,只握其手指部位即可。一般来说,不要相互攥着不放,也不要用力过猛,甚至握得对方感到疼痛,即"野蛮式握手"。但是,如果手指刚刚触及对方手梢,或者是懒洋洋慢慢相握,而缺少应有的力度或完全不用力地同人握手,则会给人造成不够热情或冷淡敷衍之感。这种握手叫"死鱼式"的握手,在社交中是不提倡的。另外,在商务谈判中一般不在握手时同时握住对方的胳膊或肩膀,这样会给对方造成"他想控制我"的戒备心理。

5. 握手的场合

握手是人们日常交际的基本礼仪,在必须握手的场合如果拒绝或忽视了别人伸过来的手,就意味着自己的失礼。一般来说,应该握手的场合至少有以下几种:在被介绍与人相识时;与友人久别重逢时;社交场合遇见熟人时;客人到来和送别客人时;拜托别人时;与客户交易成功时;别人为自己提供帮助时;安慰某人时;有误会的双方和解、致歉时;祝贺、感谢或鼓励某人时;赠送礼品及发放奖品、奖状时。握手还应本着"以礼相待,自然得体"的原则,灵活地掌握与运用握手礼的时机,以显示自己的修养和对对方的尊重。

资料小看板 3-3

握手的几个禁忌

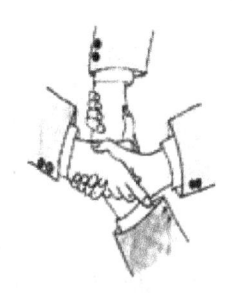

交叉握手　　　　　　与第三者说话(目视他人)

摆动幅度过大　　　　戴手套或手不清洁

销售商务礼仪

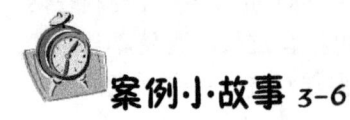

案例小故事 3-6

如此握手

艾丽是某著名房地产公司的副总裁。一天,她接待了来访的建材公司主管销售的韦经理。韦经理被秘书领进了艾丽的办公室。秘书对艾丽说:"艾总,这是××公司的韦经理。"艾丽离开办公桌,面带笑容,走向韦经理。韦经理先伸出手来,与艾丽握了握。艾丽客气地对他说:"很高兴你来为我们公司介绍这些产品。这样吧,我先看一看这些材料,再与你联系。"韦经理在几分钟内就被艾丽送出了办公室。随后的几天内,韦经理多次打电话,但得到的是秘书的回答:"艾总不在。"

到底是什么让艾丽这么反感一个只与她说了两句话的人呢?原因在于握手!韦经理是一个男人,职位又低于艾丽,握手应该由艾丽先伸手。艾丽说:"他伸给我的手不但看起来毫无生机,握起来更像一条死鱼,冰冷且毫无热情。当我握他的手时,他的手掌也没有任何反应,就这几秒钟,他就留给我一个极坏的印象。"

资料来源:付桂萍.做派:在商务活动中合乎情境地展示自己[M].长沙:湖南人民出版社,2013.

小思考 韦经理正确的做法是什么?

(二)握手礼的注意事项

① 握手的顺序一般讲究"尊者决定",即由身份尊贵的人决定双方有无握手的必要。在有客人来访时应由主人先伸手,以表示热烈欢迎;告辞时应由客人先伸出手后,主人再伸手相握,否则有逐客的嫌疑。

② 如果女性不愿握手,也可以微微欠身问好,或者用点头、说问候话等方式代替握手;男性如果主动伸手去与女性握手,则是不太懂礼貌的表现;握手前应摘掉手套,女性的戒指如果戴在手套外边可以不脱,否则也应脱下手套与人握手;军人握手时应先摘掉军帽再行握手礼;握手时双目安然注视对方,并示以微笑,不要一面与对方握手,一面心神不安,目光游移不定,使对方感到受到冷落和轻视。

③ 切忌握手时以另一手拍打对方身体各部位。这种动作只有在情投意合、感情密切的人之间才受欢迎。

④ 握手一定要用右手。在阿拉伯国家及少数西方国家,认为左手是"不洁之手",用左手握手是对对方的一种侮辱。

⑤ 关系亲密的人,可各伸出双手久握、力握;关系一般者,可各伸出右手轻握即止;多人握手时,不要与他人交叉,让别人握完再握,切忌在握手时争先恐后;不能正在握手时,另外一只手伸出去与第三人握手。

⑥ 忌跨门槛握手。如果手上有油污等脏东西不方便握手时,应主动亮出手说明情况,并诚恳地表示歉意,否则会给对方以不舒服、不愉快的感觉。

⑦ 忌握手时戴墨镜,或者在握手时另一只插在衣袋里,或者另一只手拿着香烟、报纸、公文包或行李等不肯放下。

⑧ 除非是老弱病残和身体欠佳者，握手前如果是坐着的一定要起立，再行握手礼。握手后，不要当着对方的面擦手。

三、称谓礼仪

称谓就是对他人使用的称呼语，可以用以指代某人或引起某人注意，是人们传达和交流感情的重要手段。正确、适当的称呼，不仅反映着自身的修养和对对方尊重的程度，还体现着双方关系达到的程度和社会风尚。得体的称呼会使彼此瞬间拉近距离，为今后的交往更顺利打下良好的基础，而不当的称谓，甚至不称谓都会让对方不快。因此，在日常交际中一定要重视称谓的使用，要细心揣摩，认真区别。

（一）称谓的方式

我国是世界四大文明古国之一，素有礼仪之邦之称。在过去长期的交往过程中，人们形成了许多文雅的尊称，有的至今还被运用。例如，将父母称为高堂、椿萱、双亲；称别人的父母为令尊、令堂；称别人的兄妹为令兄、令妹；称别人的儿女为令郎、令爱；自称父母兄妹为家父、家严、家慈、家兄、舍妹；称别人庭院为府上、尊府；自称家庭为寒舍、舍下、草堂；妻父俗称丈人，雅称为岳父、泰山；兄弟为昆仲、棠棣、手足；夫妻为伉俪、配偶、伴侣；女子为巾帼，男子为须眉；老师称为先生、夫子、恩师；学生称为门生、受业；学校称为寒窗，同学称为同窗；父母死后称呼上加"先"字，父死称先父、先严、先考，母死称先母、先慈、先妣；同辈人死后加"亡"字，如亡妻、亡兄、亡妹；夫妻一方亡故叫丧偶，夫死称妻为寡、孀，妻死称夫为鳏。

案例小故事 3-7

某高校一位大学生，用手捂着自己的左下腹跑到医务室，对坐诊的大夫说："师傅，我肚子疼。"坐诊的医生说："这里只有大夫，没有师傅。找师傅请到学生食堂。"学生的脸红到了耳根。

小思考 这则笑话说明了称谓方面的什么问题？又说明了与人交往时在称谓礼仪方面应注意什么？

称谓方面有许多讲究，一般来说，称呼对方及与对方有关的人物、地方、年岁等要用敬（尊）称，表示尊重；称呼自己及与自己有关的人物、地方、年龄等要用谦称，表示谦卑。这样做会使对方感到愉快，在下对上说话时更显得得体。

现代称谓通常分为家庭称谓、社交称谓和国际称谓3种。

1．家庭称谓

家庭称谓是表示家属和亲戚之间关系的特定的称呼。

家庭称谓有如下特点：首先，从称谓上表明父系和母系，如父亲的兄弟称为伯、叔，父亲的姐妹称为姑，母亲的兄弟称为舅，母亲的姐妹称为姨；其次，能从称谓上看出性别，即通过称谓我们可以判断出被称谓者是男是女；最后，从称谓上可以看出辈分。

2. 社交称谓

社交称谓就是人们在社会交往活动中的称谓。在日常交往和商务活动中正式的称谓有以下几种。

① 一般称谓。这是最简单、最普遍，特别是面对陌生公众时最常用的称呼方式。例如，"女士""先生""夫人""同志"等。

② 职务称谓。以交往对象的职务相称，这是一种常见的称呼方法。例如，"张经理""刘总经理""吴董事长""李局长"等。对军界人士，可以以军衔相称。

③ 职业称谓。职业称谓就是以交往对象的职业相称。例如，"李老师""王医生""赵检察官"等。

④ 技术职称或学位称谓。以交往对象的技术职称或学位相称。例如，"张工程师""刘教授""赵律师""王博士"等。因为教授、法官、律师、博士在社会中很受尊重，所以可以直接作为称呼。

⑤ 姓名称谓。马斯洛层次需要理论认为人的第四个需要层次是"尊重的需要"，要处理好人际关系必须尊重别人并尊重他的姓名，因为姓名是人的尊严的重要组成部分。使用单纯的姓名称谓适用于年龄、辈分相近的同事、同学、熟人、朋友之间，长辈对晚辈也可以以姓名相称。有的还在姓前加上"老""大""小"等，如"老张""大刘""小王"等，都是为了表示亲切或关系亲近。如果把"老"字放在姓的后面，如"张老""李老"，会显得十分恭敬。这是对德高望重的老前辈的称呼。辈分小、年纪小、职务低的人不能称呼辈分大、年纪大、职务高的人的姓名。

⑥ 亲属称谓。例如，"张叔叔""刘阿姨""马爷爷"等。长辈可称呼小辈的名字；平辈之间，年长的可称呼年幼的名字，如姐姐称呼弟弟的名字；小辈不能称呼长辈的名字；夫妻之间可以互相称呼名字，但彼此的昵称不宜在公开场合使用。

⑦ 代词称谓。例如，"您""你""他"等。通常在不知道对方身份的情况下需要用到代词称谓。在日常工作中，代词称谓很关键，直接关系着个人的人品、修养，影响着个人和公司的声誉。例如，"您好！欢迎到我们公司""你好，我是×ב"对不起，让您久等了""请问您找哪位？""您好！请问是×××单位吗？"等。使用代词称谓既礼貌又简明扼要。

3. 国际称谓

在国际交往中，应根据不同国家的国情、民族、宗教、文化背景、社会制度，而在称呼与姓名上采取有差别的称呼方式。

① 在国际交往中，一般对男性称"先生"，对女性称"夫人""女士""小姐"；已婚女性称"夫人"，未婚女性统称"小姐"；不了解婚姻情况的女性可称"小姐"，对戴结婚戒指的年纪稍大的女性可称"夫人"。这些称呼可冠以姓名、职称、衔称等。例如，"布莱克先生""议员先生""市长先生""上校先生""玛丽小姐""秘书小姐""护士小姐""怀特夫人"等。有的国家还有习惯称呼，如称"公民"等。在我国和日本对女性一般称"女士""小姐"，对身份高的女性也称"先生"，如"冰心先生"。

② 对地位高的官方人士——一般为部长以上的高级官员，按国家情况称"阁下"、职衔或"先生"。例如，"部长阁下""总统阁下""主席阁下""总理阁下""总理先生""大使先生"等。但美国、墨西哥、德国等国没有称"阁下"的习惯，因而在这些国家可以称"先

生"。对有地位的女性可称"夫人",对有高级官衔的妇女也可称"阁下"。

③ 在君主制国家,按习惯称国王、王后为"陛下",称王子、公主、亲王等为"殿下"。对有公、侯、伯、子、男等爵位的人士既可称爵位,也可称"阁下",一般也称"先生"。

④ 对医生、教授、法官、律师及有博士等学位的人士,均可单独称"医生""教授""法官""律师""博士"等,同时可以加上姓氏,也可加"先生"。例如,"卡特教授""法官先生""律师先生""博士先生""马丁博士先生"等。

⑤ 对军人一般称军衔,或者军衔加"先生",知道姓名的可冠以姓与名。例如,"上校先生""莫利少校""维尔斯中尉先生"等。有的国家对将军、元帅等高级军官称"阁下"。

⑥ 对服务人员一般可称"服务员",如果知道姓名可单独称名字。但现在很多国家越来越多地称服务员为"先生""夫人""小姐"。

⑦ 对教会中的神职人员,一般可称教会的职称,或者姓名加职称,或者职称加先生。例如,"福特神父""传教士先生""牧师先生"等。有时主教以上的神职人员也可称"阁下"。

⑧ 凡与我国有"同志"相称的国家,对各种人员均可称"同志",有职衔的可加职衔。例如,"主席同志""议长同志""大使同志""秘书同志""上校同志""司机同志""服务员同志"等,或者姓名加"同志"。

以上各种称呼方式,几乎都要涉及姓名。姓名的结构由于国家、地区、民族等的不同,又有比较复杂的情况。尊重朋友也尊重朋友的名字是戴尔·卡耐基成功的要素之一。他认为,说出对方的名字,这会成为他所听到的最甜蜜、最重要的声音。

① 我国汉族人的姓名比较简单:姓在前,名在后;除少数复姓外,绝大多数的姓都是单姓,名有单名和双名。商务人员需要注意的是,应掌握一些常见的复姓,以免有时误把复姓拆开,当作单姓。常见的复姓有"欧阳""司马""诸葛""西门"等。对在复姓后只有单名者更应注意,如果把"欧阳华"称作"欧先生"或"欧同志",就是不礼貌的了。

② 在我国港、澳、台地区,女性结婚后,其姓往往是双方的,即在自己的姓之前还要加上丈夫的姓。

外国人的姓名与我国汉族人的姓名大不相同,除文字的区别之外,姓名的组成、排列顺序都不一样,还常带有冠词、缀词等,对我们来说难以掌握,而且不易区分。这里只对较常见的外国人姓名分别做简单介绍。

① 英美人姓名的排列是名在前姓在后。例如,John Wilson 译为"约翰·威尔逊",John 是名,Wilson 是姓。也有的人把母姓或与家庭关系密切者的姓作为第二个名字。

② 法国人的姓名也是名在前姓在后,一般由二节或三节组成——前一、二节为个人名,最后一节为姓。有时姓名可达四五节,多是教名和由长辈起的名字,但现在长名字越来越少。例如,Henri Rene Albert Guy de Maupassant 译为"亨利·勒内·阿贝尔·居伊·德·莫泊桑",一般简称 Guy de Maupassant(居伊·德·莫泊桑)。

③ 日本人的姓名顺序与我国相同,即姓在前名在后,但姓名字数常常比我国汉族姓名字数多。最常见的由四字组成,如"小坂正雄""吉田正一"等,前二字为姓,后二字为名。但又由于姓与名的字数并不固定,二者往往不易区分,因此事先一定要向来访者了解清楚,在正式场合中把姓与名分开书写,如"二阶堂 进""藤田 茂"等。一般口头都称呼姓,正式场合称全名。

（二）称谓应注意的问题

案例·小·故事 3-8

有一位先生携妻子购物。女店员笑容可掬："先生，您给阿姨买点什么？"这位妻子不悦地瞪了女店员一眼。女店员马上又问："先生，您给小姐买点什么？"这位妻子当即训斥："你才是小姐呢。""小姐"沾了"三陪"的光，成了"黄"称，而在国外，"小姐"这个称呼不知叫了多少年都没有什么变化，就是对未婚女性的称呼。如果对年龄偏大的女性叫一声"小姐"，对方不但不会责怪你，还会心里暗暗高兴呢，因为这样有夸她年轻之意，她往往愿意接受。但是，随着我国国情的变化，"小姐"一词已变味。因此，对现代女性怎么称谓一定要斟酌。现代人都有不服老的心态，因而能叫"阿姨"不叫"奶奶"，能叫"姐姐"不叫"阿姨"，但是不能叫有争议的称谓。

小思考 这个故事中的女士为什么生气？

使用称谓应注意以下几个问题。

1．顾及主从关系

在多人交谈的场合，称呼人的顺序一般是先上后下，先长后幼，先疏后亲，先女后男。

2．称谓对方要加重语气，并在称谓后面做适当停顿

这样既能引起对方的注意，使他能认真听你的讲话内容，又显得你很尊重对方，而不会让对方感觉你是敷衍称呼，只重视要讲的内容。

3．称谓要分清时代、场合和对象

例如，以下几种称谓。第一，同志。志同道合者称"同志"，新中国成立后不分男女、长幼、地位高低，除了亲属外所有人都可称"同志"。第二，先生。在我国古代，一般称老师为"先生"，也有称看病的和道士为"先生"的。而在现代，"先生"一词泛指所有成年男性。我国和日本对有学问的女性也称"先生"。第三，老师。这一称呼一般用于学校中传授知识的老师。目前，这一称谓在社会各行业中都比较流行，以示对资历、学识高的人的尊敬。第四，师傅。这一称谓原指对工商文艺界中传授给他人技艺的人的尊称，后来泛指对非知识界有权威和技艺的人的尊称。在我国北方地区，"师傅"使用得非常频繁，人们通常对不认识的人都习惯称呼"师傅"，特别是在工厂或街头遇到年纪大的人，尊称一声"师傅"就会拉近与对方的距离。

4．对熟人的称谓可亲切一些

按照亲属的年龄、性别、身份等来确定称谓，可以用姓加亲属称谓、名加亲属称谓、姓名加亲属称谓。例如，"王伯伯""晓琴姨妈""杨刚哥哥"等。而在正规场合，可根据情况称呼熟人的职务、职业。

5．对陌生人的称谓要择情而定

人们可按不同的年龄、身份、职业及社会关系采用通称、亲属称谓、职业称谓等。例如，通称有"同志""朋友""先生""小姐""美女""帅哥""小朋友"等。对男人一般称"先生"，对未婚女性可称"小姐""美女""姑娘"等，已婚女性可称"夫人""太太"；有时对陌生人也可用亲属称谓,如"老爷爷""大伯""阿姨""叔叔""大婶""大嫂""大哥""大姐"等;有时以职业相称呼,如"张医生""刘老师";在其职业后加上"同志""师傅"等称谓,将显得更亲切,如"司机同志""理发师傅"。

老话说得好:"逢人短命,遇货添钱。"意思是说,人家的年龄,要少说三五岁;人家的东西,要往贵了说。如今的老年人都有不服老的心理,女性尤甚,所以能喊"阿姨"的就别喊"奶奶"。另外,还要注意,看年龄称呼人要力求准确,否则会闹笑话。例如,看到一位20多岁的女性就称"大嫂",可实际上人家还没结婚,这就会使人家不高兴。如果对方不是年轻的小姑娘,而你又实在不能判断对方有没有结婚,就称对方为"女士"。

6. 不可使用错误的称谓

常见的错误称呼分为误读和误会两种。误读也就是念错姓名。为了避免这种情况的发生,对于不认识的字,事先要有所准备。如果是临时遇到不认识的字,就要谦虚请教。误会主要是对被称呼对象的年纪、辈分、婚否及与其他人的关系做出了错误判断。例如,将未婚女性称为"夫人",就属于误会。

7. 不使用不通行的称谓

有些称谓具有一定的地域性。例如,山东人喜欢亲热地称呼"伙计",但南方人认为称呼"伙计"即贬低为打工仔。又如,中国人把配偶经常称为"爱人",而在外国人的意识里"爱人"是"情人""第三者"的意思。

8. 不使用不当的或低级庸俗的称谓

工人可以称为"师傅",道士、和尚、尼姑可以称为"出家人"。但如果用这些来称呼其他人,就会让人感觉不受尊重,甚至还会让对方产生被贬低的感觉。有些称呼在正式场合不适合使用。例如,"姐们儿""哥们儿""死党"等一类的称呼,虽然听起来亲切,但显得档次不高。

9. 不称呼对方外号或使用简化的称谓

对于关系一般的,不要自作主张给对方起外号,更不能用道听途说来的外号去称呼对方,也不能随便拿他人的姓名乱开玩笑。在正式场合,有不少称呼不宜随意简化,如把"范局长"简称为"范局"、"王处长"简称为"王处",就显得既不伦不类,又不礼貌。

在人际交往中,恰当地称呼别人,既是构建和谐人际关系的重要细节,也是尊重别人的具体体现。

第二节　见面交往礼仪

在商务交往中有4项基本要求,即说话有尺度、交往讲分寸、办事重策略、行为有节制。掌握日常见面交往礼仪,随时随地给别人留下良好印象,别人就会很容易接纳你、帮助你、尊重你,满足你的愿望。因此,在商务活动中,不论是在正式场合还是在非正式场合,都应遵守一定的见面交往礼仪。一般见面交往礼仪主要涉及名片礼仪和介绍礼仪。

一、名片礼仪

名片发展至今,已是现代人交往中一种必不可少的联络工具,成为具有一定社会性的便于携带、使用、保存和查阅的信息载体之一。商务交往人员在各种场合与他人进行交际应酬时,都离不开名片的使用。而名片的使用是否正确,已成为影响人际交往成功与否的一个因素。

某公司王经理约见一位重要的客户方经理。见面之后,客户就将名片递上。王经理看完后就将名片放到了桌子上,两人继续谈事。过了一会儿,服务人员将咖啡端上桌,请两位经理慢用。王经理喝了一口,将咖啡杯子放在了名片上,自己没有感觉,客户方经理却皱了皱眉头,没有说什么。

要正确使用名片,就要对名片的类别、制作、用途和交换方式等予以充分了解,遵守相应的规范和惯例。

(一)名片的类别

根据名片用途、内容及使用场合的不同,日常交往中使用的名片可以分为社交名片和公务名片两类;根据名片主人数量和身份的不同,名片又可分为个人名片、夫妇联名名片及集体名片3类。人们在不同的场合,根据不同的需要,面对不同的交往对象时,应当使用不同的名片。

1. 社交名片

社交名片也称私用名片,指的是商务、公务人员在工作之余,以私人身份在社交场合进行交际应酬时所使用的名片。一般而言,社交名片为个人名片。

社交名片的基本内容包括两个部分:一是本人姓名,以大号字体印在名片正中央,姓名之后无须添加任何公务性头衔;二是联络方式,以较小字体印在名片右下方,具体内容包括家庭住址、邮政编码、住宅电话、网址等,一般不宜将自己的手机号码印在名片上。

社交名片只用于社交场合,通常与公务无关,因此一般不印工作单位及行政职务,以示公私有别。如果本人不喜欢被外界打扰,则可根据具体情况对自己联络方式的内容有所删减,如可删去住宅电话一项。必要时,可以不印任何联络方式,而仅留姓名一项内容。

2. 公务名片

公务名片是指商务人员正式用于商务活动中的名片。值得注意的是,身边如果没有公务名片,可用社交名片代替。但如果没有社交名片,则不能用公务名片代替。可见,公务名片有着很强的公务性规范。

标准的公务名片,按惯例应由归属、称谓、联络方式3项基本内容构成。

① 归属。归属由单位全称、所在的部门、企业标志(CI)等内容组成。注意,名片上所列的单位或部门不宜多于两个。如果确实有两个以上的供职单位和部门,或者同时承担着不同的社会职务,则应分别印制不同的名片,并根据交往对象、交际内容的不同进行分发。

② 称谓。称谓由本人姓名、职务、技术职称、学术头衔等几个部分所构成。名片上所

列的职务一般不宜多于两个,且应与同一名片上的具体归属相对应。

③ 联络方式。联络方式通常由单位地址、邮政编码、办公电话、电子邮箱等内容构成,家庭住址、住宅电话不宜列出,传真号码、手机号码、网址等内容则应根据具体情况决定是否印于其上。单位的联络方式同样应与同一名片上所列的具体归属相对应。

上述 3 项内容既要完整无缺,又应排列美观。通常情况下,具体归属与联络方式应以大小相似的小号字体分别印于名片的左上角和右下角;本人姓名应以大号字体印于名片正中央;职务头衔则应以较小字体印于姓名的右侧。

(二)名片的制作

名片的制作是有一定规范的。名片好比人的脸面,名片制作得规范与否,往往会影响交往对象对自己的印象,进而影响双方的进一步交流与合作。一张粗制滥造的名片显然不会让人对名片主人产生好感。商务人员在定制名片时应当对以下问题予以关注。

1. 规格材料

各国名片的规格是不尽相同的。目前,我国通行的名片规格为 9 厘米×5.5 厘米,而国际名片规格则为 10 厘米×6 厘米。在一般情况下,商务人员应按我国标准定制名片。如果参与的商务活动多为涉外性质,则可采用后一种规格。如果无特殊原因,不必将名片制作得过大或过小,甚至将名片做成折叠式或书本式。

名片通常应以耐折、耐磨、美观、大方、便宜的纸张作为首选材料,如白卡纸、再生纸、合成纸、布纹纸等,用塑料、真皮、化纤、木材、钢材,甚至黄金、白金、白银等材料制作名片是毫无必要的。将纸质名片烫金、镀边、压花、过塑、熏香等,也是不合适的。

2. 色彩图案

印制名片选用单一色彩的纸张最好,并且以白色、米白、米黄、浅蓝、淡灰等庄重朴实的色彩为佳。整张名片采用的颜色不能多于 3 种,切勿选用过多过杂的颜色,让人眼花缭乱,妨碍信息的接收。也不宜采用红色、紫色、绿色、黑色、金色、银色的纸张制作名片。

名片上除了文字符号外不宜添加任何没有实际效用的图案。如果本单位有象征性的标志图案,则可将其印于归属一项的前面,但不可过大或过于突兀。将照片、漫画、花卉、格言、警句等内容印在名片上,会给人以华而不实或浅薄之感,有损商务人员的形象。

3. 文字版式

商务名片在正常情况下应采用标准的汉字简体字,如无特殊原因,不得使用繁体字。从事民族或涉外业务的人员,可酌情使用少数民族文字或外语。汉字与少数民族文字或外语同时印刷时,应将汉字印于一面,而将少数民族文字或某种外文印于另一面;不要在同一面上混合使用不同的文字,且一张名片上不宜使用两种以上的文字。

用汉字印制名片时,一般采用楷体或仿宋体,尽量不要采用行书、草书、篆书等不易认的字体;用外文(主要采用英文)印制名片时,一般采用黑体字,在涉外交往中使用的名片也可采用罗马体,但很少用草体。不论采用何种字体,文字印刷都要清晰易识,不可模糊难辨,也不宜随便手写名片,更不能在印刷的名片上随意涂改、增加内容。

名片上文字的排列版式大体有两种:一是横式,即文字排列的行序为自上而下,字序为自左而右；二是竖式，即文字排列的行序为自右而左，字序为自上而下。一般而言，采用简体汉字的名片宜用横式。

同一张名片上，既可以两面均印有文字不同而本意相似的内容，也可以空出一面，而只在一面印有内容。两面的内容相同时，不可一面为横式，一面为竖式。

最后要强调的是，名片最好不要随意自行制作，也不要采用复印、影印、油印等方式制作。使用名片意在便于开展业务，而不是为了炫耀。因此，在制作名片时，应尽可能地降低其制作成本。

（三）名片的用途

在现代生活中，名片是人际交往中不可或缺的工具。一般而言，名片的基本用途有以下几种。

1. 常规用途

① 介绍自己。初次与交往对象见面时，除了必要的口头自我介绍外，还可以用名片作为辅助的介绍工具。这样不仅能向对方明确身份，而且可以节省时间，强化效果。

② 结交他人。在人际交往中，商务人员如欲结识某人，往往以递送本人名片的方式表示结交之意。因为主动递交名片给初识之人，既意味着信任友好，又暗含"可以交个朋友吗？"之意。在这种情况下，对方一般会礼尚往来，将自己的名片也递过来，从而完成双方结识交往的第一步。

③ 保持联系。一般名片都印有联络方式，通过此联络方式，即可与对方取得并保持联系，促进交往。

④ 通报变更。商务人员如果变更了单位名称、调整了职务、改动了电话号码或迁至新的办公地点，都会重新制作自己的名片。向经常交往的对象递交新名片，就能把本人的最新情况通报给对方，以一种简单的方式避免联系上的失误。

2. 特殊用途

在社交场合，尤其是国际社交场合，人们往往以名片代替一封简洁的信函使用。这就是名片的特殊用途。其具体做法是：在社交名片的左下角写上一行字或一句短语，然后放入信封寄交他人。如果是本人亲自递交或托人带给他人，要用铅笔书写；如果采用邮寄方式，则应用钢笔书写。在书写时多采用法文缩略语，较常见的法文缩略语及其对应含义如下。

① n.b. 意为"注意"。

② p.c. 意为"谨唁"，凭吊、追悼时用。

③ p.f. 意为"祝贺"，庆祝节日时用。

④ p.m. 意为"备忘"，提请对方注意某事时使用。

⑤ p.r. 意为"谨谢"，接受礼物、款待、祝词之后，或者收到别人庆祝、吊唁之类名片后使用。

⑥ p.p. 意为"介绍"，向对方介绍某人时用。

⑦ p.p.c. 意为"辞行"，调离、离任，向同事告别时使用。

⑧ p.p.n. 意为"慰问"，问候病人时用。

⑨ p.f.n.a. 意为"新年愉快"。

第三章　销售人员的交往礼仪

名片代替信函使用时，往往有不同的使用方法和注意事项，以下举例说明。

① 充当礼单。以私人身份向他人馈送礼品时，可将本人的社交名片充当礼单，置于礼品包装之内。但最好是将其装在一个与名片大小相当的信封里，信封上写有收礼者的姓名，信封可以不封口，名片上可根据实际情况做简单留言。

② 介绍相识。商务人员如果要向自己相识之人介绍某人，也可使用名片。其具体做法是：在自己名片的左下角写上"p.p."，然后在后面附上被介绍人的名片，并由被介绍人交给对方，或者直接邮寄给对方。在把名片交给被介绍人之后，商务人员应当先用电话告诉对方：有人将拿着自己的名片去见对方，否则就会使对方摸不着头脑，而被介绍者也会因为对方没接到任何通知而感到尴尬。

③ 简短留言。商务人员如果拜访某人不遇，或者需要向某人传达某事而对方不在，可留下自己的名片，并在名片上简单写上具体事由，然后委托他人转交。

④ 拜会他人。基层公务员在初次前往他人工作单位或私人居所进行正式拜访时，可先把本人名片交给对方的门卫、秘书或家人，然后由其转交给拜访之人，意即"我是×××，可以拜访您吗？"，待对方确认了拜访者的实际身份后，再决定双方是否见面。

（四）名片的交换

名片的交换是名片礼仪中的核心内容。商务人员交换名片的方式，往往是其个人修养的一种反映，也是对交往对象尊重程度的直接体现。因此，交换名片时务必须遵守一定的规范。

1. 携带名片的礼仪

商务人员在参加正式的商务活动之前，都应随身携带自己的名片，以备交换之用。名片的携带应注意以下3点。

① 足量适用。所携带的名片一定要数量充足，确保够用。所带名片要分门别类，根据不同的交往对象使用不同的名片。

② 完好无损。名片要保持干净整洁，切不可出现折皱、破烂、肮脏、污损、涂改、增删等情况。

③ 放置到位。名片应统一置于名片夹、公文包或上衣口袋中，在办公室时还可放于名片架或办公桌内，切不可随便放在钱包、后裤兜或裤袋之内；放置名片的位置要固定，以免需要名片时东找西寻，显得毫无准备。

2. 递交名片的礼仪

（1）把握递交名片的时机

递交名片要掌握时机，只有在确有必要时递交名片，才会令名片发挥功效。递交名片一般应选择初识之际或分别之时，不宜过早或过迟。当某人对自己没兴趣，或者没有认识或深交的意愿时不必递交名片；不要在用餐、看戏剧或跳舞之时递交名片，也不要在大庭广众之下向多位陌生人递交名片。对方与自己经常见面，已经是非常熟悉之人时，不必交换名片。

（2）讲究顺序

双方交换名片时，应当首先由位低者向位高者递交名片，再由后者回复前者。但在多人之间递交名片时，不宜以职务高低决定递交顺序，且切勿跳跃式进行递交，甚至遗漏其中某些人，最佳方法是由近而远，按顺时针或逆时针方向依次递交。

（3）先行招呼礼

递上名片前，应先向接受名片者打个招呼，令对方有所准备。既可先做一下自我介绍，也可以说声"对不起，请稍候""可否交换一下名片"之类的提示语。

（4）姿势得体，表现谦恭

对于递交名片这一过程，应当表现得郑重其事，要起身主动走向对方，动作要从容，面带微笑，表情亲切、自然，上体前倾15°左右，以双手或右手持握名片（切勿以左手持握名片），用拇指夹住名片，其余四指托住名片反面，名片的文字要正面朝向对方，以便对方观看——如果对方是外宾，最好将印有外文的那面朝向对方。然后将名片举至胸前，并同时说"我们认识一下吧""请多指教""欢迎前来拜访""请多联系"等礼节性用语。递交名片的整个过程应当谦逊有礼，郑重大方。

3. 接受名片的礼仪

案例·小·故事 3-9

2015年9月，广州商品交易会上厂家云集，企业家们济济一堂。新华公司的李总经理在交易会上听说宏业集团的张董事长也来了，想利用这个机会认识这位素未谋面而又久仰大名的商界名人。午餐会上他们终于见面了，李总经理走上前去，彬彬有礼地说"张董事长，您好，我是新华公司的总经理，我叫李刚，这是我的名片。"说着，便从随身带的公文包里拿出名片，递给了对方。张董事长显然还沉浸在之前与人的谈话中，他顺手接过李刚的名片，回应了一句"你好"并草草看过，放在了一边的桌子上。李总经理在一旁等了一会儿，未见这位张董事长有交换名片的意思，便失望地走开了。

小思考 你认为双方的问题出在哪里？换成你的话会如何做？

接受他人名片时，主要应当做好以下几点。

① 态度友好。在接受他人名片时，不论有多忙，都要暂停手中的一切事务，并起立相迎，面含微笑，双手或右手接过名片，不得使用左手。然后，说声"谢谢""很高兴认识您"等。

② 认真阅读。接过名片后，至少要用一分钟时间将其从头至尾默读一遍，遇有显示对方荣耀的职务、头衔的不妨轻读出声，以示尊重和敬佩，同时也加深了对对方的印象。如果对对方名片上的内容有不明白之处，或者有不认识的字，可当场请教对方。这样做不但不会降低你的身份，反而会让对方觉得你是做事认真、严谨的人，进而增加对你的信任。切忌接过名片一眼不看就放起来。

③ 精心存放。接到他人名片后，切勿将其随意乱丢、乱折，更不能在名片上压东西，或者乱写乱画做标记等；切忌把客人名片放在手里摆弄，这是极轻视人的态度。应将名片置于名片夹、公文包或上衣口袋中，且应与本人名片区别放置。

④ 有来有往。接受了他人的名片后，一般应当即刻回送给对方一张自己的名片，否则将会被视为无礼拒绝之意。没有名片、名片用完或忘带时，应向对方做出解释并致歉，切莫毫无反应。

4. 索要名片的礼仪

依照惯例，除非有特殊原因，否则最好不要直接开口向他人索要名片。但如果想主动结识对方或有其他原因有必要索取对方名片，则应委婉表达。这时可采取如下办法。

① 互换法。互换法即以名片换名片。在主动递上自己的名片后，对方按常理会回给自己一张他的名片。

② 暗示法。暗示法即用含蓄的语言暗示对方。例如，向尊长索要名片时可说："请问今后如何向您请教？"向平辈或晚辈表达此意时可说："请问今后怎样与你联系？"

资料·小看板 3-4

在国际交往中，如果对方一时疏忽，忘记了给名片，应该问一句"How can I contact you？"或"How can I get in touch with you？"（我怎么与你联系呢？）。这类话可以婉转地提醒对方。如果自己暂时没有名片进行交换，也不宜说"我们是个小公司，没有名片给你"，或者"我在我们公司里只是个小人物，没有名片"。这样说既有损公司形象，同时也贬低自己，不可取。合乎商务礼仪惯例的说法有"对不起，名片昨天就用完了，我会尽快把名片和目录一起寄给你"，或者"对不起，我这次没有带名片"，或者"对不起，我的名片刚刚用完"。不愿意与对方交换名片时，也可以用上述说法，虽然这实际上是善意的欺骗，但却是维护自己形象和自我保护的做法。

当然，当他人索取名片时，商务人员不应直接加以拒绝，最好向对方表示自己的名片刚用完，或者说"抱歉，我忘了带名片"。但如果自己手里正拿着名片或刚与他人交换过名片，显然这种推辞不用为妙。

二、介绍礼仪

介绍是人际交往中与他人进行沟通、增进了解、建立联系的一种最基本、最常规的方式，也是初次见面陌生的双方开始交往的重要桥梁。良好的沟通与合作往往从介绍开始。在社交场合，如果能正确地利用介绍，不仅可以扩大自己的交际圈，广交朋友，而且有助于自我展示、自我宣传，在交往中消除误会、减少麻烦。商务交往中的介绍有 3 种：一是自我介绍；二是他人介绍；三是集体介绍。

（一）自我介绍

所谓自我介绍，就是在社交场合把自己介绍给其他人，以使对方认识自己。

自我介绍是推销自身形象和价值的一种方法与手段。自我介绍运用得好，可为社会交往的顺利进行助一臂之力，反之则可能带来种种不利。恰当的自我介绍，不但能增进他人对自己的了解，而且还可以创造更多的机会，因此能否善于推销自我是至关重要的。

1. 自我介绍的类型

根据介绍人的不同，可以分为主动型自我介绍和被动型自我介绍两种类型。

① 在社交活动中，在欲结识某人却无人引见的情况下，可以自己充当自己的介绍人，

将自己介绍给对方。这种自我介绍叫作主动型的自我介绍。主动型的自我介绍会使对方产生好感，但如果不注意场合和身份也可能会起到相反的效果。

② 应其他人的要求，将自己的某些方面的具体情况进行一番自我介绍。这种自我介绍叫作被动型的自我介绍。

在实践中使用哪种自我介绍的方式，要依据具体环境和条件而定。

2. 把握自我介绍的时机

资料小看板 3-5

在商务场合遇到下列情况时，自我介绍就很有必要。
① 与不相识者相处一室。
② 不相识者对自己很有兴趣。
③ 他人请求自己做自我介绍。
④ 在聚会上与身边的陌生人共处。
⑤ 打算介入陌生人组成的交际圈。
⑥ 求助的对象对自己不甚了解，或者一无所知。
⑦ 前往陌生单位，进行业务联系。
⑧ 在旅途中与他人不期而遇而又有必要与其接触。
⑨ 初次登门拜访不相识的人。
⑩ 遇到秘书阻拦，或者是请不相识者转告。
⑪ 初次利用大众传媒，如报纸、杂志、广播、电视、电影、标语、传单，向社会公众进行自我推介、自我宣传。
⑫ 利用社交媒介，如信函、电话、电报、传真、电子邮件，与其他不相识者进行联络。

3. 自我介绍注意事项

想要自我介绍得恰到好处、不失分寸，就必须掌握自我介绍的技巧，高度重视以下几个方面的问题。

（1）讲究时间和效率

① 自我介绍应在适当的时间进行。进行自我介绍，最好选择对方有兴趣、有空闲、情绪好、干扰少、有需要的时段。如果对方兴趣不高、工作很忙、干扰较大、心情不好、没有需要、休息、用餐或正忙于其他交际，就不太适合进行自我介绍。

② 进行自我介绍一定要力求简洁、有针对性，尽可能地节省时间。自我介绍常以半分钟左右为佳，如果无特殊情况最好不要多于1分钟。为了提高效率，在做自我介绍时，可利用名片、介绍信等资料加以辅助介绍。

（2）态度自然，语言清晰

① 态度要保持自然、友善、亲切、随和，整体上讲求落落大方，笑容可掬。在长者或尊者面前，语气应谦恭；在平辈和同事面前，语气应明快，直截了当。

② 充满信心和勇气。忌讳妄自菲薄、心怀怯意，要敢于正视对方的双眼，显得胸有成竹，从容不迫。

③ 语气自然，语速正常，语言清晰。如果自我介绍模糊不清，含糊其词，流露出羞怯

自卑的心理，会使人感到你不能把握自己。此外，生硬冷漠的语气、过快过慢的语速，或者口齿含糊不清，都会严重影响自我介绍的效果。

（3）追求真实，掌握分寸

自我介绍的内容包括3项基本要素：本人姓名、供职单位及具体部门、担任的职务或所从事的具体工作。这3项要素在自我介绍时应一次连续报出，这样既有助于给人以完整的印象，又可以节省时间，不说废话。进行自我介绍时所表达的各项内容一定要实事求是，真实可信。自我评价还要掌握分寸，自我评价一般不宜用"很""第一"等表示极端赞颂的词，也不必有意贬低，关键在于掌握分寸。过分谦虚，一味贬低自己去讨好别人，或者自吹自擂、夸大其词，都是不可取的。

（4）友善礼貌，注意方法

进行自我介绍应先向对方点头致意，得到回应后再向对方介绍自己。如果有介绍人在场，自我介绍则被视为不礼貌。应善于用眼神表达自己的友善，表达关心及对沟通的渴望。如果想认识某人，最好预先获得一些有关他的资料或情况，诸如性格、特长及兴趣爱好。这样在自我介绍后，就很容易融洽地交谈。在获得对方的姓名之后，不妨加重语气重复一次，因为每个人都很乐意听到自己的名字。

案例小故事 3-10

自谦式自我介绍：著名的作家沙叶新曾这样介绍自己——我乃平庸之辈，只写过一些不成熟的剧本、小说及文章……我本人尚不能以"作家"或"剧作家"自居，我的写作习惯也无任何惊人之处，我只是像一般人那样写作。

自嘲式自我介绍：我叫张来富，这个名字听起来有点俗气，没办法，这是我父亲起的，大概是希望我给家里带来财富。但是遗憾得很，直到现在我还是个穷教书的，不过从另一方面……希望你们也能像历届校友那样，为我国创造更多的财富，这样我也算没有辜负父母的希望……

自识式（幽默）自我介绍：我就是王景愚，表演《吃鸡》的那个王景愚，你看我这40多公斤的瘦小身躯却经常负荷许多忧虑和烦恼，多半是自找的。我不善于向自己所敬爱的人表达敬与爱，却善于向憎恶的人表达憎与恶，然而胆子并不大。我虽然固执，却又常常否定自己，否定自己既痛苦又快乐，我就是生活在痛苦与快乐所交织的网里，总也冲不出去……

总的说来，当本人希望结识他人，或者他人希望结识自己，或者自己认为有必要令他人了解或认识自己的时候，自我介绍就会成为重要的交往方式。自我介绍常常会成为商务活动的组成部分，承担着拓展交际范围的重任，所以有关自我介绍的商务礼仪必须烂熟于胸。

（二）他人介绍

他人介绍是指作为第三方为彼此不相识的双方引见、介绍的一种介绍方式。介绍他人通常是双向的，即将被介绍者双方各自均做一番介绍。

销售商务礼仪

1. 他人介绍的时机

遇到下列情况，有必要为他人进行介绍。

① 与家人外出，路遇家人不相识的同事或朋友。
② 本人的接待对象遇见了不相识的人士，而对方又跟自己打了招呼。
③ 在家中或办公地点，接待彼此不相识的客人或来访者。
④ 打算推介某人加入某一方面的交际圈。
⑤ 受到为他人做介绍的邀请。
⑥ 陪同上司、长者、来宾时，遇见了其不相识者，而对方又跟自己打了招呼。
⑦ 陪同亲友前去拜访亲友不相识的人。

2. 他人介绍的顺序

为他人做介绍时，必须遵守"尊者优先"的规则，即尊者有权先了解情况。

介绍来宾与主人认识时，应先介绍主人，后介绍来宾；把家人介绍给同事、朋友；把年轻者介绍给年长者；把职务低者介绍给职务高者；把熟悉的人介绍给不熟悉的人；把未婚者介绍给已婚者；把后来者介绍给先到者。如果双方年龄、职务相当，则把男性介绍给女性；如果男性的年龄、职务比女性高，则不必遵循"女士优先"原则，而是先把女性介绍给男性，如"张总您好，这是我的助理白小姐"，然后说"白小姐，这位就是某某公司的张总经理"。

3. 介绍内容

为他人介绍的内容，大体与自我介绍的内容相仿，可酌情在3项要素（姓名、供职单位及具体部门、担任的职务或所从事的具体工作）的基础上进行增减。值得注意的是，在为他们做介绍时一定要吐字清晰、内容明确，而不应含糊其词。例如，介绍于先生时，可以说："这位是于先生，干勾于的于。"这样可使人清楚地知道对方是姓于而非姓余，或者错听成吕或李，从而避免称呼错误，造成失礼。在为他人做介绍时，如果知道被介绍者的特长和爱好，也可做简单介绍。这种内容不但不显得多余，反而会使被介绍双方都留下较印刻的印象，同时也有利于双方打开话匣子，很快熟悉起来。

介绍内容除了要周到之外，还应根据被介绍对象的性格做适当选择。如果被介绍者性格内敛，不喜欢张扬，则在介绍时不必大肆宣传，否则会让他不舒服；如果被介绍者个性张扬，喜欢表现，介绍时可适当捧他几句，他会觉得很有面子。让彼此都有一场愉快的会面，介绍他人就成功了。当然，有些人因为隐私或其他原因不愿透露的内容，在介绍时要注意避而不谈。

4. 他人介绍时应注意的事项

① 介绍人的问题。在商务交往中，为他人做介绍的人一般是社交活动中的东道主、社交场合中的长者、家庭聚会中的女主人，或者是公务交往中的公关或秘书人员。
② 介绍者为被介绍者介绍之前，一定要征求一下被介绍双方的意见，切勿开口即讲，这样显得很唐突，让被介绍者感到措手不及。
③ 被介绍者在介绍者询问自己是否有意认识某人时，一般不应拒绝，而应欣然应允。实在不愿意时，则应说明理由。
④ 在介绍他人时要眼睛正视被介绍对象，切勿东张西望，这样不仅不礼貌且易惹人

反感。

⑤ 介绍人和被介绍人都应起立，以示尊重和礼貌。待介绍人介绍完毕后，被介绍双方应微笑点头示意或握手致意。在宴会、会议桌、谈判桌上，视情况介绍人和被介绍人可不必起立，被介绍双方可点头微笑致意。如果被介绍双方相隔较远，中间又有障碍物，可举起右手，并点头微笑致意。

⑥ 介绍完毕后，被介绍者双方应依照合乎礼仪的顺序握手，并且彼此问候对方。问候语有"你好""很高兴认识你""久仰大名""幸会幸会"等，必要时还可以进一步做自我介绍。

为他人做介绍是商务人员经常遇到的事情，只有用心，才能更好地起到穿针引线的作用。

（三）集体介绍

集体介绍是他人介绍的一种特殊形式，被介绍者一方或双方都不止一人。大体可分两种情况：一种是一人为多人做介绍；另一种是多人为多人做介绍。

1. 集体介绍的时机

① 规模较大的社交聚会，有多方参加，各方均可能有多人。
② 大型的公务活动，参加者不止一方，而各方不止一人。
③ 涉外交往活动，参加活动的宾主双方皆不止一人。
④ 正式的大型宴会，主持人一方人员与来宾均不止一人。
⑤ 演讲、报告、比赛，参加者不止一人。
⑥ 会见、会谈，各方参加者不止一人。
⑦ 婚礼、庆典、生日晚会，当事人和来宾双方均不止一人。
⑧ 举行会议，应邀前来的与会者往往不止一人。
⑨ 接待参观、访问者，来宾不止一人。

2. 集体介绍的顺序

进行集体介绍的顺序可参照他人介绍的顺序，也可酌情处理。但越是正式、大型的交际活动，越要注意介绍的顺序。

① "少数服从多数"。当被介绍者双方地位、身份大致相似时，应先介绍人数较少的一方。

② 两边都是集体的话，强调地位、身份。一般要把地位低的一方先介绍给地位高的一方。所谓地位低的一方一般是东道主，所谓地位高的一方一般是客人。如果被介绍者双方地位、身份存在差异，虽然人数较少或只有一人，也应将其放在尊贵的位置，最后加以介绍。

③ 单向介绍。在演讲、报告、比赛、会议、会见时，往往只需要将主角介绍给广大参加者。

④ 人数多的一方的介绍。如果一方人数较多，可采用笼统的方式进行介绍。例如，"这是我的家人""这是我的同学"。

⑤ 人数较多各方的介绍。如果被介绍的不止两方，需要对被介绍的各方进行位次排列。排列的方法有：以其负责人身份为准；以其单位规模为准；以单位名称的英文字母顺序为准；以抵达时间的先后顺序为准；以座次顺序为准；以距离介绍者的远近为准。

要注意把集体和个人，或者集体和集体分别而论。如果两边都是集体，应该按照前面讲述的顺序先介绍地位低的，后介绍地位高的；如果一边是个人一边是集体，则要先介绍个人，后介绍集体。这种做法叫作单项式介绍。

3. 集体介绍的注意事项

集体介绍的注意事项与他人介绍的注意事项基本相似。除此之外，还应再注意以下两点。

① 不要使用易生歧义的简称，在首次介绍时要准确地使用全称。至于具体内容，与自我介绍、他人介绍的做法基本相似。

② 不能开玩笑，要很正规。介绍时要庄重、亲切。

细节决定成败，要想成为一名成功的商务人士，对第一次见面的文明礼仪技巧一定要多加熟悉。

资料小看板 3-6

第一次见面文明礼仪技巧

① 问候时最好说出姓氏。迈进会客室的门，第一句话可能是"你好，见到你很高兴"，但却不如说"李经理，你好，见到你很高兴"，后者比前者要热情得多。

② 张口莫问"还记得我吗"。见面时不可向仅有数面之缘的人士问"你还记得我吗？"，对方如果真的不记得了，无论是实话实说还是假装记得却叫不出名字，都会使双方觉得非常尴尬。得体的方式应该是自我介绍说："我是某某，我们曾在某地见过面。"

③ 慎言"代问夫人好"。如果遇到一位好久没有联系的人士，又不太了解对方的近况，在问候时应注意不要轻易说"代问夫人好""代问先生好"这样的话。如果对方已经离婚，或者配偶已过世，那么这种好心问候就会让对方很尴尬，包括问起对方是否还在某处高就等问题也是不合适的。因此，见面应该笼统问候，如"代问家人好""最近忙吗"等，再决定下面的话题。

④ 少让小孩行吻礼。孩子行吻礼无论是采用用自己的小手贴在自己嘴上"啪"一下的"分吻"的方式，还是直接亲在大人的脸上，都不符合现代卫生的要求，因此建议少让孩子行吻礼。

⑤ 与尊长握手请伸双手。见到长辈应该鞠躬，双手应交叉轻放身前，对方年岁越长、身份越高，鞠躬就应越深。如果长辈伸出手来，则应该伸出双手，并轻握住长辈的手后停留几秒钟，以示尊重。道别时也别忘行礼。

⑥ 如果对方没请你坐下，最好站着。

⑦ 不要急于出示随身携带的资料、书信或礼物。只有在提及了这些东西，并已引起对方的兴趣时，才是出示它们的最好时机。当对方询问你所携带资料中的有关问题时，应给予详细的解释或说明。

⑧ 主动开始谈话，珍惜会见时间。尽管对方已经了解到你的一些情况和来访目的，你仍有必要主动开口，再次对某些问题进行强调和说明。这既是礼貌的需要，也反映了一个人的精神面貌。

⑨ 保持相应的热情。在谈话时，如果对某一问题没有倾注足够的热情，对方会马上失

第三章　销售人员的交往礼仪

去谈这个问题的兴趣。

⑩ 当愤怒难以抑制时，会使自己失去理解他人和控制自己的客观尺度。它不仅无助于问题的解决，而且会把事情搞得更糟，这时应提早结束会见。

⑪ 学会听的艺术。听有两个要求：首先要给对方留出讲话的时间；其次要"听话听音"。如果对方先讲话，不可打断对方，应做好准备，以便利用恰当的时机给对方以响应，鼓励对方讲下去。

不能够认真聆听别人谈话的人，也就不能够"听话听音"，更不能机警、巧妙地回答对方的问题。要记住，不论是社交场合，还是在工作中，善于倾听是一个人应有的素养。

⑫ 避免不良的动作和姿态。玩弄手中的小东西，用手不时地理头发，搅舌头，清牙齿，掏耳朵，盯视指甲、天花板或对方身后的字画等，这些动作都有失风度。

⑬ 要诚实、坦率，又有节制。如果在一件小事上作假，很可能使整个努力付诸东流。对方一旦怀疑你不诚实，之前的各种不同凡响的作为都将黯然失色。谁都不是完人，因此可以坦率地谈起或者承认自己的缺点或过失。在评论第三者时不应失去体谅他人的气度。

⑭ 要善于"理乱麻"，学会清楚地表达。善于表达使人终身受益。讲话不会概括的人，常常引起人们的反感——叙事没有重点、思维头绪混乱，迫使人们尽量回避。一般来说，如果从没有担心过别人会对自己的话产生反感，就意味着已经引起他人的反感了。

⑮ 做一次音色和语调的自我检查。把自己要讲的话录音 5 分钟，听听是否清晰；喉音、鼻音是否太重；语速怎样；语调是否老成、平淡。如果不满意，改进后再录一段听听。充满朝气的语调会使人显得年轻。此功重在平时留心多练。

⑯ 注意衣着和发式。第一次见面就给人一种不整洁的印象，往往会给自我表白投下阴影。平时不修边幅的企业家，在会见前应问问懂行的人，让他根据自己的年龄、体形、职业和季节等因素设计衣着与发式。

⑰ 如果对方资历比你浅，学识比较低，则应格外避免自我优越感的外露。当介绍了自己令人羡慕的学位、职称等情况后，对方也会谈到他的相应情况。为了避免对方自愧不如，在介绍自己时应该谨慎一些。对对方可以表示钦佩，过度的关心和说教应该避免，要表现出诚意和合作精神。

⑱ 会见结束时，不要忘记带走自己的帽子、手套、公事包等物品。告别语应简练，克制自己不要在临出门时又引出新的话题。

实训实践

实训设计一

项目名称　见面招呼礼仪技能训练。

项目目的　通过实训练习，掌握见面礼仪中的寒暄、称谓、鞠躬礼、握手等规范。

项目简介　日本公司驻香港分公司的总经理 Yamamoto（山本）到华远公司查看订单生产进度，并打算与华远公司拓展新的合作业务。华远公司的张总经理安排总经理助理刘小姐和司机开车到公司附近机场迎接山本及其助手 Kusaka（日下）两人，并安排两人在华远公司总经理办公室会面。

项目要求

（1）根据以上场景，模拟总经理助理刘小姐在机场见到两位日本客人时的情景。

（2）根据可能发生的情景，模拟演示双方从见面开始的问候、称谓、鞠躬礼、寒暄等。

项目说明

（1）模拟机场接人情境。要求有一张写有两位日本客人姓名的欢迎牌。

（2）学生每4人为一组。其中，1人扮演日方香港公司总经理山本先生；1人扮演其随行人员日下先生；1人扮演华远公司总经理助理刘小姐；1人扮演华远公司司机。

（3）本实训要演示从机场到达公司总经理办公室之间的全过程，要尽可能注意细节问题，并要注意日方客户的礼仪习惯和称谓。时间约1课时。

实训设计二

项目名称　商务交往礼仪技能训练。

项目目的　通过实训练习，掌握名片使用和介绍的礼仪规范。

项目简介　印度某光学公司的董事长Rajindra先生要到上海考察，顺便提出与百事达公司黄总经理在上海会面，洽谈进一步的合作。百事达公司生产的光学元件产品在过去的一年里在印度很畅销，此次会面关系着印度某光学公司是否大批量订购百事达公司更多型号和款式的产品事宜。百事达公司的黄总经理亲自带领销售部吴经理、总经理助理兼翻译刘小姐、司机李先生一起开车到上海，在Rajindra先生下榻的和平饭店一楼咖啡厅会面。

项目要求

（1）根据以上场景，模拟黄总经理一行在上海见到Rajindra先生时的情景。

（2）根据可能发生的情景，模拟演示双方从见面开始的问候、介绍、握手、交换名片、寒暄等。

项目说明

（1）模拟见面情境，假设Rajindra先生不懂汉语，刘小姐是一直负责与公司开展印度外贸销售的人员兼翻译，要准备一些必要的英文问候与介绍语。

（2）学生每5人为一组。其中，1人扮演印度董事长Rajindra先生；1人扮演百事达公司的黄总经理；1人扮演总经理助理刘小姐；1人扮演销售部吴经理；1人扮演司机李先生。

（3）本实训要演示在咖啡厅双方见面的全过程。注意，双方以往虽有业务联系但从未会面，此次洽谈关系着日后的长久合作，至关重要。要尽可能用到问候、称谓、介绍、握手、名片礼仪，特别是刘小姐的"他人介绍礼仪"、Rajindra和黄总经理的"自我介绍"与"名片礼仪"、销售部吴经理的"新产品介绍"。时间约1课时。

本章小结

在人际交往中，见面礼仪使用得当，会给对方留下深刻而美好的印象，直接体现出施礼者良好的修养，并为双方建立良好的人际关系奠定坚实的基础。

第三章　销售人员的交往礼仪

见面礼仪包括见面招呼礼仪——寒暄与问候、致意、鞠躬礼、拥抱和吻礼、握手礼、称谓等礼仪；见面交往礼仪——名片礼仪、介绍礼仪。

在商务交往中，要掌握见面礼仪的基本技巧和规范，恰当地向人们致以寒暄与问候，以发挥问候的积极作用。要根据场合庄重地行鞠躬礼，还要分清对象慎用拥抱礼和吻礼。握手要按一定顺序、合乎标准，并注意一些禁忌。在日常交往中，我们还要重视称谓的使用，要细心揣摩，认真区别。

在见面交往活动中，介绍和名片礼仪发挥着桥梁与纽带作用，得体的介绍和正确的名片使用都会为人们发展良好的人际关系锦上添花。

复习思考

想一想

1. 简述以下基本概念。
致意礼　鞠躬礼　握手礼　称谓　自我介绍　他人介绍　集体介绍
2. 如何根据场合恰当运用致意、拥抱和吻礼？
3. 正确的握手方式应该注意哪些问题？
4. 称呼他人时的主要禁忌是什么？
5. 介绍有几种形式？为他人做介绍时，如何确定介绍的先后顺序？
6. 名片有哪些主要途径？如何正确地交换名片？

练一练

1. 请同学面对镜子自己进行鞠躬、握手、介绍、递接名片的正确姿势的练习，纠正错误姿势。
2. 在一次房地产商联谊会上，有一家装饰公司的经理（王女士）想请你把她介绍给某位知名房地产公司的总经理（张某，男）。请问你怎样做介绍？
3. 判断以下说法的正误。
（1）介绍时一般先把年长者介绍给年轻者。　　　　　　　　　　　　　（　）
（2）鞠躬礼是最常使用、适应范围最广的见面致意礼节。　　　　　　　（　）
（3）握手礼没有先后次序。　　　　　　　　　　　　　　　　　　　　（　）
（4）出示名片时应把名片正面朝向对方并把握好时机。　　　　　　　　（　）
4. 单项选择题。
（1）在社交场合，下列一般介绍顺序哪个是错误的？（　　）
　　A．将男性介绍给女性。
　　B．将年轻的介绍给年长的。

C．将先到的客人介绍给晚到的客人。

（2）在商务活动中，与多人交换名片应讲究先后次序，正确的次序是（　　）。

  A．由近而远　　　B．由远而近　　　C．左右开弓，同时进行

（3）接受别人递给你的名片之后，应把它放在哪里？（　　）

  A．名片夹或上衣口袋里。

  B．西装内侧的口袋里。

  C．裤袋里面。

（4）社交场合男女握手时，应当由（　　）先伸手。

  A．男性　　　　B．女性　　　　C．无所谓

（5）国际商务活动中，下列关于交换名片的表述哪个是错误的？（　　）

  A．名片上的字体应该朝向对方。

  B．交换名片时一定要双手。

  C．收到名片后，应该仔细审视一下，最好读出来。

（6）介绍两人相识的顺序一般是（　　）。

  A．先把上级介绍给下级　　　　　　B．先把晚辈介绍给长辈

  C．先把客人介绍给家人　　　　　　D．先把早到的客人介绍给晚到的客人

谈一谈

1．当有一位朋友不邀而至，贸然闯进了你的写字间，而你实在难用很长的时间与之周旋时，如果直接告知对方"来得不是时候"，或者对其爱搭不理，都很可能得罪人。

2．一位来企业参观的客商，如果在寒暄之时突然向你问起了我方的产量、产值等原本不宜问到的问题，告之以"无可奉告"固然能行，却也有可能使对方无地自容。

3．刺猬站在门口，双手抱在胸前，嘴里哼着一支小曲。它正唱得高兴，忽然想起到田里转转，去看看自己种的西红柿长得怎么样了。菜地就在它家附近，它关上大门，向田里走去。刚走不远，就遇见了兔子。

"早上好！"刺猬很有礼貌地打招呼。

兔子自以为是个高贵的先生，傲慢地问刺猬："你一大早跑出来干什么？"

"我出来散步。"刺猬说。

"散步？"兔子笑着说，"我看你还是用自己的腿去做别的事吧！"

这话刺伤了刺猬的心。它的腿是弯的，不愿意别人说它的腿。

思考 1．这时怎么在寒暄之时恰当处理呢？

   2．此时此刻，如何巧妙地回答客户呢？

   3．兔子违反了问候中的哪些禁忌？请你改编故事，为兔子设计出符合交际礼仪的问候语。

第四章

销售人员的办公礼仪

> 礼貌使有礼貌的人喜悦,也使那些受人以礼貌相待的人们喜悦。
>
> ——[法]孟德斯鸠

学习目标

1. 了解销售人员办公室礼仪的含义和作用。
2. 熟悉销售人员的文书礼仪、电话礼仪、传真礼仪、电子邮件礼仪。
3. 了解销售人员在工作中的主持礼仪、发言礼仪、参会礼仪。
4. 能够根据办公室中的不同情况规范个人行为礼仪。

情景设计

李先生刚刚入职某销售公司一个月。一个月来由于他处处小心做事,每每笑脸相迎,所以同事们对他的态度也颇为友善,不曾遇到所担心的任何麻烦。一天,全部门的人决定一起去餐厅聚餐欢度周末,也邀请了李先生。席间大家有说有笑,无话不谈,其中有一名同事与李先生最谈得来,几乎把公司里的种种问题及所在部门的每位同事的性格缺点尽诉无遗。李先生一时受宠若惊,加之对公司里的人事一无所知,着实很珍惜这位"知无不言,言无不尽"的同事,彼此显得相当投机。于是,李先生开始放松自己的防卫,将一个月来在公司看到的不顺眼、不服气的人和事都向这位同事倾诉而后快,甚至还批评了部门里的一两个同事的不是之处,借以发泄心中的闷气。

不料,这位同事是个翻云覆雨之人,不出几日便将这些恶言转达给了其他同事,立刻令李先生狼狈、孤立至极,几乎在部门里没有了立足之地。这时李先生才如梦初醒,悔不该一时激动没管好自己的嘴巴,忘记了"来说是非者,必是是非人"这么一个浅显的道理。

任务 从李先生入职的一个月当中，你能看到什么问题吗？在办公室与同事的相处当中应该注意哪些问题？

解决问题 初到新环境中，必须学会与同事保持一定的距离，凡事采取中道而行，适可而止，在大家面前不要轻易显露言行；学会做个聆听者，"人不犯我，我不犯人"，公平对待每一位同事，避免建立任何小圈子；对谣言一笑置之，深藏不露。只有这样，才能尽快适应新环境，打开新局面，成为办公室中的生存者，而非受害者。

第一节 销售人员的办公室礼仪

一天上午，惠利公司前台接待秘书小张匆匆走进办公室，像往常一样进行上班前的准备工作。她先打开窗户，接着打开饮水机开关，然后翻看昨天的工作日志。这时，一位事先有约的客人要求会见销售部李经理，小张一看时间，他提前了30分钟到达。小张立刻通知了销售部李经理，李经理说正在接待一位重要的客人，请对方稍等。小张就如实转告客人说："李经理正在接待一位重要的客人，请您等一会儿。"话音未落，电话铃响了，小张用手指了指一旁的沙发，没顾上对客人说什么，就赶快接电话去了。客人尴尬地坐下……待小张接完电话后，发现客人已经离开了办公室。

一、办公室礼仪的含义及作用

企业销售人员是直接与客户接触的，因此销售类商务活动也是代表企业形象和服务水准的重要环节。怎样才能使销售活动顺利开展，进而促进产品和服务销售呢？除了市场销售方面的各类针对性措施之外，销售人员的礼仪素质也具有很重要的作用。

（一）办公室礼仪的含义

办公室礼仪就是指在办公场所内，为了表示相互尊重，在仪表、仪态、仪式、仪容、言谈举止等方面约定俗成的共同认可的规范和程序。办公室是一个处理公司业务的场所，办公室的礼仪不仅是对同事的尊重和对公司文化的认同，而且是每个人为人处事、礼貌待人的最直接表现。办公室礼仪涵盖的范围很大，电话、接待、会议、网络、公务、公关、沟通等都有各式各样的礼仪。在办公室遵守礼仪，是对职场人士的基本要求。

（二）办公室礼仪的作用

办公室礼仪主要用来调整、处理办公室人员的相互关系。其作用表现在以下几个方面。

1. 相互尊重的作用

相互尊重就是向对方表示尊敬，表达敬意，同时对方也还之以礼，礼尚往来。

2. 相互约束的作用

礼仪作为行为规范，对人们的社会行为具有很强的约束作用。礼仪一经制定和推行，久而久之便会成为社会习俗和行为规范，任何一个生活在某种礼仪习俗和规范环境中的人都会自觉或不自觉地受到该礼仪的约束。自觉接受礼仪约束是人"成熟"的标志之一，不接受礼仪约束的人，社会就会以道德和舆论的手段来对其加以约束，甚至以法律的手段来强迫其遵守。

3. 引导的作用

礼仪具有引导的作用，主要表现在两个方面：一方面，礼仪作为一种道德习俗，对全社会的每个人都有引领作用；另一方面，礼仪的形成、完善和沿袭会成为社会传统文化的重要组成部分，它以传统的力量不断由老一辈传给新一代，世代相传。在社会进步中，礼仪的引导作用具有极为重要的意义。

4. 调节的作用

礼仪具有调节人际关系的作用：一方面，礼仪作为一种规范程序，作为一种文化传统，对人们之间的关系起着规范、约束和及时调整的作用；另一方面，某些礼仪形式、礼仪活动可以化解矛盾，使人们建立新的关系模式。可见，礼仪在处理与发展健康良好的人际关系方面发挥着重要作用。

二、办公室的职业形象

办公室的职业形象即个人形象。职业形象既要恰当得体，又要讲究分寸，与办公室的环境及所从事的工作性质相协调。

（一）仪表端庄、大方

办公室既是工作场所也是公共场合，职场中的人都要注意个人卫生，仪表要保持整洁。如果单位有统一服装，那么无论男女，在上班时间应尽量穿工作服；如果没有统一服装，宜选择较为保守的服装。女性着装要端庄大方，不要过于夺目和暴露，在工作时间里把自己打扮得分外艳丽的女性是会产生很多负面影响的，只宜化职业淡妆；男性以西装为主，夏天不能穿拖鞋、短裤、背心出现在办公室，更不能赤膊出现在办公场所。此外，休闲装、运动装、旅游鞋适合室外活动，不适宜在办公室穿着。

（二）举止庄重、文雅

注意保持良好的站姿和坐姿，不要斜身倚靠办公桌，更不能坐在办公桌上面；不要在办公室里吃东西，尤其不要吃瓜子等会弄出声音的食品；不要大声嚷嚷、指手画脚；谈话时注意身体相距一米左右，过近（特别是异性）会使对方不自在，也不要过分亲昵地拍肩搂背。

在办公室里与同事们交往离不开语言。俗话说"一句话说得让人跳，一句话说得让人笑"，同样的目的，表达方式不同，产生的效果也大不一样。在办公室说话要注意以下事项。

1. 在办公室不要闲聊

不要总是抱怨、发牢骚或闲聊；在办公室不议论领导、不谈论格调不高的话题、不谈及私人问题，尤其是小道消息及有损销售人员形象的话题；开玩笑要注意尺度。

2. 在办公室不要谈论薪水问题

同工不同酬是老板常用的手段，但这种手段如果用得不好，容易引发员工之间的矛盾，而且矛头最终会指向老板。如果碰上喜欢打听薪水的同事，当其把话题往工资上引时要尽早打断，说明公司有纪律不谈薪水，或者冷处理："对不起，我不想谈这个问题。"涉及工作上的重要信息，如即将争取到一个重要客户、上司暗地里给你发了奖金，或者某位上司对你有特殊照顾等，都不应在办公室里说出来。

3. 在办公室不要谈家庭财产之类的话题

无论是炫富还是哭穷，在办公室里都显得做作，与其讨人嫌不如知趣一点，不该说的话不说。例如，刚刚加薪或是新买了别墅，或者利用假期出国玩了一趟，没有必要在办公室里炫耀，有些快乐分享的圈子越小越好。

4. 在办公室不要当众炫耀自己

谦虚使人进步，骄傲使人落后。在职场生涯中应该小心谨慎，不要做骄傲的孔雀。

5. 在办公室要学会发出自己的声音，不要跟在别人身后人云亦云

老板赏识那些有自己头脑和主见的员工。如果经常只是别人说什么自己也说什么的话，那么在办公室里就很容易被忽视，在办公室里的地位也不会很高。不管在公司的职位如何，都应该发出自己的声音，敢于说出自己的想法。

6. 在办公室不逞强好辩，不情绪激动

与人相处要友善，有话好好说，说话态度和气，让人觉得亲切，即使自己有了一定的级别，也不要命令别人、指手画脚，更不能恶语伤人。虽然有时意见会不统一，但对于原则性不强的问题，可以不去计较；对于原则性强的问题，可以摆事实、讲道理，以理服人。如果一味逞强好辩，只会让人敬而远之，时间长了，就成了不受欢迎的人。

在办公室要保持情绪稳定，不要把各种不良情绪带到办公室里来，尤其是不能带着情绪处理公事，否则极有可能在接电话、接待客户时缺乏耐心、理智，控制不住自己而与别人发生冲突，从而影响交流效果和职业形象。在办公室要保持适度的音量，工作时间不能大声讲话，不能穿带有铁掌的皮鞋，打电话时音量也要适度。

最后要记住的是，不要把办公室当作诉说心事的地方。人们身边总有这样一些人，他们特别爱说，性子又特别直，喜欢跟别人倾吐苦水。虽然这样的交谈能够很快拉近人和人之间的距离，使相互之间很快变得友善、亲切起来，但心理学家调查研究后发现，事实上只有1%的人能够严守秘密。

三、办公室的工作规范

（一）熟悉企业文化，执行企业制度

每个企业都有自己的企业文化，也都有自己成文或不成文的制度和规则，要顺利开展工作，首先要了解这些文化和制度，知道要做什么，做到什么标准，这样工作起来才能得心应手。

（二）严格遵守上、下班时间

要按照与企业签订的劳动合同和企业《工作纪律守则》的要求，遵守工作纪律，做到以下各项事宜。

① 上班不迟到，至少提前 5 分钟到岗。上班迟到的习惯会使人显得缺乏敬业精神，即使上司对下属的迟到没有多说，也不表示他对此毫不在意。作为一个尽职的下属，至少应该比上司提前几分钟到达办公室。

② 工作中要坚守岗位，不可随意空岗、串岗。

③ 上班期间临时离开时，要与同事、领导打好招呼，报告去向，确保有事可以随时被找到。

④ 迟到要说明，缺勤要请假。迟到应直率地道歉，说明原因，并努力避免；事前知道要缺勤，应该提前一天当面向上司请假，并安排好工作；突然因事因病缺勤，要通过电话亲自向上司说明原因，并将工作安排好后委托给别人，除非病重才可以让别人代为请假，并且假满上班后要当面向领导销假。

⑤ 不得提前下班。到了下班时间，如果工作已经做完，可以向周围同事打个招呼。如果同事还在忙，要问他是否需要帮忙。下班前应把办公室整理干净，椅子放回原位。

（三）工作积极主动

每位上司都希望下属能干事，干成事。工作业绩是一个人能力最好的证明。不管是职场新人，还是有过工作经历的人，都要始终注意：工作态度要积极主动，接受工作要乐观热情，不抱怨、不推诿；虚心请教并善于学习，工作能力要不断提高；工作作风要踏实认真，仔细严谨，不做表面文章；工作效率要高，按照时间要求保质保量完成上司交办的任务。

（四）团队合作，竞争透明

现在许多企业看重团队合作，强调凝聚力。因此，在办公室要调整好自己的心态和观念，不要抱着同事是"对手"和"敌人"的狭隘观念，而要与同事和平共处；树立团队精神和合作精神，既各司其职，又团结合作；不插手他人分管的工作，但要配合别人的工作，乐于帮助他人；工作中坦荡做事，公平竞争。

（五）请示上司，不得越位

每个单位都有自己的工作程序，处理公事应该按照级别和程序请示。如果遇到需要请示的事情，首先要找到直接主管的上司，切勿越级请示。即使对上司有意见，也要先获得他的同意，才可以向更高级别的领导请示。

（六）公私分明，遵守公德

在办公室要公私分明，不要把私事带到办公室里。不要在办公室长时间打私人电话，不要在办公室干私活；不要在工作时间梳妆打扮，不要在工作时间玩游戏、上网聊天；报销外勤、出差费用时，要严守规定，不得弄虚作假；不要无限制地使用办公用品，办公室的打印机、信封、信纸、纸杯和其他办公用品等是用于办公、接待的，不应用于家庭和个人;使用办公用品时要注意节约,如复印纸要正反面使用,电灯、水龙头要随手关闭,杜绝长明灯、长流水。

四、办公室的环境礼仪

如果某办公室里杂乱无章——办公桌椅随意摆放、桌面上文件成堆、报纸胡乱摆放在沙发上,就会让人望而却步,进而对办公人员的素质和专业程度深表怀疑。因此,办公室的整洁十分重要。

(一)保持办公桌清洁

办公桌是办公的集中点,是进入办公室办理业务的人最为注意的地方。办公桌上不能摆放太多的东西,只摆放当天或当时处理的公文即可,其他图书、报纸不能放在桌上,应归入书架或报架。除特殊情况外,办公桌上不放水杯或茶具,招待客人的水杯、茶具应放到专门饮水的地方,有条件的应放入会客室;文具要放在桌面上,为使用的便利可准备多种笔具,笔应放入笔筒而不是散放在桌面上。

(二)保持办公室清洁

办公室里办公人员比较多,可不进行特别的装修,但要做到窗明几净,窗玻璃应该经常擦洗,书架的玻璃门要保持洁净、透明。办公室的门不应该关闭过紧,以免来访者误以为没人在,而且也不能用窗帘遮挡。

办公室是公共场所,未经允许不得吸烟和高声喧哗;任何人不应摔门和用力开门,出入要轻手轻脚。

办公室的地面要保持清洁、卫生;窗户要经常打开通风;不宜堆放杂物,要经常清理办公室的废弃物。

(三)保持环境清新素雅

有些人总喜欢把自己的办公室装饰得个性十足,但在公司里应该一切以工作为中心展开,办公环境应该最大限度地便于工作。如果把办公室装饰得过于时尚,便成了自己的"私家领地",这就不合适了。

案例小·故事 4-1

办公桌装饰不宜"私人化"

张亚在某营销策划公司上班,上级给她安排了一个靠近墙角的办公桌,办公桌的周围都有屏风,与其他同事隔开。对于这个相对独立的位置,张亚十分满意。上班第二天,她就精心地把自己的办公桌装扮了一番。除了在周围的屏风上贴了不少艺术照之外,在身边墙上的显著位置还贴了一些自己崇拜的明星照片,可谓感性十足,魅力四射!

结果不到两天时间,张亚就被部门经理喊去谈话。经理毫不客气地告诉她:"策划公司的职业特点就是常有客户上门拜访,在这样的环境下,很不适合贴明星照和艺术照。如果你喜欢的话,可以回家贴到卧室里面,而不是贴在这里。"张亚一听,脸顿时红了。

案例提示 办公桌上的办公用品要摆放整齐,桌面上不得堆放与工作无关的办公用品。个人办公桌及文件筐至少一个月清理一次,摆放的用品不能太私人化。

(四)注意办公用餐卫生

现在工作节奏很快,不可避免地会有在办公室里用餐的情况出现。在办公室中与同事一起进餐是件愉快的事,但需要注意一些细节,以免破坏在同事中树立起的良好形象。

1. 合理控制用餐时间

办公室里只有在用餐时间才可以吃东西,所以不要利用用餐时间忙杂事,到上班时间才用餐。每天要按照工作的任务量合理把握用餐时间。

2. 将餐具清理干净

① 及时将餐具洗干净,用完餐立刻把一次性餐具扔掉,不要长时间摆在桌子或茶几上。如果突然有事情耽搁,也要礼貌地请同事帮忙处理。

② 注意餐后环境卫生,桌面要擦拭干净,不要在桌子上摆放脏的杯子和碟子等。吃完后必须将所有的垃圾扔掉,最好扔到单独或封盖的垃圾桶中,而不是办公室里的纸篓中。

③ 食物掉在地上要马上捡起来扔掉;餐后将桌面和地板打扫一下是必须做的事情。

3. 遵守用餐礼仪规范

① 嘴里含有食物时,不要贸然讲话;他人嘴里含有食物时,最好等他咽完再对他说话。由于大家围坐一起,难免有人会讲笑话,因此要防止大笑喷饭的情形出现。

② 会乱溅及发出声响的食物最好不吃,以免影响他人,不得不吃时也要尽量注意不要溅出或发出声响。

③ 有强烈味道的食物尽量不要带到办公室,即使自己喜欢,也会有人不习惯,而且气味会弥散在办公室里,有损办公室的环境和企业形象。

④ 准备好餐巾纸,不要用手擦拭油腻的嘴,而应该用纸巾擦拭。

⑤ 离用餐完毕时间不久,恰有客人来访时,应事先用点空气清新剂,避免让客人一进门就闻到食物的气味。

⑥ 尽量不要在同事吃饭的时候打扰他们。

第二节　销售人员的办公室会面礼仪

一、办公室的称呼礼仪

称呼是指人们在日常交往应酬中彼此之间所采用的称谓。

在人际交往中选择正确适当的称呼，可以反映出自身的教养；对对方尊敬，甚至还体现着双方良好关系发展所达到的程度。因此，不能随便乱用称呼。如果称呼错了、姓名不对，不但会使对方不高兴，引起对方反感，甚至还会闹出笑话，出现误会。

选择称呼要合乎常规，要照顾被称呼者的个人习惯。在工作岗位上，人们彼此之间的称呼是有其特殊性的，要庄重、正式、规范。常见的称呼主要有以下几种类型。

（一）职务性称呼

职务性称呼是指一般以交往对象的职称相称，以示身份有别、敬意有加。这是会面最常见的一种称呼，包括3种方式：只称职务，如"书记"；在职务前加上姓氏，如"张经理"；在职务前加上姓名，如"何康书记"。

（二）职称性称呼

对于具有职称者，尤其具有中高级职称者，在工作中应直接以其职称相称。称呼职称时，可以采取3种方式：只称职称，如"教授"；在职称前加上姓氏，如"王教授"；在职称前加上姓名，如"王伟教授"。

（三）行业性称呼

在工作中，有时可按行业进行称呼。对于从事某些特定行业的人，可直接称呼对方的职业，如教师、医生、会计、律师等，也可以在职业前加上姓氏、姓名。

（四）性别性称呼

对于从事商业、服务性行业的人，一般约定俗成地按性别的不同，分别称呼"小姐""女士"和"先生"等。在国际交往中一般对男性称"先生"；对女性称"夫人""女士"或"小姐"；已婚女性称"夫人"，未婚女性统称"小姐"；对于不了解婚姻状况的女性，可称其为"女士"；对戴结婚戒指的、年纪稍大的女性可称其为"夫人"。

（五）姓名性称呼

在工作岗位上，称呼姓名一般限于同事、熟人之间。其中有3种情况：一是直呼其名；二是直呼其姓，要在姓前加上"老""大""小"等前缀；三是只称其名不称其姓，通常限于同辈之间，或者是上级称呼下级、长辈称呼晚辈。

二、办公室的握手礼仪

两人相向握手为礼是当今世界上最为通行的礼节，常常伴随着寒暄、致意，如说"你好""欢迎""多谢""保重""再见"等。握手礼仪视情况而定，可分别表示相识、相见、告别、友好、祝贺、感谢、鼓励、支持、慰问等不同意义。现代握手礼通常是先打招呼，然后相互握手，同时寒暄致意。

（一）握手顺序

一般的握手顺序为：尊者先伸手，即主人、长辈、上级、女性主动先伸出手，客人、晚辈、下级、男性再相迎握手。

长辈与晚辈之间，长辈伸手后，晚辈才能伸手相握；上下级之间，上级伸手后，下级才能接握；主人和客人之间，主人宜主动伸手；男女之间，女性伸出手后，男性才能伸出手相握；两对男女相遇，女性与女性应先握手，然后两位女性再分别与男性握手，最后才是男性与男性握手。

（二）握手的时间和力度

握手的力量、姿势和时间的长短往往能够表现出握手人对对方的礼节和态度，应该根据不同的场合及对方的年龄、性格、地位等因素正确握手。与老人、贵宾、上级握手不仅是为了表示问候，还有尊敬之意，因此握手的时间要恰当，长短要因人而异。控制握手时间的一般原则是：根据双方的熟悉程度灵活掌握，初次见面握手时间不宜过长，以3秒钟为宜；切忌握住异性的手久久不松开，与同性握手的时间也不易过长，以免失礼。

握手时力度要适当，可握得稍紧一些，以示热情，但不可太用力；男性握女性的手时应轻一些，不宜握满全手，只握其手指部位即可；如果下级或晚辈与你的手紧紧相握，作为上级或长辈的你一般应报以相同的力度，这容易使下级或晚辈对你产生强烈的信任感，也可以使你的威望、感召力在下级或晚辈之间得到提高。

（三）握手方法

正确的握手方法是：行握手礼时不必相隔很远；伸直手臂，但也不要距离太近，一般来说相距一步左右；上身稍向前倾，伸出右手四指并齐，拇指张开，双方伸出的手一握即可，时间宜短（3至5秒）。同时，要友好地注视对方，面带微笑，热情大方。

三、办公室的问候礼仪

见面问候是我们向他人表示尊重的一种方式，见面问候虽然只是打招呼、寒暄或简单的三言两语，却代表着我们对他人的尊重。

销售商务礼仪

(一) 问候的内容

问候内容分为直接式问候和间接式问候：直接式问候就是直接以问好作为问候的主要内容，主要适用于正式交往场合，特别是在初次接触的陌生商务及社交场合中，如"您好""大家好""早上好"等；间接式问候就是以某些约定俗成的问候语，或者在当时条件下可以引起话题的语句进行问候，主要适用于非正式的、熟人之间的交往，如"最近过得怎么样？""忙什么呢？"等。

(二) 问候的顺序

通常是位低者先问候，即身份较低者或者年轻者首先问候身份较高者或年长者。如果同时遇到多人，特别是在正式会面的场合，既可以笼统地加以问候，如说"大家好"，也可以逐个加以问候。当一个人逐一问候多人时，既可以由"尊"而"卑"、由"长"而"幼"依次进行，也可以由近而远地依次进行。

(三) 问候的态度

问候是敬意的一种表现，态度上一定要注意做到主动、热情、大方，要面含笑意，与他人有正面的眼神交流，做到眼到、口到、意到。不要在问候对方的时候目光游离、东张西望，这样会让对方不知所措。

四、办公室的待客礼仪

(一) 敬茶礼仪

敬茶是中国传统的待客礼节，无论客人在什么季节、什么时间来访，待客者最好先敬上一杯热茶。敬茶时必须注意以下几点。

① 茶壶、茶杯要干净，不能用剩茶或旧茶待客，用什么茶叶应先征求客人的意见。

② 倒茶要讲究"茶七酒八"的规矩，不要太满，并且茶杯要一字排开，来回冲倒，浓淡均匀。

③ 敬茶时应先客后主，如果客人较多，应按级别或长幼有序依次敬上。上茶的具体步骤是：先把茶盘放在茶几上，从客人右侧递过茶杯——右手递上，手指不要搭在茶杯口上，也不要让茶杯碰到客人的手，如果妨碍了客人交谈，应先说一声"对不起"。

(二) 谈话礼仪

谈话是接待工作中的一项重要内容，直接关系到接待工作能否成功——通过谈话，双方可以进行感情交流和相互了解。商谈问题时，首先要紧扣主题，围绕会谈的目的进行，不要只谈自己的事情，或者自己关心的事情，而不考虑对方是否愿意听或冷落对方；其次，要注意自己的态度和语气，要尊重他人，不要恶语伤人，不要强词夺理，语气要温和适中，不要以势压人，在会谈中要认真倾听别人的讲话，倾听别人讲话是一种礼貌，不能表现出很不耐烦的表情或东张西望；最后，会谈中还要适时以点头或微笑做出反应，不能随便插话，要待别人谈完后再发表自己的看法，当然只听不谈也是不礼貌的。

（三）交换名片礼仪

为了便于双方相互了解和加强联系，在相识之初或准备告别时可以交换名片——一般先由地位低的一方把名片交给地位高的一方，年轻的一方交给年长的一方。不过，假如对方已经先拿出名片，也不必太谦让，应落落大方地收下，然后拿出自己的名片交给对方。如果自己没有名片，可向对方稍加解释表示歉意，接过对方的名片后要认真默读以示敬重。

五、办公室的送客礼仪

送客礼仪是接待工作的最后一个环节，如果处理不好将影响整个接待工作，使接待工作前功尽弃。送客时应注意以下几点。

（一）婉言挽留

无论接待什么样的客人，当客人准备告辞时，都要热情挽留。不要客人一说要走，主人马上站起相送，或者是起身相留，这都有逐客之嫌。因为有些客人其实很想与主人交谈，但因怕打扰主人，于是便以告辞来"试探"主人的反应，此时主人一定要热情挽留。如果客人执意要走，也要等客人起身后，主人再起身。送客时应主动与客人握手送别，并将其送出门外或送到楼下，不要在客人走时无动于衷或点点头、摆摆手算是招呼，这都是不礼貌的。最后，还要用热情友好的语言欢迎客人下次再来。

（二）安排交通

送客时应按照接待时的规格对等送别，而不能虎头蛇尾。无论双方的目的是否达到，都要按接待规格送客，而且要做好交通方面的安排，如购买车票、船票、机票或安排车辆等。如果客人临走时主人不管不问，那就意味着彼此交往关系破裂，或者主人对客人有所不满。

（三）留意礼品

如果客人来访时带有礼品，那么在送别时也要准备一些品质优良、价格适宜、具有象征意义的礼品回馈。

第三节　销售人员的办公室相处礼仪

一、办公室与上级相处的礼仪

（一）了解上级的心理特征，进行合理的沟通

同上级交往与同其他人交往一样，都需要进行心理沟通。上级也是人，同样存在喜怒哀乐，不熟悉上级的心理特征，就不能进行良好的情感交流，达到情感的一致。

销售商务礼仪

上级和下级的工作关系不能完全抛开情感，如果上下级之间双方在心理上产生共鸣，就会减少相互之间的摩擦和冲突；反之，情感差异很大，就免不了要发生心理碰撞，影响工作关系。

案例小故事 4-2

触龙说赵太后

《战国策》中，赵国赵太后刚刚当政时，秦国发兵进犯，形势危急。赵国向齐国求救，而齐国却要赵太后最疼爱的小儿子长安君做人质，才肯出兵。太后舍不得让长安君去，大臣们纷纷劝太后以国事为重，结果君臣关系闹翻了。太后说："有复言令长安君为质者，老妇必唾其面！"群臣关系形成了僵局。

这时候，左师触龙求见。他避而不谈长安君之事，先从饮食起居等有关老年人健康的问题谈起，来缓解紧张气氛，即托太后关心一下她的小儿子舒棋，引起太后感情上的共鸣。太后不仅应允，而且破颜为笑，主动谈起了怜子问题，君臣关系变得和谐、融洽起来。

这时，触龙因势利导，指出君侯的子孙如果"位尊而无功，俸厚而无劳"是很危险的，太后如果真疼爱长安君，应该让他到齐国做人质，以解赵国之危，为国立功，只有这样，日后长安君才能在赵国自立。这番入情入理的劝导使太后幡然醒悟，终于同意让长安君作为人质。

案例提示 员工的工作需要得到上级的支持和帮助，为了组织的共同目标对上级有时要进行建议和规劝，而这些离开良好的心理沟通是无法进行的。社会心理学研究认为，交往频率对建立人际关系具有重要作用。与上级不交往，采取回避态度，就很难与上级的认识取得一致，而没有一致的认识，相互之间的支持、协调、配合都将受到大的影响。

（二）服从上级领导

下级服从上级是起码的组织原则。在工作中，上级的决策往往从全局出发考虑，如果其与个人或科室利益发生矛盾时，应服从大局需要，不应抗拒不办，采取排斥态度。在处理工作关系时，不仅有情感因素，更需要理智地处理问题，抗拒、排斥不是改善和调节上下级关系的有效途径。

案例小故事 4-3

机会总是给有准备的人

张森在一家国际贸易公司上班，他很不满意自己目前的工作，经常愤愤不平地对朋友说："我的老板一点也不把我放在眼里，改天我要对他拍桌子，然后辞职不干。"

"你对公司的业务完全弄清楚了吗？对于他们做国际贸易的窍门都搞通了吗？"他的朋友反问。

"没有！"

"君子报仇十年不晚，我建议你把公司的贸易技巧、商业文书和公司运营完全搞通，甚至把修理复印机小故障的方法都学会,再辞职不干。"朋友说,"你把公司当作免费学习的地方,什么东西都会了之后再一走了之,不是既有收获又出了气吗?"

张森听了朋友的建议,从此默默学习,下班之后,还留在办公室里研究商业文书。

一年后,朋友问他:"你现在许多东西都学会了,可以准备拍桌子不干了吧?"

"可是,可是我发现近半年来老板对我刮目相看,最近更是不断委以重任,又升官,又加薪,我现在是公司的红人了!"

"这些我早就料到了。"他的朋友笑着说,"当初老板不重视你,是因为你的能力不足,却又不努力学习。现在你不断提高,老板当然会对你刮目相看。"

案例提示 上级与下级产生矛盾后,最好能与上级进行沟通,即使上级的工作有失误,也不要抓住上级的缺点不放。及时地与上级进行心理沟通,会增加心理相容,彼此采取谅解、支持和友好的态度。

(三)合理地向上级提出建议,但要注意方式

在工作中给上级提建议时,一定要注意场合,维护上级的威信。给上级提建议一般应注意两个问题:第一,不要急于否定上级的想法,要先肯定上级的大部分想法,然后有理有据地阐述自己的见解;第二,要根据上级的个性特点,确定具体的建议方法。

案例小故事 4-4

找准时机,合理建议

某单位刚购置了一批计算机及相关设备,并准备修建一个机房。但在机房安置空调机一事上,刘局长却不肯批准,认为单位的其他同志都在没有空调的情况下办公,不易单独对机房破例。虽然有关同志据理力争,说明安装空调是出于机器保养而非个人享受的需要,但仍不能征得刘局长的同意。

于是,一次单位一起出去旅游、参观时,在一个文物展览会上,刘局长发现一些文物有损坏后,就询问解说员。解说员解释说:"这是由于文物保护部门缺乏足够的经费,不能够使文物保存在一定的恒温状态所致。如果有一定的制冷设备,如空调,这些文物可能减少损坏。"

刘局长听后,不禁有些感慨。这时,站在一旁的机房负责人老王趁机对他低语:"刘局长,机房里装空调也是这个道理啊!"刘局长看了老王一眼,沉思片刻,然后说:"回去再打个报告上来。"后来,刘局长果然批准了老王的要求,为机房装上了空调。

案例提示 从这个案例可以看出,正是由于老王能够不失时机地将眼前的景象同自己所要提出的建议联系起来,使刘局长产生由此及彼的类比和联想,从而很好地启发了刘局长,使他能够接受老王的意见,使问题得以解决。平常生活中的寥寥数语,竟胜过郑重其事的据理力争,这不能不引起下级的深思,更值得我们加以借鉴。

(四)正确处理来自上级的批评

作为上级,特别是有责任心、讲原则,肯对组织负责,也对下级负责的上级,在下级出现错误时,会及时给予批评或指正,而不是对其放任自流,只有那些极不负责的上级才

会用你好我好大家都好的态度处事。对下级的批评既是一个敢于负责任的上级对下级负责的表现，也是对下级关怀的体现。

作为下级，特别是在工作中出现错误或出现过错误的下级，一定要正确地对待来自上级的批评，虚心接受上级的意见。同时，还应正确对待自己在工作中的缺点和错误。一般来说，上级在批评下级时，基本上都会本着"惩前毖后，治病救人"的原则，并持坦诚和负责任的态度。因此，我们没有必要过度紧张，也没有必要在犯了错误之后有太多想法。要本着"有则改正，无则加勉"的态度去对待上级的批评，要有承认错误的勇气，千万不要因怕受批评、丢面子，而不敢承认错误，反而推卸责任，甚至捏造事实，编造假象。

资料小·看板 4-1

在办公室里与上级相处时，需要注意的礼节细节如下。

① 在各种场合见到上级都要面带微笑，主动问好。如果不便打搅，可用手势或点头致意。

② 与高层领导对面相遇时，应减缓行走速度，向外侧让路并点头致意、问候。

③ 不可随意将自己的客人、熟人或朋友介绍给上级。

④ 受到上级批评时，不要当众解释争辩。如果批评有误，可事后再告知；对上级的疏忽或不妥之处，不可当众指责或反驳。

⑤ 进入办公室，应先敲门，敲门时一般用右手的食指和中指的中关节轻叩三下，得到允许后再推门进入。

⑥ 会见上级时一定要得到应允后再前往。一般应先打电话联络，约定会见时间及地点。如果上级正在开会，一定要通过服务员或秘书进行联络，切不可直接闯入。

⑦ 进入上级办公室必须得到允许方可就座。如果上级不请坐，不要随便坐下，更不可翻动室内物品、瞟视文件等。

⑧ 当高层领导到办公地点视察或问话时，坐着的人要起身以示敬意。

二、办公室与下级相处的礼仪

一个事业成功且受人欢迎的上级，不仅要具备专业知识、领导能力，还需要掌握一些与下级相处的基本技巧和礼仪。

（一）充分尊重下级

不管身处什么职位，从本质上讲，人和人之间都是平等的。在处理上下级之间的关系时，这是最基本的原则。下级具有独立的人格，上级不能因为在工作中与其有领导和服从的关系，就肆意贬损下级的人格。这是上级最基本的修养和对待下级最基本的礼仪。

在对自己的下级说话时，要力求避免自鸣得意、命令、训斥的口吻；说话时要放下架子，少打官腔，语言声调要平和亲切，以平易近人的方式对待下级；办公现场人多，即使下级做得不对，上级也不该当着大家的面训斥他，这样做会深深地挫伤其自尊心，下级会认为你不再信任他,从而产生极大的抵触情绪。

与下级开会、听取下级汇报或接受下级邀请时,要准时赴约。如果一时到不了,应该及时致电下级,推迟时间或另做安排;如果遇到特殊或紧急情况需要离开,应安排人接待并做出推迟或改期的具体安排。

当下级在办公室里汇报工作时,上级的坐姿要保持端正,要与下级有目光上的交流,切不可只看不听,要耐心、认真地倾听对方所说的话。

(二)提升自身素质

作为上级,除权力外,还应有自己的人格魅力。例如,良好的形象、丰富的知识、优秀的口才、平易近人的作风等。这些都是与上级的权力没有必然联系的自然影响力。

作为上级,与工作有关的承诺,应言而有信。不轻易承诺,如果已许诺,就应该言必信、行必果,努力办到。有些事情如果无法办到,也应该对下级说明原委,求得谅解。

作为上级,常常要与各种人打交道,要处理各种棘手的问题,如下级反映情况时,常会批评、抱怨某些事情,而这往往是在指责上级。这时上级要冷静清醒,千万不能一时激动,自己滔滔不绝地辩解起来,甚至发怒。作为一名上级,必须学会克己,面对各种问题要保持冷静,妥善处理;上级应心胸开阔,宽容对待下级的失礼、失误,尽力帮助下级改正错误,而不是一味打击、处罚,更不能记恨在心,挟私报复。

(三)加强和下级的感情

作为上级,对下级的长处应及时给予肯定和赞扬,这会极大振奋下级的工作热情;接待客人时可将本公司的业务骨干介绍给客人;在一些集体活动中,应有意地突出公司中有才能的下级地位,这样做可以进一步激发下级的工作积极性,更好地发挥他们的才干。

下级受伤和住院,上级有责任组织本部门同事前去探望慰问。不能只送花和大家签名的卡片,还要有具体行动。例如,定期去探望他,并转告办公室的消息,请他安心休养,同时慰问其家属。

上级与下级一起吃饭时由谁付账,不同公司有不同的文化,遵循大家的习惯来付账通常都没问题。不过在一些无法判断的状况下,作为上级最好的选择是自己慷慨解囊。

上级可以对下级的生活和家庭表现出一定的关心,但要把握好"度",对下级的隐私和忌讳不应干涉。

(四)善于听取意见和建议

上级应当采取公开的、私下的、集体的、个别的等多种方式听取下级的意见,了解下级的愿望。上级在听下级讲话时应注意自己的态度,充分利用表情、姿态、插话和感叹词等来表达自己对下级讲话内容的兴趣与对这次谈话的热情。要知道上级的微微一笑、表示赞同的一次点头、充满热情的一个"好"字,都是对下级最有力的鼓励。

在谈话中,上级不要轻易做出否定的表示,而应当以鼓励和肯定为主。即使是指出下级的失误或不足,也要注意方式方法,避免打击下级的积极性,弱化上下级关系。例如,上级觉得下级草拟的方案尚有不足,可以提醒下级"这个环节能不能再考虑一下……"

销售商务礼仪

"……是不是更妥当一些？"，从而启发和引导下级，而不是将自己的判断强加给下级，直接否定下级的看法，以显示自己的权威和高明之处。对待对工作提出意见和见解的下级不能存有偏见，应尽量广开言路，鼓励下级积极汇报工作实情，这样才会得到自己原本得不到的信息。

案例小故事 4-5

听取意见也是一种智慧

1881年，乔治·伊士曼创建了柯达公司。他深知没有员工的支持，任何企业都无法做大的道理。因此，他常常思考一个问题：如何让员工们行动起来，与企业共同进步。

1889年的一天，伊士曼收到一份员工写给他的建议书。这份建议书内容不多，字迹也不优美，但是却让他眼睛一亮，原因是这个员工建议生产部门将玻璃擦干净。对于这样的问题，在伊士曼看来是小得不能再小的一件事了，然而这次伊士曼却看出了其中的意义——这正是员工积极性的表现。

伊士曼立即召开表彰大会，发给这名员工丰厚的奖金，柯达"建议制度"也就此应运而生。

在柯达公司的走廊里，每个员工都能随手取到建议表，投入任何一个信箱。建议表都能送到专职的"建议秘书"那里，专职秘书负责及时将建议送到有关部门审议，并做出评价。公司里设有专门委员会，负责建议的审核批准，以及发奖。此外，建议者还可以随时拨打电话，了解建议的进展。

一百多年过去了，柯达公司员工提出的建议近200万条，其中被公司采纳的超过60万条。现在，柯达公司员工因提出建议而得到的奖金每年都在150万美元以上。

柯达"建议制度"在降低新产品成本核算、提高产品、改进制造方法和保障生产安全等方面起了很大的作用。而且员工提出建议，即使未被采纳，也会达到两个目的：一是使管理人员了解员工在想什么；二是当建议者得知自己的建议得到重视时，会产生满足感，工作会更加努力。

现在柯达员工已有数万人，公司业务遍及世界各地。有专业人士评价说：没有柯达建议制度，就没有今天的柯达！

案例提示　上级听取下级的意见，并不代表不相信自己。相信自己是成功的前提，听取下级意见也是走向成功必不可少的条件。上级如果能经常听取别人的意见，会使自己增长很多的见识，让自己少走很多弯路，赢得更多的时间去追求完美，更好地走向成功。

三、同事间的交往礼仪

与同事的相处融洽度直接关系到自己工作的进步与发展。如果与同事关系融洽、和谐，人们就会感到心情愉快，这将有利于工作的顺利进行；反之，如果与同事关系紧张，就会影响人们正常的工作和生活，阻碍事业的正常发展。要处理好与同事的关系，在礼仪方面应注意以下几点。

（一）尊重同事

相互尊重是处理好任何一种人际关系的基础，同事关系也不例外。同事关系不同于亲友关系，它不是以亲情为纽带的社会关系。亲友之间一时的失礼可以用亲情来弥补，而同事之间的关系是以工作为纽带的，一旦失礼，创伤难以愈合，所以处理好与同事的关系，最重要的是尊重对方。

（二）物质上的往来一清二楚

同事之间可能有相互借钱、借物和馈赠礼品等物质上的往来，处理时切忌马虎。每一项都应该记得清楚明白，即使是小的款项，也应该记在备忘录上，提醒自己及时归还，以免遗忘引起误会，引起对方心理上的不快，降低自己在对方心目中的形象。

（三）对同事的困难表示关心

同事遇到困难，通常首先会选择向亲友求助。但作为同事，应主动问询，对力所能及的事应尽力帮忙。这样，会增进彼此之间的感情，使关系更加融洽。

（四）不在背后议论同事的隐私

每个人都有隐私，隐私与个人的名誉密切相关，背后议论他人的隐私会损害他人的名誉，导致双方关系紧张甚至恶化，因此是一种不光彩的、有害的行为。

（五）对自己的失误或对同事的误会，应主动道歉说明

同事之间天天相处，出现一时的失误和误会在所难免。如果出现失误，应主动向对方道歉，求得对方的谅解；对于彼此间的误会，应主动向对方说明，不可小肚鸡肠、耿耿于怀。

第四节　销售人员的办公室通信礼仪

一、文书礼仪

文书礼仪涉及各行各业的礼仪规范，掌握文书礼仪是商务交往中必不可少的关键环节。商务活动中，在要求的时间内提供及时、准确、得体的文书可以表现个人及企业的良好风范。而对个人而言，文书礼仪体现了其基本的文化素质。因此，了解文书礼仪，在书面上做到礼貌周到、有礼有节，是十分必要的。

（一）职业文书应真实准确

文书礼仪包括的范围相当广泛，在工作过程中，单位和单位、个人和个人、个人和单位都有可能形成一定的书信关系，应该根据不同的时机和对象，把文书写得恰如其分、恰到好处。有时候还可以根据具体情况写入一定的实质性内容，以便使礼仪文书达到更好的效果。文书中涉及的时间、地点和其他有关资料均应经过核对，做到翔实可靠，不应仅仅

把礼仪文书视为"应景文章"，简单抄袭套用现成的格式。

（二）使用全称表示礼貌

职业文书类型广泛，包括：贺函、贺电；感谢信、感谢电和感谢公告；邀请函、邀请电和附件；国书、全权证书、授权证书、委任书；一些事项通知。

撰写职业礼仪文书时应注意，行文中的名字、名称在第一次出现时都应使用全称。例如，文中的外国国名，如习惯用简称，可使用正式简称，但某些特殊国家不可使用简称；文中的单位名称，第一次应使用全称；对方的职衔、姓名要用全称。

（三）适当称谓表示尊重

在文书中对对方在社会中的称呼，如主席、总理、部长、局长、校长、秘书长等，如果收信人有两种以上的职务（或职衔），甚至同时身兼数职，就需要选择一个适当的称呼，选择的原则是看文书内容与收信人的哪个职位关系最密切。例如，收信人原来是寄信人的老师，现在当了局长，而寄信人的书信重点是表叙师生情谊，那么这封信的称谓就应该以表现师生关系为宜。

书信礼虽然只是一种礼仪规范，但折射出来的却是中华民族几千年来尊敬谦虚的传统美德。现代人写信的机会越来越少，大多数人都已经习惯使用电子邮件等方式，但一些基本的原则，如邮件的结构、敬语、称呼等，还是应该与传统书信一样。

二、电话礼仪

在现代信息社会里，电话的运用早已十分普遍，在销售领域，经常要与服务对象进行交谈。销售人员的电话礼仪代表着公司的服务水平，直接影响着最终的成交结果。

一位传播学家指出，不论在公司还是在家里，只凭一个人在电话里的讲话方式，就可以看出其教养水平。这里所提到的讲话方式，是由通话者的声音、通话者的态度及通话者所使用的言辞"电话三要素"构成的。销售人员在使用电话时，要做到彬彬有礼、表现得体，就必须在通话方式上严格要求自己。

案例小故事 4-6

某市歌舞团计划赴日本演出，团长李阳就此事向市文化局请示，于是他拨通了局长办公室的电话。可是，那个电话响了足足半分多钟也没人接听。李阳正纳闷，突然电话那端传来一个不耐烦的女高音："什么事啊？"李阳一愣，以为自己拨错了电话，于是问道："请问是文化局吗？""废话，你不知道自己往哪儿打的电话啊？""哦，您好，我是市歌舞团的。请问张局长在吗？""你是谁啊？"对方没好气地盘问。李阳心里直犯嘀咕："我叫李阳，歌舞团团长。""李阳？你跟我们局长是什么关系？"李阳更是丈二和尚摸不着头脑，他说道："我跟张局长没有私人关系，我只想请示一下我们团出国演出的事。""出国演出？张局长不在，你改天再来电话吧。"没等李阳回话，对方"啪"的一声挂断了电话。

李阳感觉像是被人戏弄了一番，拿着电话半天没回过神来。

第四章　销售人员的办公礼仪

（一）拨打电话礼仪

1．备好电话号码

2．选好时间

拨打他人电话时不应选择过早、过晚或私人休息时间，节日、假日、午休或用餐时间通常均不宜选择。电话接通后应礼貌地询问："现在说话方便吗？"

3．想好通话内容

在联络客户前，最好准备一份通话提纲，这样在正式通话时既可以节约时间与费用，又可以抓住重点、条理分明、不易遗漏。通常一次通话不应长于3分钟。

4．态度要友好

通话时不要大喊大叫、震耳欲聋，也不要声音过小，以免对方听不清楚。

5．用语要规范

通话之初应先做自我介绍，不要让对方"猜一猜"；请受话人找人或代转时应说"劳驾"或"麻烦您"，不要认为请人帮忙是理所应当的。

（二）接听电话礼仪

1．确保通畅

一般来说，电话铃响两遍就要接听，不要拖时间，拿起听筒第一句话先说"您好"。如果电话铃响过4遍后接听，拿起听筒时应向对方说："对不起，让您久等了。"这是礼貌的表示，可消除对方久等带来的不快。如果电话内容比较重要，应做好通话记录，包括单位名称、来电人姓名、谈话内容、通话日期及时间和对方电话号码等。

2．确认对方

对方打来电话时，如果一拿起电话听筒就盘问一句"喂！你哪位？"，这在对方听来既陌生又疏远，缺少人情味。接到对方打来的电话，拿起听筒时应首先自我介绍："您好，我是××。请问您找哪位？"如果对方找的人恰好就在你旁边，应说"请稍等"，然后用手掩住话筒，轻声招呼这个人接电话；如果对方找的人不在，则应该告诉对方，并且问："需要留言吗？我一定转告。"

3．讲究艺术

接听电话时，应注意使口部和话筒保持4厘米左右的距离；要把耳朵贴近话筒，仔细倾听对方讲话；最后，应让对方自己结束电话，然后轻轻把电话听筒放好，最好是在对方挂电话之后再挂电话。如果对方没有离开，不要与他人谈笑，也不要用手掩住听筒与他人谈话；如果不得已需要中断通话，要向对方道歉，请其稍候，或者过一会儿再与对方通电话。要学会配合别人谈话，接电话时为了表示认真听对方说话，应不断地说"是，是""好，好吧"等——一定要用得恰到好处，否则会适得其反。根据对方的身份、年龄、场合等具体情况，应答方式各异。

4．调整心态

当拿起电话的时候，一定要面带笑容。不要以为笑容只能表现在脸上，它也会体现在声音里。亲切、温柔的声音会使对方马上对我们产生良好的印象。如果绷着脸，声音也会变得冷冰冰的。在接打电话的时候不要叼着香烟、嚼口香糖，吐字应清晰，保证对方能听清楚。

销售商务礼仪

在办公室尽量不要打私人电话。如果在办公室里接到私人电话,应尽量缩短通话时间,以免影响他人工作和损害自身的职业形象。

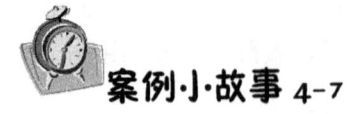

案例小故事 4-7

一个秘书的经历

王芳是在某公司工作多年的秘书,主要负责接待及外线电话的转接。她现在已经是一名优秀的秘书了,可在她成长的过程中也出现过许多大大小小的错误,现仅列举两个典型的例子。

其一,王芳刚做秘书工作时,认为打电话不过是连3岁小孩都会做的简单事情。但后来发生的一件事情让她改变了这种观点。一次,总经理让她询问对方对合同中几个条款的看法。她没有认真研究这几个条款,也没有询问总经理的意见,马上拨通了对方的电话。当对方提出几个方案时,她无法与对方进行任何交流,自然也无法达到侧面了解对方真实意图的目的。慌乱之中,她竟忘了做电话记录。整整半个小时的通话,在她脑中是一片空白。幸好她比较坦诚,如实向总经理做了汇报。总经理亲自给对方打电话,表示歉意,这才如期签订合同。自从这件事情发生后,她专门准备了一个笔记本记录电话内容,有关计算机文件也及时保存、备份。

其二,王芳每天负责处理大量的电子邮件。除了那些垃圾邮件,她将所有往来邮件都保留在电子邮箱中。这样做确实也带来了很多方便,即使出差也可以从电子邮箱中查阅历史文件。但有一段时间,她连续7天没有收到任何邮件,给客户发的邮件也没有一个回复。她用电话跟客户联系,客户说发出去的邮件全部退回。她赶紧请教有关计算机技术人员,才发现是由于邮箱空间爆满所致。

资料来源:谢迅. 商务礼仪[M]. 北京:对外经济贸易大学出版社,2007.

三、传真礼仪

在商务交往中,经常需要把重要资料送到异地,传统的邮寄书信的联络方式已难以满足这方面的要求,所以需要使用传真。在商务中,因为传真大都面对的是领导和客户,所以需要特别讲究礼仪。在使用传真时必须做到以下几点。

(一)必须清楚使用

使用传真设备通信,在具体的操作上应力求标准且规范,否则会使其效果受到一定程度的影响。本人或本单位所用的传真机号码,应被准确无误地告之自己重要的交往对象。一般而言,在商用名片上,传真号码是必不可少的一项重要内容。对于主要交往对象的传真号码,必须认真地记好。为了保证万无一失,在有必要向对方发送传真前,最好先向对方通报一下。这样做既提醒了对方,又不至于发错传真。发送传真时,必须按规定操作,并以提高清晰度为要旨。与此同时,也要注意使其内容简明扼要,以节省费用。单位所使用的传真设备,应当安排专人负责。无人在场而又有必要时,应使其处于自动接收状态。为了不影响工作,单位的传真机尽量不要与办公电话采用同一条线路。

(二) 必须依礼使用

销售人员在使用传真时,必须牢记维护个人和所在单位的形象,处处不失礼数。

在发送传真时,一般不可缺少必要的问候语和致谢语。发送文件、书信、资料时,更要谨记这一条。出差在外,有必要使用公众传真设备,即付费使用电信部门所设立在营业场所内的传真机时,除了要办好手续、防止泄密之外,对工作人员也要以礼相待。

人们在使用传真设备时,最为看重的是它的时效性。因此,在收到他人的传真后,应当在第一时间内采用适当的方式告知对方,以免对方惦念不已。需要办理或转交、转送他人发来的传真时,千万不可拖延时间,以免耽误对方的要事。

(三) 必须注意的事项

① 传真的完整性。在发送传真时,应检查是否注明了本公司的名称、发送人姓名、发送时间及自己的联络电话。同样,应写明收传真人的姓名、所在公司、部门等信息。所有的注释均应写在传真内容的上方。在发送传真时即便已经给予了口头说明,也应该在传真上注明以上内容。这是良好的工作习惯,对双方的文件管理均非常有利。

② 传真的清晰度。发送传真时应尽量使用清晰的原件,避免发送后出现内容看不清楚的情况。

③ 传真内容的限制。传真一般不适用于页数较多的文件,因为成本较高,且占用传真机时间过长也会影响其他工作人员的使用。

④ 传真的使用时间。如果没有得到对方的允许,不要将发送时间设定在下班后,这是非常不礼貌的行为。

⑤ 传真回复问题。如果传真机设定在自动接收的状态,发送方应尽快通过其他方式与收件人取得联系,确认其是否收到传真;收到传真的一方也应给予及时回复,避免因任何疏漏造成传真丢失。在重要的商务沟通中,任何信息丢失都可能造成时间的延误,甚至使合作失败,因此这样的细节不可轻视。

传真文件参考格式如表 4.1 所示。

表 4.1 传真文件参考格式

××××(单位名称)传真文件					
编号:						
收件人姓名		传真		电话	
收件单位					
发送人姓名		传真		电话	
发送单位					
地址				邮编	
发送日期		时间		页数	
事由					
(以下书写传真件的内容)					

说明:图中的边框线为版心,其大小依情况而定。

四、电子邮件礼仪

电子邮件又称电子函件或电子信函,是利用电子计算机所组成的互联网进行的信件往来方式。它既安全保密、节省时间,又不受篇幅的限制,清晰度极高,还可以大大降低通信费用。在销售商务交往中,要尊重一个人,首先就要懂得为其节省时间,而电子邮件礼仪的一个重要方面就是节省他人的时间,只把有价值的信息提供给需要的人。通过电子邮件能看出发件人为人处世的态度,因此作为发件人写邮件的时候,要想到收件人会怎样看到这封邮件,即要时刻站在对方立场考虑,将心比心。同时,勿对别人的回复抱有过度的期望,当然更不应对别人的回复不屑一顾。作为销售人员,可以从以下几个方面来注重电子邮件礼仪。

(一)邮件主题

主题应简明概括出整个邮件的内容,便于收件人权衡邮件的轻重缓急,分别处理。
① 标题要提纲挈领,切忌使用含义不清、假大空的标题,如"你好""请查收"等。
② 主题一定不要空白。
③ 主题应简短概括出邮件的内容和重要性。
④ 一封邮件尽可能只针对一个主题。
⑤ 主题不可出现错别字和语句不通顺的情况。另外,针对回复的邮件,应重新添加或更换邮件主题。

(二)称呼与问候

① 邮件的开头要称呼收件人。这既显得礼貌,也明确提示收件人,此邮件是写给他的。在多个收件人的情况下可以称呼"各位同事""各位工程师""各位领导"等。
② 恰当称呼收件人。如果收件人有职位,应当称呼其职务,如"X 经理",同事之间可以直呼其名。
③ 称呼位于第一行,应顶格写。
④ 邮件开头和结尾最好有问候语。例如,开头写"您好""你好""大家好",结尾一般写"祝工作顺利"之类的即可,如果是尊长应使用"此致""敬礼"。

(三)正文部分

① 正文应简明扼要,行文通顺。
② 注意邮件语气,"请""谢谢"之类的用语要经常出现。
③ 尽可能避免错别字,合理提示重要信息。
④ 少用表情符号,这在商务信函中显得轻佻。
⑤ 字体、字号及颜色应该清晰可读。

(四)附件

① 在正文中提示收件人查看附件。

② 附件文件命名应该能够概括附件的内容。
③ 正文中应对附件做简要说明,特别是带有多个附件时。
④ 附件数目不宜超过 4 个,数目较多时应打包压缩成一个文件。
⑤ 如果附件较大,建议分割成几个小文件分别发送。

(五)结尾签名

① 每封邮件在结尾都应签名。
② 签名不宜过多,可包括姓名、职务、公司、电话、传真及地址等信息。
③ 签名字体应与正文文字匹配,字号一般应该比正文字体小一些。

(六)回复邮件

① 回复内容不得少于 10 个字。
② 不要就同一问题多次回复讨论。
③ 主动控制邮件的来往,避免无谓的回复。
④ 可在文中指定部分收件人给出回复,或者在文末添上"全部办妥""无须行动""仅供参考""无须回复"。

五、微信礼仪

微信一经推出就受到很多人的欢迎,为人们交流增加了便利。使用微信沟通需要注意以下几点。

(一)注意联系的时间

微信联系一般以私人目的为主,但也有因公联系的。不管是使用语音功能,还是文字或图片,都要注意时间,避免在对方不方便的时候,特别是在休息的时候联系。除非双方有约定,否则不应该在早 7 点前、晚 10 点后再联系;如果是因公联系,晚上七八点后就应避免再联系。

(二)注意内容

文字内容现在基本都是手写,所以更要慎重处理,避免手指不小心碰错了地方,发出了易引起误会的内容。输入数字时,手写功能更易出错,所以输完后应检查一遍再发出。发送前最好再确认一下联系人,因为同时与多人聊天时,容易将内容发错对象,引起尴尬。听别人语音内容的时候,最好戴上耳机,除非周围没人,否则不要让自己和朋友之间的私密语音同大家"分享"。

(三)注意刷屏

刷屏已经变成了大部分手机用户的习惯性动作,有事没事刷两下,看看谁有什么动态。同时,该关心的关心、该点赞的点赞、该调侃的调侃,每个人都忙得不亦乐乎。但最忌讳的就是在别人伤口上撒盐。同时,也要注意发送时的心情,以及分享的内容不要太过频繁——不停地发内容会挤占别人的空间,让人反感,这是不符合微信礼仪要求的。

（四）关注朋友圈

微信上尽可能不要每天上传大量的共享内容。要知道，别人不会仅仅只有你一位好友，他不可能一直看朋友圈的信息。当然，有时朋友圈的内容是写给自己的，这就要及时将可见范围设置为私密。注意，最好不要在里面发布自己的身份证号码、驾驶证号码、银行卡账号等重要的个人信息，以防不法分子窃取。同时，应转发健康有用的朋友圈内容。朋友圈的内容每天每时每刻都在更新，转发前自己要多看几眼，不要转发影响自身形象的内容。

（五）微信公众号注意形象

开微信公众号后要讲究公众形象，讲究公众应遵守的基本道德。另外，微信公众号里不乏虚假广告或违法内容，最好分辨清楚再去关注或转发其内容。

第五节　销售人员的会议礼仪

一、主持礼仪

会议主持是一门学问、一门艺术，会议主持人应了解和具备基本会议主持礼仪。会议主持人的礼仪主要有以下几种。

（一）做好会前的准备工作

开会前要明确会议目的，确定议题、程序和开会的方法方式；选定出席的人员；确定会议的时间、地点。要把会议目的、议题、时间、地点、要求事先通知参加者，请他们做好准备。会前应收集意见，准备必要的有关资料，做好会场的准备——搞好卫生、桌椅的排列方式要适合本次会议。只有做了充分准备，会议才会开得顺利、紧凑，效果才会好。

（二）控制出席人数

国外群体心理学家的研究表明，会议参加者超过10人以上，就容易出现不思考问题和滥竽充数的人。因此，有的单位规定与会者一般不超过12人。据研究表明，参加会议的人数与人们之间沟通的渠道数量和难度成正比，与会者越多，能够充分利用个人才智的可能性就越少，主持人也就越难以有效地控制会议进程。

（三）严肃会议作风

参加会议时，一是要准时到会，不能迟到；二是不准私下交谈，不允许做私活、早退席；三是发言不能信口开河，不能离题乱言；四是要集中时间和精力解决主要问题；五是要发扬民主，不搞一言堂，与会者只有能够自由地说出自己的意见，才能更好地集思广益。主要结论应当场确认，会而有议，议而有决，决而必行。

（四）保持自然大方的主持姿态

主持人主持会议时，从走向主持位置到落座等环节都应符合身份，其仪态姿势都应自

第四章 销售人员的办公礼仪

然、大方。

1. 走姿

主持人在步入主持位置时,步伐要刚强、有力,表现出胸有成竹、沉稳自信的风度和气概。要视会议内容掌握步伐的频率和幅度:主持庄严隆重的会议,步频要适中,以每秒约2步为宜,步幅要显得从容;主持热烈、欢快类型的会议,步频要快,每秒约2至2.5步,步幅略大;主持纪念、悼念类会议,步频要放慢,每秒约1至2步,步幅要小,以表达缅怀、悲痛之情。平常主持工作会议,可根据会议内容等具体情况决定步频、步幅:一般性会议,步频适中,步幅自然;紧急会议、重要会议,可以适当加快步频。行进中要挺胸抬头,目视前方,振臂自然。重要会议开始前,在步入主持位置的过程中,不要与熟人打招呼;一般性工作会议,如果时间未到,落座后可适当与邻座寒暄,与距离远的人微笑点头示意;行进中步速不能过快,不能跨大步,以免显得紧张、不安。如果因特殊情况来迟,不要破门而入、跑步到位、大喘粗气,而应该以手轻轻推门,进门后快步到位,放下文件袋后落座,然后向等候者致歉,并简要说明原因,求得大家谅解,之后立即主持会议。

2. 坐姿

主持人主持会议多为坐姿。坐姿应端正、腰要挺直、颈项伸直、面对前方、虚视全场、双臂前伸,两肘轻按会议桌沿,对称呈"外八字"状。不能前倾或后仰,主持中不能出现用手抓头、揉眼、搔脸、拄脸、不住地喝水、抓碰纸笔等多余动作,以免显得紧张,不够沉稳。

3. 站姿

在一些集会典礼中,主持人以站立姿势主持。站立主持时,要双腿并拢,腰背挺直,右手持稿底部中间。在有风的天气,要双手持稿,与胸等高,与身体呈45°。脱稿主持人应两手五指平伸,自然下垂,身体不能晃动,腰背挺直,目视前方;两腿不能叉开,不能抖动,两手不能上抬、晃动、抓握话筒等。

4. 手势

主持人与一般讲话者不同,一般不需要手势。在一些小型会议中进行总结概括时,可以加入适当的手势,但是动作不宜过大。

5. 运用丰富幽默的主持语言

主持会议要通过语言表述来进行。因此,主持人应特别注意语言的礼仪规范。第一,所有言谈都要服从会议的内容和气氛的要求,或者庄重,或者幽默。第二,口齿清楚,思维敏捷,积极启发,活跃气氛。主持人一定要明确开会的目的。例如,主持记者招待会时,主持人、发言人要对记者提出的问题反应敏锐,流利回答,不能支支吾吾;开座谈会、讨论会等时,主持人要阐明会议宗旨和要解决的问题,切实把握会议进程和会议主题,勿使讨论或发言离题太远,而应引导大家就问题的焦点畅所欲言。同时,要切实掌握会议的时间,不使会议拖得太长。第三,会议进行过程中,主持人对持不同观点、认识的人,应允许其做充分解释,会议出现僵局时要善于引导,出现空场、冷场时应及时补白。要处处尊重别人的发言和提问,不能以任何动作、表情或语言来阻止别人,或者表示不满;要用平静的语言、缓和的口气、准确的事实来阐述正确主张,使人心服口服。

6. 引导会议内容

遇到冷场时，要善于启发，或者选择思想敏锐、外向型的与会者率先发言；有时可以提出有趣的话题或事例，活跃一下气氛，以引起与会者的兴趣，使之乐于发言；遇有离题的情况时，可根据具体情况，接过议论中的某一句话，或者插上一句话做转接，巧妙柔和地使议论顺势回到议题上来；当发生争执时，如果事实不清，可让与会者补充事实，如果事实仍不甚明了，可暂停对该问题的争执——主持人应设法缓和冲突，而不能激化矛盾，更不能直接参加无休止的争吵；主持人要善于观察与会者的性格、气质、素质和特点，并根据各类人员的特点区别对待，因势利导，牢牢掌握会议进程。

7. 减少会议时间

举行会议时，要准时开会，不准拖延时间。国外有的公司有如下经验：在办公时间不准开会，凡二级主管会议，大都在下午6点以后举行，并且不得超过60分钟，否则将由主席负责，轻者扣薪，重则解聘；严格限制会议时间，站着开会，这样可以抓住问题的核心。有的公司把一般会议安排在午餐前，这时与会者饥肠辘辘，无心闲谈碎扯，使得会议能很快抓住中心。日本有一家公司让员工学会开会的方法，教他们在一分钟内阐明符合议题的意见，避免讲那些与议题无关的废话。还有人主张在会议室挂一个时钟，像球类比赛那样随时显示出还剩多少时间，提醒与会者抓紧时间。

8. 掌握会议进程

主持人应随时掌握会议进程。在工作性会议中，主持人就像交响乐团的指挥，随时控制、掌握会议进程。为此，应做好以下几点：事先准备好一份会议议程表，按照会议议程进行；提请与会者注意本次会议的目的，使会议始终不离宗旨，以保证会议顺利进行，并达到预期目的；规定会议的开始时间，并对结束时间做出限制，准时开始，按时结束。另外，在工作会议的进行过程中，有时会碰到需要裁决的问题，"少数服从多数"的民主集中制原则固然必须遵守，但对少数人的意见也应给予尊重，并将其交付给全体与会人员反复推敲。

会议的气氛与会议主持人有很大的关系。会议主持人是宣布开会、散会、休息及主持会议进行者，主持会议应公平、公正，客观地行使其职权。会议主持人在会议中，应做到以下几点：应明确介绍所有来宾及参与会议的人士；如果有许多贵宾，无须请贵宾一一致辞，请一位代表即可；如果同时有两人以上请求发言，而且没有其他补充或都尚未发言时，可请距离主持人较远者先发言；维持会场秩序，并遵守会议规则；不可在发言人尚未发言完毕时随便插嘴，但有权控制发言人的发言时间；请人发言时，态度要诚恳，用语应有礼貌；有人发言时，应看着发言人，仔细聆听。

案例·小·故事 4-8

"请张市长下台剪彩！"

某公司举行新项目开工剪彩仪式，请来了张市长和当地各界名流参加，请他们坐在主席台上。仪式开始时，主持人宣布："请张市长下台剪彩！"却见张市长端坐没动。主持人很奇怪，重复了一遍："请张市长下台剪彩！"张市长还是端坐没动，脸上还露出一丝恼怒。

主持人又宣布了一遍："请张市长剪彩！"张市长才很不情愿地勉强起来去剪彩。

二、发言礼仪

会议发言有正式发言和自由发言两种：前者一般是领导报告和主持人发言；后者一般是讨论发言。正式发言者应衣冠整齐，走上主席台时应步态自然、刚劲有力，体现出一种成竹在胸、自信自强的风度与气质。如果话筒距离自己的座位较远，则应以不快不慢的步子走向话筒，不要刚一落座就急着发言。在发言之前，可面带微笑，环顾一下会场四周。如果会场里响起掌声，可以适时鼓掌答礼，等掌声静落后，再开始发言。发言时应口齿清晰，讲究逻辑，简明扼要。如果是书面发言，应时常抬头扫视一下会场，不能一味低头读稿，旁若无人。发言时应掌握好语速和音量，以使会场中所有的人都能听清为宜。发言或报告一般应使用普通话，不能大量运用方言土语。在发言或报告过程中还应注意观察与会者的反应，以便根据具体情况对内容做相应的调整。例如，如果会场里交头接耳不断，就要考虑适当转移话题，或者将发言、报告内容适当压缩，使时间尽量缩短。发言或报告结束时，应向会议全体参加人员表示感谢。自由发言则较随意，但要注意发言应讲究顺序和秩序，不能争抢发言；发言应简短，观点应明确；与他人有分歧时应以理服人，态度平和，听从主持人的指挥，不能只顾自己。

三、参会礼仪

在交往中，会议发挥着重要作用。会议是贯彻决策、下达指令、沟通信息、协调行动的一种有效方法，是公司内部管理必不可少的交流方式，是保持接洽、建立联系、结交朋友的一种途径。对于企业而言，它也是对外交流的一种重要方式。对于销售人员来说，不管是参加哪种类型的会议，都必须遵守会议礼仪。在参加工作会议时，销售人员应注意以下几点。

（一）会前接函与回函礼仪

收到邀请函要及时回复，告诉主办方是否能够去参加，如果不能参加最好说明情况，以免引起误解；如果有兴趣参加，应进一步通过函件了解会议的详细信息，以便有的放矢。

（二）到会礼仪

参加会议最基本的要求就是准时出席。如果一位销售人员连准时参加会议都做不到，可想而知他对工作有多么不重视，而且不准时出席会议也是对其他参会人员不尊重的表现。早到等于守时，因为世界上有太多意外——搭车会迟、等电梯也会迟，所以机动时间一定要充分预留好，要记住准时只是最低标准，早到5分钟才是守时——可以的话，可以先进洗手间整理衣裳、补妆抹汗。

（三）会议就座礼仪

如果受到邀请参加一个排定座位的会议，最好等人将自己引导到座位上去；要分清楚等候室和会客室，别等到把文件全拿出来才知道要换地方；如果走入大会议室，先坐在进门的位置，等到负责人入内，再由其带到适当的位置；如果有其他特殊规定，也应该遵守。

案例小故事 4-9

就 座

某分公司要举办一次重要会议，请来了总公司总经理和董事会的部分董事，并邀请当地政府要员和同行业知名人士出席。由于出席的重要人物多，领导决定用 U 形的桌子来布置会议桌，分公司领导坐在位于长 U 形桌横头处的下首，其他参加会议者坐在 U 形桌两侧。在会议的当天开会时，贵宾们都进入了会场，按安排好的座签找到自己的座位就座。当会议正式开始时，坐在桌子横头处的分公司领导宣布会议开始，这时发现会议气氛有些不对劲，有贵宾相互低语后借口有事站起来要走。分公司的领导不知道发生了什么事或出了什么差错，非常尴尬。

（四）倾听他人发言礼仪

善于倾听别人讲话是一种高雅的素养，因为认真倾听别人讲话，表现出了对说话者的尊重，人们也往往会把忠实的听众视作可以信赖的知己。倾听别人讲话必须做到耳到、眼到、心到，同时还要辅以其他的行为和态度。总结起来，有以下几点倾听技巧。

① 注视说话者，保持目光接触，不要东张西望。
② 单独听对方讲话时，身子稍稍前倾。
③ 面部保持自然的微笑，表情随对方的谈话内容有相应的变化，恰如其分地点头。
④ 不要中途打断对方，让其把话说完。
⑤ 适时而恰当地提出问题，配合对方的语气表述自己的意见。
⑥ 不离开对方所讲的话题，但可通过巧妙的应答，把对方讲话的内容引向自己所需要的方向和层次。

案例小故事 4-10

会场的"明星"

小刘的公司应邀参加一个研讨会，该研讨会邀请了很多商界知名人士及新闻界人士参加。老总特别安排小刘和他一道去参加，同时也让小刘见识一下大场面。

开会这天小刘早上睡过了头，等他赶到时，会议已经进行了 20 分钟。他急急忙忙推开了会议室的门，"吱"的一声脆响，他一下子成了会场的焦点。刚坐下不到 5 分钟，肃静的会场响起了摇篮曲。是谁放的音乐？原来是小刘的手机响了！这下子，小刘可成了全会场的"明星"……

没多久，就听说小刘离开了该公司。

（五）会议结束礼仪

在会议结束时，应该对主办方的接待及其所给予的参会机会致谢，并交换名片，以示重视和尊重。

第四章　销售人员的办公礼仪

实训实践

实训设计一

项目名称　办公室礼仪测试。

项目目的　通过实训,使学生了解办公室礼仪的注意事项,掌握同事之间的相处之道。

项目简介　尊重同事包括见到同事要热情地打招呼、记住同事的姓名及基本资料、发表意见时要顾及他人的感受、不要忘记说"请""谢谢""对不起"。然而,工作忙起来或有压力不顺心时,最容易忽略待人接物的道理,一不小心就会变成一个连自己都不喜欢的人。无论成功或失意,你都要经常问自己以下问题。

（1）在办公场所见到认识的人会微笑打招呼吗？

（2）别人在办公室说话时,专心聆听了吗？

（3）对别人的工作方式有意见时,会三思之后私下再说吗？

（4）同事在工作中业绩突出,会诚恳地公开赞美他吗？

（5）会克制自己在办公场所提高嗓门乱发脾气吗？

（6）在工作中得到他人帮助时,该说"谢谢"时都说了吗？

（7）能够叫得出每一位同事完整的姓名吗？

（8）随时会注意自己的仪容是否整洁吗？

（9）会在办公室抱怨工作的不顺利吗？

（10）会在办公室谈论某位领导的做事风格吗？

项目要求

（1）教师介绍本次实训的内容和模拟实训情景。

（2）教师示范办公室相处的礼仪及需要注意的事项。

（3）根据任务描述分组,把全班同学分成两人一组。

（4）确定模拟活动情景角色。

项目说明

（1）讨论在不同情景下办公室的礼仪和应该注意的问题。

（2）组内成员互换角色练习。

（3）师生点评。

实训设计二

项目名称　办公室电话礼仪。

项目目的　通过实训,使学生了解接打电话时应注意的问题,掌握接听电话和拨打电话的技巧及礼仪。

项目简介　王先生是某公司的业务员,要跟客户李先生通话商量某一业务事宜。王先生该如何正确拨打电话呢？李先生又该如何正确地接听电话？他们在各自接打电话时应该注意什么问题？

项目要求

（1）教师介绍本次实训的内容和模拟实训情景。

销售商务礼仪

（2）教师示范讲解电话的礼仪及需要注意的问题。
（3）根据模拟活动情景分组，把全班同学分成两人一组。
（4）确定模拟活动情景角色。

项目说明

（1）讨论接打电话的正确礼仪和应该注意的问题。
（2）模拟接打电话训练，组内成员互换角色练习。
（3）师生点评。

本章小结

作为销售人员，在办公室中应该明确自己的角色定位，无论是从仪表还是思想上都应该迅速转型，以适应职场环境的需要。在办公室要以团结和谐为宗旨，要有团体意识，以大局利益为重，不搞特殊化，不做他人眼中的"另类"；保持办公室环境的整洁卫生，遵守工作规范；在办公室与其他人进行会面时，应该遵守办公室会面的相关礼仪；同事是最难得的搭档，要与同事和谐相处，成为良师益友，工作上互帮互助，既要保持积极的工作氛围，又不失快乐轻松。同时，在职场上领导就是权威，要绝对服从；每位员工是企业大厦的基石，是领导的贤内助，只有他们获得尊重，需要得到满足，受到公平对待，才能使企业获得最大的效益和成就。

复习思考

想一想

1．作为一名销售人员，遵守办公室礼仪有什么作用？
2．在办公场所应注意哪些礼仪？
3．如果你作为办公室工作人员，在接听电话时需要遵守哪些礼仪？
4．作为一名销售人员，在主持会议时应该遵守哪些礼仪？

练一练

1．在一次洽谈合作中，因为我公司的长期发展规划与甲公司的合作意向存在差异，造成洽谈没能达成共识，甲公司准备返回。请练习送客礼仪。
2．因为我公司销售的商品出现了质量问题，遭到了顾客的电话投诉，投诉顾客情绪非常激动。请练习接听电话礼仪。
3．判断以下说法的正误。

（1）无论是男职员还是女职员，上班时都应着正装。（　）
（2）将客人送到住地后，迎接人员要立即离去，让客人休息。（　）
（3）"出迎三步，身送七步"是迎送宾客最基本的礼仪。（　）
（4）电话铃声应该响3声后再接听。（　）
（5）电话交谈结束后可自行挂断电话。（　）
（6）打电话时对方看不到自己，因此对举止没有什么要求。（　）
（7）收到邀请信的人无论是否应约，都要及时回复，一般应在接到邀请信邀约之后3日内回复，而且回复得越早越好。（　）
（8）在办公室时需要注意自身体态仪表，因此可以在办公室打扮自己。（　）
（9）电子邮件是一种几乎免费的信件，可以随意多次发送。（　）
（10）如果受到邀请参加一个会议，那么在会议现场想怎么坐就怎么坐。（　）

4．单项选择题。

（1）女士上班时对服饰的要求是（　　）。
　　A．应着西服套裙或连衣裙，颜色不要太鲜艳、太花哨
　　B．穿着暴露、透明、紧身的服装或超短裙
　　C．穿奇装异服、休闲服、运动装、牛仔装
　　D．穿凉鞋或旅游鞋

（2）迎接客人应安排与客人身份、职务（　　）的人员前去迎接。
　　A．高　　　B．相当　　　C．低　　　D．不讲究

（3）电话铃声一响，应该立即去接，最好不要让铃声响过（　　）遍。
　　A．1　　　B．2　　　C．3　　　D．4

（4）通话结束时，一般应由（　　）的一方先挂断电话。
　　A．接电话　　B．打电话　　C．不讲究

（5）如果知道对方的上下班时间，则打电话的时间应避开对方上班后和下班前的（　　）分钟。
　　A．15　　　B．30　　　C．45　　　D．60

谈一谈

有一位表演大师上场前，他的弟子告诉他鞋带松了。大师点头致谢，蹲下来仔细系好。等到弟子转身后，又蹲下来将鞋带解松。一个旁观者看到了这一切，不解地问："大师，您为什么又要将鞋带解松呢？"大师回答道："因为我饰演的是一位劳累的旅者，长途跋涉让他的鞋带松开了，可以通过这个细节表现他的劳累憔悴。""那你为什么不直接告诉你的弟子呢？""他能细心地发现我的鞋带松了，并且热心地告诉我，我一定要保护他这种积极性，及时地给他鼓励。至于为什么要将鞋带解开，将来会有更多的机会教他表演，可以下一次再说啊。"

思考　谈一谈对此事的看法，并列举在工作中如果遇到类似的情况，你会如何处理。

第五章 销售实务礼仪

> 商务礼仪是企业及管理者在商务场合中的脸面,如果不注重礼仪,就会失去脸面。
> ——[日]松下幸之助

学习目标

1. 了解产品销售礼仪的含义,理解销售实务礼仪的注意事项,掌握销售实务礼仪的主要技巧。

2. 学会利用现代销售活动中礼仪的技巧,提高人际亲和力,用所学知识在产品销售活动中加以运用。

情景设计

办公室里,销售小李给顾客打电话。

小李:您好,先生。我们在搞一个调研活动,可以问您几个问题吗?

顾客:你讲。

小李:请问您经常使用电脑吗?

顾客:是的,工作无法离开电脑。

小李:您用的是台式机还是笔记本电脑?

顾客:在办公室,用的是台式机,回家用的是笔记本电脑。

小李:最近,我们的笔记本电脑有一个特别优惠的促销活动,您是否有兴趣?

顾客:你这是在促销笔记本电脑吧?不是搞调研吧?

小李:其实,也是,但是……

任务 从小李与顾客的这段对话中你能看出什么问题吗?

分析问题 情景中电话接通的开始销售人员就暴露出了销售的目的,被顾客识别出来后,销售人员未能很好地与顾客进行沟通来消除顾客的抵抗心理。另外,潜在顾客已经陈述自己有笔记本电脑,而销售人员没有有效地响应顾客的话题,没有挖掘顾客的潜在需求。

第五章　销售实务礼仪

解决问题　成功的电话销售人员应该做到：介绍产品引发顾客兴趣，从而获得顾客信任，使顾客正确认识自己的需求，从而进行签约。这才是有效的沟通。

在现代市场销售活动中，要使销售活动正常进行，必须开展产品销售、销售谈判、网络销售等销售实务活动。销售实务活动的开展要有相互间的沟通和交流，并在融洽的气氛中互相尊重、互相理解，这样才能使销售活动顺利进行，只讲策略不讲礼仪的销售活动越来越不被市场所认可。

第一节　产品销售礼仪

一、产品销售礼仪的含义

产品销售礼仪是销售人员在产品销售活动中，用以维护企业或个人形象，向交往对象表示尊重与友好的行为规范和准则。它是一般礼仪在销售活动中的运用，主要包括产品、价格、分销渠道和促销四方面。

（一）产品

销售活动是以消费者需求为导向的，而消费者需求又要通过产品来实现。一般而言，容易推销的好商品都有真材实料。你的产品"料"又在哪里呢？这就需要对产品进行充分了解。

（二）价格

价格通常是影响产品销售的重要因素。价格制定得是否合理，关系到企业产品销售活动的成功与否。某些名、特、优、新的产品，当市场需求强劲时，可以采取适当的高价策略，以增加收益。但一些商家往往在新产品上市之初，对消费者的承受能力和支付能力认识不足，定价过高，结果往往销售量不足，导致企业亏损。这里存在两种状况：一是价高并不完全意味着质高，如果消费者尝试新产品后感到质与价不对应，就不会再次购买；二是即使产品质量好规格高，还必须了解目标市场的需求量和消费力。因此，定价不能盲目，要有方向，要针对消费者的不同消费心理，制定相对应的商品价格，从而满足不同类型的消费者需求。

（三）分销渠道

分销渠道是指当产品从生产者向最后消费者或产业用户移动时，直接或间接转移所有权所经过的途径（企业或个人）。分销渠道是产品据以流通的途径，其起点是生产者，终点是用户。在现代销售活动中，多数企业为了扩大市场份额，占据市场有利地位，发展了大批的中间商，形成了自己的分销渠道。

（四）促销

促销实质上是一种沟通活动，是销售者把刺激消费的各种信息发给消费者，从而影响消费者购买的行为。促销礼仪是在人员促销、广告促销、营业推广、公共关系促销活动过程中，销售人员应遵守的一系列基本礼仪规范和要求的总称。

二、产品销售礼仪的具体运用

（一）产品

这里主要从产品设计，产品构成，产品市场周期，品牌、包装方面进行讲述。

1. 产品设计

产品设计是一个创造性的综合信息处理过程，通过多种元素把产品的形状以平面或立体的形式展现出来。它要求具有以人为本，以消费者为中心的销售理念。产品设计是将人的某种目的或者需要转换为一个具体的物理形态或工具的过程，是把一种计划、规划设想、问题解决的方法，通过具体的操作以理想的形式表达出来的过程。设计过程中涉及的信息主要有市场信息、科学技术信息、技术测试信息和加工工艺信息等。设计人员应全面、充分、正确和可靠地掌握与设计有关的各种信息。

2. 产品构成

从整体看，产品由3个层次构成，即核心产品、有形产品和附加产品。

① 核心产品是最基本的产品，是消费者购买某种产品时所追求的利益，是顾客真正要买的东西，因而在产品整体概念中也是最基本、最主要的部分。消费者购买某种产品，并不是为了占有或获得产品本身，而是为了获得能满足某种需要的效用或利益。例如，满足消费者获取外界信息或是休闲娱乐的需要的效用和利益就是电视机这种产品的核心产品。

② 有形产品是核心产品借以实现的形式，即向市场提供的实体和服务的形象。如果有形产品是实体，则它在市场上通常表现为产品质量水平、外观特色、式样、品牌名称和包装等。例如，人们购买电视机时，通过考虑品牌、式样、功能、质量后最终买到摆放在家里的电视机，就是电视机这种产品的有形产品。产品的基本效用必须通过某些具体的形式才能得以实现。市场销售者应首先着眼于顾客购买产品时所追求的利益，以求更完美地满足顾客需要，从这一点出发再去寻求利益得以实现的形式，进行产品设计。

③ 附加产品是顾客购买有形产品时所获得的全部附加服务和利益，包括提供信贷、免费送货、质量保证、安装、售后服务等。附加产品的概念来源于对市场需要的深入认识。因为购买者的目的是满足某种需要，因而他们希望得到与满足该项需要有关的一切。美国学者西奥多·莱维特曾经指出："新的竞争不是发生在各个公司的工厂生产什么产品，而是发生在其产品能提供何种附加利益（如包装、服务、广告、顾客咨询、融资、送货、仓储及具有其他价值的形式）"。例如，人们在购买电视机时，厂家提供给消费者的产品说明书、售前产品介绍和咨询、帮助消费者将电视机运送回家并安装调试、承诺售后3年内免费维修等就是电视机这种产品的附加产品。

3. 产品市场周期

产品市场周期也称产品的市场寿命。当产品进入市场以后，随着时间和技术的发展会呈现出一个诞生、成长、成熟、衰亡的过程。

产品的市场周期包括导入期、成长期、成熟期、衰退期。

① 导入期。新产品投入市场，便进入了导入期。此时，顾客对产品还不了解，只有少数追求新奇的顾客可能购买，销售量很低。为了扩展销路，需要大量的促销费用，对产品进行宣传。在这一阶段，由于技术方面的原因，产品不能大批量生产，因此成本高，销售额增长缓慢，企业不但得不到利润，反而可能亏损，产品也有待进一步完善。

② 成长期。这时顾客对产品已经熟悉，大量的新顾客开始购买，市场逐步扩大；产品大批量生产，生产成本相对降低，企业的销售额迅速上升，利润也迅速增长；竞争者看到有利可图，将纷纷进入市场参与竞争，使同类产品供给量增加，价格随之下降，企业利润增长速度逐步变慢，最后达到市场周期利润的最高点。

③ 成熟期。市场需求趋向饱和，潜在的顾客已经很少，销售额增长缓慢直至转而下降，标志着产品进入了成熟期。在这一阶段，竞争逐渐加剧，产品售价降低，促销费用增加，企业利润下降。

④ 衰退期。随着科学技术的发展，新产品或新的代用品出现，将使顾客的消费习惯发生改变，转向其他产品，从而使原来产品的销售额和利润额迅速下降。于是，产品又进入了衰退期。

做好产品导入期、成长期、成熟期、衰退期的销售工作，对企业而言非常重要。

4. 品牌、包装

品牌是企业为自己的产品所确定的名称，由文字、色彩、标记、图案或这些要素组成的符号等构成；包装是指企业产品的盛器或包装物，其目的是使产品在得到保护的前提下便于储运、携带。"品牌包装"是一个较为宽泛的包装概念，指的是针对品牌概念所做的整体商业文化的包装，通过品牌视觉形象系统、品牌文化传播、商业环境的设计等构成了一个对品牌完整的塑造体系。它不仅是产品的保护、容器和外饰，还是销售战略、销售活动的重要组成，是产品的一部分。"品牌的整体包装"需要围绕着品牌的核心概念进行不同角度的延伸，通过品牌传播语、色彩、材料、空间、光等使消费者对接触到的品牌能够获得一个全方位的感受。例如，我们从意大利、法国的各种名牌产品身上都能够体会到很深的品牌文化，让人以拥有它们为荣。

（二）价格

价值决定价格，价格影响着企业销售收入和利润的高低，企业的销售活动能否取得成功，在一定程度上取决于定价是否合理。当供给量等于需求量时，就形成了一个供求双方都可以接受的价格。

1. 定价步骤

整个定价过程分为六大步骤，即选择定价目标、估算产品成本、测定需求弹性、分析市场需求、分析竞争者定价、确定定价方法。

步骤1　选择定价目标。定价目标（pricing objectives）是企业在对其生产或经营的产品制定价格时，有意识地要求达到的目的和标准，是指导企业进行价格决策的主要因素。定价目标取决于企业的总体目标——不同行业的企业，同一行业的不同企业，以及同一企业在不同的时期、不同的市场条件下，都可能有不同的定价目标。如果市场供过于求，企业生产能力过剩，企业就把生存放在了第一位，此时的定价目标就只是维持生存；当企业打算通过定价得到利润最大化时，就可以把定价目标提高，但这样可能会不利于企业的长期效益。当企业要树立产品形象时，应定较低的价格，从而占有市场，快速让消费者熟知。

步骤2　估算产品成本。需要根据不同企业的生产过程的不同特点、对成本管理的要求，以及对成本计算的具体方法来确定产品成本。也就是说，只有根据企业生产的特点和成本管理的不同要求，选择不同的成本计算方法，才能正确地计算产品成本。

步骤3　测定需求弹性。需求弹性可以通过价格弹性系数表示，价格弹性大的产品，通过降价可以增加销售量；价格弹性小的产品，降价也不一定会增加销售量。价格弹性系数反映的是需求量对价格变化的反应程度。

步骤4　分析市场需求。该步骤最主要的是估计市场规模的大小及市场潜在需求量、确定目标市场、考虑消费限制条件、计算顾客每年平均购买量。如果经济状况、人口变动、消费者偏好及生活方式等有所改变，则必须分析其对产品需求的影响。

步骤5　分析竞争者定价。这是必不可少的步骤，否则在定价时就会偏离市场价位，竞争力就会减弱。以相机为例，一个正在考虑购买相机的消费者在做出购买决策之前，会比较市场上各个品牌，如佳能、尼康、奥林巴斯、三星和索尼等的价格、质量和外观各个方面，结合手中的预算，做出购买决定。采取高价格、高利润战略时，如果其他竞争对手也进入这个细分市场，则采取低价格、低利润的战略可能可以有效地阻止竞争对手进入市场或是把它们淘汰出局。因此，在制定价格之前，应该对市场上竞争对手的产品价格、质量和各方面的性能有一个全面的了解，并以此为基础对自身的产品进行定位，才能使产品价格更有针对性和竞争力。

步骤6　确定定价方法。定价的方法有很多，如成本导向定价法、竞争导向定价法、撇脂定价法、价格折扣定价法等，选择定价方法是市场销售中最重要的组成部分。

2．定价方法

从定价目标来看，需求导向定价方法最值得称道和推崇——无论是从理解定价、需求差异定价的角度，还是从反向定价、供需洽商定价（询价）的角度都突出了企业对消费者需求的尊重和关心。

3．定价策略

定价策略的运用对消费者理解和接受价格也很有帮助。在确定的价格基础上，辅之以灵活的策略调整，有助于企业产品价格的科学性和艺术性的完美统一。定价策略有多种，究竟选用哪种策略来调整价格，不单要考虑对企业有利，更重要的是要考虑对消费者有利。选用的调整策略不同，效果也会有所不同。

（三）分销渠道

1．广泛分销策略

广泛分销策略又称普通分销策略，这种销售策略可使企业通过尽可能多的批发商和零售商来推销自己的产品。在企业新产品上市或企业产品开发新市场时往往选用这种策略。它一般适用于日用消费品或标准化、通用化程度高的商品，如洗衣粉、化妆品、机械标准件等。

2. 独家经营分销策略

这种策略（简称独家分销）适用于消费品中的特殊品、需要售后服务的电器用品及需要指导操作方法的机械设备。它在一定地区内只选定一家中间商经销或代理，实行独家经营。独家分销是最极端的形式，是最窄的分销渠道，通常只对某些技术性强的耐用消费品或名牌产品适用。独家分销对生产者的好处是：有利于控制中间商，提高它们的经营水平，也有利于加强产品形象，增加利润。但这种形式有一定的风险，如果这家中间商经营不善或发生意外情况，生产者就要蒙受损失。采用这种策略能密切生产者和中间商之间的关系，提高对顾客的服务质量，有利于新产品进入市场和开展市场竞争；缺点是难以选择出适当的经销商，并且一个地区只有一家经销商，可能会失去许多潜在顾客。采用独家分销时，通常产销双方议定，销售方不得同时经营其他竞争性商品，生产方也不得在同一地区另找其他中间商。这种形式妨碍竞争，因而在有些国家被法律所禁止。

3. 有选择分销策略

这种分销策略适用于大多数高级消费品。这是介于上述两种策略之间的分销策略，即有条件地精选几家中间商进行经营。这种策略对所有各类产品都适用：比独家分销面宽，有利于扩大销路，开拓市场，展开竞争；比广泛分销节省费用，较易于控制，不必分散太多的精力。有条件地选择中间商，还有助于加强彼此之间的了解和联系，使被选中的中间商愿意努力提高推销水平。因此，这种分销形式效果较好。对于消费品中的选购品、特殊品及工业品中的零配件，由于消费者和用户对产品品牌有偏好，尤宜采用此策略。

（四）促销礼仪

促销实质上是一种沟通活动，即销售者（信息提供者或发送者）发出刺激消费的各种信息，把信息传递到一个或更多的目标对象（信息接受者，如听众、观众、读者、消费者或用户等），以影响其态度和行为。常用的促销手段有广告、人员推销、网络销售、营业推广和公共关系。在任何社会化大生产和商品经济条件下，一方面生产者不可能完全清楚谁需要什么商品，何地需要，何时需要，何价格消费者愿意并能够接受等；另一方面，广大消费者也不可能完全清楚什么商品由谁供应，何地供应，何时供应，价格高低等。正因为客观上存在着这种生产者和消费者之间"信息分离"的"产""消"矛盾，企业必须通过沟通活动，利用广告、宣传报道、人员推销等促销手段，把生产、产品等信息传递给消费者和用户，以增进其了解、信赖并购买本企业产品，达到扩大销售的目的。

1. 人员促销礼仪

人员促销是指企业推销员直接与顾客接触、洽谈、宣传介绍商品和劳务，以实现销售目的的活动过程。这是一种古老的、普遍的，但又是最基本的销售方式，企业和顾客之间的联系主要通过推销员这个桥梁。人员推销的优点是针对性强，能及时完成，消费者能反馈信息。

人员促销可分为以下几种。第一，生产厂家的人员推销，即生产厂家雇用推销员向中间商或其他厂家推销产品。日用消费品生产厂家的推销员往往将中间商作为他们的推销对象，而工业品生产厂家的推销员则把生产资料的生产厂家作为推销对象。第二，批发商。它们往往也雇用成百上千名推销员在指定区域向零售商推销产品。零售商也常常依靠这些推销员来对商店的货物需求、货源、进货量和库存量等进行评估。第三，零售店人员推销。这类推销往往是顾客上门，而不是推销员拜访顾客。第四，直接针对消费者的人员推销。这类推销在零售推销中所占比重不大，是推销力量中的一个重要部分，有其特殊优点和作用。第五，对无形产品的推销。这主要指对保险、银行、旅游、服务业等的人员推销，还包括对不动产如工商企业的不动产、房地产等的人员推销。对这类推销员的要求很高，他们要通晓法律等各方面的知识，甚至需要通过必要的考试。第六，电话推销。在电话沟通时，态度要真诚，言语要富有条理性，通话以简洁为主。除了必要的寒暄和客套之外，要少说与业务无关的话题。

2. 产品推销礼仪

产品推销活动是广告宣传的一种。它内容多、范围广，是说服顾客的有利方式。对产品进行推销活动时，应注意如下礼仪。

（1）要与顾客建立和谐的关系

顾客来访时，推销员应主动接待，并牢记"顾客至上"。推销人员应引领顾客进入会客厅或公共接待区，并为其送上饮料；如果是在自己的座位上交谈，声音不要过大，以免影响周围同事；推销员在前面领路时，切记始终面带微笑。

在公司内不同场所领路时，应该留意以下要点。第一，在走廊时，应走在顾客前面两三步的地方，让顾客走在走廊中间，转弯时先提醒顾客"请往这边走"。第二，走楼梯时，先说要去哪一层楼，上楼时让顾客走在前面，一方面是确认顾客的安全，一方面也表示谦卑，不要站得比顾客高。第三，乘电梯时，必须引导顾客上、下电梯。必须先按电梯按钮，如果只有一个顾客，可以以手压住打开的门，让顾客先进；如果人数很多，则应该先进电梯，按住开关，先招呼顾客，再让公司的人上电梯；出电梯时刚好相反，按住开关让顾客先出电梯，自己再出电梯；如果领导在电梯内，则应让领导先出，自己最后出电梯。

如果前来的顾客人数很多，首先应保持冷静，其次应该维护现场秩序，也就是秉持"先到先受理"的原则。对已经轮到的顾客应有礼貌地招呼，说出："下一位，请。"如果能有秩序地应对，顾客也就不会做出无理的举动。让顾客久候了，在轮到他时应很谦恭地对他说："让您久等了！"

（2）态度诚实质朴，与顾客建立相互信赖的关系

推销员并不是有个"商人嘴"就成功了，因此，口若悬河，滔滔不绝，使顾客几乎没有表达意见的机会是错误的。认真倾听顾客谈话，是成功的秘诀之一。日本"推销之神"原一平说过："就推销而言，善听比善说更重要。"倾听顾客谈话，能够赢得顾客好感。推销员成为顾客的忠实听众，顾客就会把你引为知己；反之，推销员对顾客谈话心不在焉，或者冒昧地打断顾客谈话，或者一味啰啰唆唆，不给顾客发表意见的机会，就会引起顾客的反感。推销员可以从顾客的述说中把握顾客的心理，知道顾客需要什么，关心什么，担心什么。了解顾客心理就会增加说服的针对性，减少或避免失误——言多必失，少说多听是避免失误的好方法。认真倾听需要技巧，认真倾听也是真诚态度的体现，只有最真诚的态度才能与顾客建立相互信赖的关系。

（3）要让顾客随心所欲地购物

推销员与顾客在交谈中所处的位置和距离如何，对推销的结果也或大或小地产生着影

响。这种影响表现为对双方心理距离的影响上。因此，推销员应注意与顾客交谈时的距离——保持适当距离，既可以让顾客随心所欲地购物，又可以及时解答顾客在购物时的疑问。

人们所处的空间可以分为4个层次：亲密空间15至46厘米，这是最亲的人，如父母、恋人、配偶；个人空间460厘米至1.2米，多为一般亲朋好友之间，可以促膝谈心，拉家常；社交空间1.2至3.6米，适合社交场合与人接触，或者上下级之间保持距离——保持距离会产生威严感、庄重感。显然，推销员与顾客进行交谈时，最适宜的空间距离应该在1.2至3.6米范围内。当然这一空间距离并不是硬性规定，具体的空间距离还得视推销员与顾客关系的密切程度来进行选择。

3. 公关礼仪

公关礼仪是指公关人员在公关活动中应遵循的礼仪要求，并不包括其他场合的礼仪。它既可以是表示敬意而举行的某种仪式，也可以泛指在公关活动中的礼节、礼貌。良好的礼仪修养是公关活动成功的必要条件。但是，公关礼仪与其他交际礼仪也有相通之处，只不过目的、对象有所不同罢了。

在日常生活和工作中，礼仪能够调节人际关系，从一定意义上说，礼仪是人际关系和谐发展的调节器。人们在交往时按礼仪规范去做，有助于增强和建立人们相互尊重、友好合作的关系，缓和和避免不必要的矛盾与冲突。一般来说，人们受到尊重、礼遇、赞同和帮助时就会产生吸引心理，形成友谊关系；反之会产生敌对、抵触、反感，甚至憎恶的心理。礼仪具有很强的凝聚情感的作用，礼仪的重要功能是对人际关系进行调节。在现代生活中，人们的相互关系错综复杂，在平静中会突然发生冲突，甚至出现极端行为。礼仪有利于促使冲突各方保持冷静，缓解已经激化的矛盾。如果人们都能够自觉主动地遵守礼仪规范，按照礼仪规范约束自己，就容易使人和人之间的感情得以沟通，建立起相互尊重、彼此信任、友好合作的关系，进而有利于各项事业的发展。因此，礼仪是企业形象、文化、员工修养素质的综合体现，只有具备应有的礼仪才能使企业在形象塑造、文化表达上提升到一个新的境界。

三、产品销售礼仪的注意事项

（一）讲究礼貌、尊重顾客

初次见面时，不明对方身份，可称"同志"，年龄较大的男性可称"大伯""老大爷""老先生"，对青年男性则可称"先生"，年龄较大的女性可称"阿姨"，对中年女性可称"大姐""女士"，对青年女性则可称"小姐"；对有职务、职称的知识界人士，可以直接用职业名称来称呼，如"医生""老师"，也可以冠以姓，如"刘老师""王医生"。在办公室中，一般不要与同事以绰号相称，这会给人一种散漫、随便的感觉，再好的同事在办公室也不要以绰号相称。

（二）文明用语、避免失言

作为一名销售人员，说话清楚流利是最起码的要求，而要成为一名合格且优秀的销售人员，必须掌握一些基本的交谈原则和技巧，并遵守谈吐的基本礼节。在拜见顾客及其他的一些交际场合中，销售人员与顾客交谈时态度要诚恳热情，措辞要准确得体，语言要文雅谦恭，不要含糊其辞、吞吞吐吐、信口开河、出言不逊；要注意倾听，要给顾客说话的机会，"说三分，听七分"。这些都是交谈的基本原则，具体体现在以下几个方面。

① 说话声音要适当。交谈时，音调要明朗，咬字要清楚，语言要有力，频率不要太快，尽量使用普通话与顾客交谈。

② 与顾客交谈时，应双目注视对方，不要东张西望、左顾右盼。谈话时可适当用些手势，但幅度不要太大，不要手舞足蹈，不要用手指人，更不能拉拉扯扯、拍拍打打。

③ 交谈中要给对方说话机会。在对方说话时，不要轻易打断或插话，应让对方把话说完。如果要打断对方讲话，应先用商量的口气问一下"请等一等，我可以提个问题吗？""请允许我插一句"，避免对方产生被轻视或对其不耐烦等误解。

④ 要注意对方的禁忌。与顾客交谈，一般不要涉及疾病、死亡等不愉快的事情；在喜庆场合，要避免使用不吉祥的词语；顾客如果犯错误或有某种生理缺陷，言谈中要特别注意，以免伤其自尊心；对方不愿谈的话题，不要追根究底，引起对方反感的问题应表示歉意，或者立即转移话题。

⑤ 如果超过三人，应不时与在场人攀谈几句，不要只把注意力集中到一两个人身上，使其他人感到被冷落。交谈时要注意避免使用习惯性口头禅，以免使顾客反感。交谈要口语化，使顾客感到亲切自然。

（三）着装得体、精神饱满

销售人员在与顾客见面之初，对方首先看到的是仪表，如容貌和衣着。销售人员能否受到顾客的尊重，赢得好感，能否得到顾客的承认和赞许，仪表起着重要的作用——合体的服装、适度的打扮可使男性显得潇洒，女性显得秀美。在生活中，一个人的着装打扮会有意无意地在人们的心里形成某种感觉和印象，可能是愉快的、羡慕的，也可能是厌恶的、鄙夷的。因此，仪表形象应该作为一种礼节来注意。

仪表不仅仅是销售人员外表形象的问题，也是一个内在涵养的表现问题。良好的形象是外表得体与内涵丰富的统一。当然，对销售人员来说，注意仪表绝不是非要穿什么名贵衣物不可，不用刻意讲究，做到朴素、整洁、大方、自然即可。

销售人员的衣着打扮，第一要注意时代特点，体现时代精神；第二要注意个人的性格特点；第三，要符合自己的体形。另外，头发也会给人很深的印象，头发要给人以清爽感，油头粉面容易给人厌恶感，等等。总之，外表整洁、干净利落，会给人以仪表堂堂、精神焕发的印象。

（四）热情待客、微笑服务

销售人员与顾客初次见面，经过介绍后或在介绍的同时，握手会拉近销售人员和顾客之间的距离。但握手是有讲究的，不加注意就会给顾客留下不懂礼貌的印象。销售人员在与顾客握手时，要主动热情、自然大方、面带微笑，双目注视顾客，切不可斜视或低着头；可根据场合，一边握手，一边寒暄致意，如"您好""谢谢""再见"等，对年长者和有身份的顾客，应双手握住对方的手，稍稍欠身，以表敬意。

（五）了解产品、巧妙推销

要确定所要推销的产品的目标消费群体，明确针对的是家庭，还是单位；是一般用途，还是有特殊功用；是一般价位，还是高档消费品，等等。不管目标消费对象是家庭还是单位，都要尽量做到有的放矢，确定产品适合哪些消费群体、哪个阶层的消费群体使用。例如，高档品划分出目标群体，向单位推销就针对大型的、效益好的，向家庭推销就要找高档住宅区、有钱人聚居区；中低档品推销则针对中小型单位、中低收入家庭聚居区。此外，不管要卖给谁，都要求对产品有足够的了解，了解不仅仅局限于功能、优点上，还要认清产品的缺点与不足。对功能应有的认知包括材料、构造、使用方法、使用保养的窍门等；对优点应有的认知包括同类产品比较，自己的产品所具有的独特优势——更耐用、更实用，还是价钱更便宜、三包信誉更好，等等；对缺点与不足的认知包括产品与同类产品比起来有哪些缺点、劣势，如材料不好、不好用、价格高、售后无保障等。

第二节　销售谈判礼仪

商场如同战场，在市场经济条件下，各行各业之间、企业之间，为了自己的经济利益寸利必争，毫不相让。但是商场毕竟不是战场，这种竞争不是真刀明枪、你死我活的拼杀，商场上的较量是文质彬彬地进行的——即使双方有争议，相持不下，一切言行也必须是彬彬有礼的。无论交易成功与否，注重礼仪都是十分重要的。

一、销售谈判礼仪的概念及特点

（一）销售谈判礼仪的概念

销售谈判礼仪是指销售双方为了达成交易，或者为了解决双方的争端，以经济利益为谈判目标所进行的一种双边信息传播的行为及其应遵守的礼仪规范。

（二）销售谈判礼仪的特点

1. 合作性

随着市场竞争的不断加速，企业单纯地追求经济利益更容易被市场所孤立，所以现代销售谈判中企业间更注重互惠互利、相互合作。为了使谈判能够达成协议，参与谈判的双方均应具有一定程度的合作性，并能相互做出一定程度的让步。

2. 对抗性

对抗性的极端表现形式就是谈判僵局的形成。在谈判刚开始时，说话一定要十分小心，即使完全不同意对方的说法，也不要立刻反驳。

3. 严密性与准确性

销售谈判的结果一般是由双方协商一致的协议或合同来体现的。合同条款实质上反映了各方的权利和义务，合同条款的严密性和准确性是保障谈判双方所获得的各种利益的重要前提。

4. 时效性

市场变幻莫测，竞争者虎视眈眈，时间变化往往会使黄金变成粪土。特别是零售商品购销，一旦错过了销售旺季，就只有大打折扣一种方法了。

二、销售谈判礼仪的具体运用

（一）销售谈判准备阶段的礼仪

1. 确定参加谈判的人员

谈判人员一般由本组织的权威人士、专业人员、法律顾问和文秘人员组成，其中应明确首席代表和一般代表。同时，凡参加谈判的人员都应注意以下礼仪。

（1）服饰整洁大方，充满自信和朝气

年龄、体形、素养不同，所表现出的气质也不同，因此服饰应充分体现出自身的特点。衣领和袖口处也要注意整洁，全身上下的服饰应保持在3种颜色之内。

（2）自我介绍得体

谈判介绍属于公务式介绍，介绍时包括本人姓名、单位部门、职务或从事的具体工作等。介绍时应注意：明确介绍的目的；介绍时要注意言辞有礼，遵循平等的原则，仪态端正；如果有名片，应该先递名片再做介绍。

（3）说话要注意方式和用语

语调明快，有重心，强调该强调的部分，减少废话、啰唆的成分。还要注意语速不要太快，要有节奏地说，一次说话不要太长，在适当的地方停顿。

2. 调查研究，知己知彼

谈判前应根据谈判内容对本组织的情况做详细的调查了解，并尽可能详尽地了解对方的所有情况。

3. 确定谈判场所

可供选择的谈判场所有4种：主场、客场、双方轮流做东和中立地点。主场就是我方所在地，包括办公室、接待室、会议室、宾馆等。选择主场作为谈判地点有许多优势，如熟识的环境可以使己方增强信心，快速进入状态，使对方在陌生的环境里产生不适感；利用主场谈判也便于寻求技术支持和与上级沟通。

4. 制订谈判方案，拟定谈判议程

谈判前各方都应在调查研究的基础上制订一套、两套甚至几套方案，以适应变化的环境。谈判议程拟定时要注意时间和地点有无不利、谈判项目有无疏漏、洽谈人员是否对等等细节。

（二）销售谈判过程中的礼仪

谈判的过程是一个使内容明确的阶段，主要包括开局阶段、探询阶段、明示阶段、交锋阶段、妥协阶段和签约阶段。

1. 开局阶段

在这个阶段主要应从以下几个方面加以注意。

① 尽可能用语言营造出友好、轻松的谈判气氛。
② 通过姿态、动作营造友好的谈判氛围。

2. 探询阶段

探询阶段也称概述阶段，是一个相当微妙的双向沟通阶段，双方都想通过开局后的简短交谈迅速摸清对方的谈判诚意、真实意图、准备情况、预期目标、谈判策略、对行情的熟悉程度等。

3. 明示阶段

明示阶段标志着谈判进入了对实质性问题的磋商谈判，谈判双方各自陈述自己在本次谈判中的目标、要求、意图。陈述时要注意该说的说清楚、说准确，但不要轻易表露自己的内心世界和商业秘密。

在明示阶段，谈判双方代表必定会有一些不同意见，很容易发生分歧和矛盾，如果操作不当，友好、轻松的谈判气氛便难以持续，所以要做到坦诚相见，心平气和，语言表达要斟酌、条理清晰。

4. 交锋阶段

在交锋阶段，双方为了达到目标、获得利益，展开辩论是在所难免的，谈判中失礼的言行大都发生在这个阶段。因此，在交锋阶段要做到：理智争辩，举证有力，用语谨慎，紧扣"死线"；对于谈判对手某些不合理要求的拒绝，通常宜曲不宜直，即以委婉的口气拒绝。

5. 妥协阶段

妥协阶段是洽谈过程中的"讨价还价"环节，即为了达成一致而进行的让步讨论。在任何一次洽谈中，都没有绝对的胜利者和绝对的失败者。

6. 签约阶段

经过交锋和妥协，双方认为已经基本达到了自己的理想，就是谈判的终结，这时要用协议的形式予以认可，使之合法化。

三、销售谈判礼仪的注意事项

谈判时要注意尊重对方，谅解对方，及时肯定对方，态度和蔼，自然得体，要注意报价、问询、磋商、解决矛盾、处理冷场等的礼仪。

（一）报价

要明确无误，恪守信用，不欺蒙对方。在谈判中报价不得变幻不定，对方一旦接受了报价，即不得再更改。

（二）问询

事先要准备好有关问题，选择气氛适当时及时提出，态度要开诚布公；切忌气氛比较冷淡或紧张时问询，言辞不可过激或追问不休，以免引起对方反感甚至恼怒。但对原则性问题应力争不让。对方回答问询时不宜随意打断，答完后要向解答者表示谢意。

（三）磋商

讨价还价事关双方利益，容易因情急而失礼，因此更要注意保持风度，要心平气和，求大同存小异，发言措辞应文明礼貌。

（四）解决矛盾

要就事论事，保持耐心、冷静，不可因发生矛盾就怒气冲冲，甚至进行人身攻击。

（五）处理冷场

此时主方要灵活处理，可以暂时转移话题，稍做松弛。如果确实已无话可说，则应当机立断，暂时中止谈判，稍做休息后再重新进行。主方要主动提出其他话题，不要让冷场持续时间过长。

（六）双方僵持不下的解决方法

此时应该开拓思路寻找新的切入点，重新将对方的思路引到轨道上来，将谈判继续下去。大范围地获取有关对方的资料，发掘对方的真正需求，以此重新进入谈判无疑是一个较好的办法。

销售谈判经常陷入僵局的原因是：双方只看重自身要求而忽略了对方潜在的需要；谈判双方过分地将注意力集中于一点或两点谈判条件上，而这些条件大多离不开价格等因素。这样不但局限了洽谈的条件，而且丧失了将谈判进一步深化的时机。要求一般是特别指定的一种请求，通常可以量化，并在满足条件上比较单一，而需要则比较抽象、笼统，大多是对方所提要求背后的动机，所以满足需要较满足要求更为容易。当我们发现对方存在着较多的需要时，便可以将其扩展为谈判中的有利因素。当谈判条件，包括任何有交换价值的事物被用于满足需要而非满足要求时，对方对达成协议的承诺就越发积极。这就是说，当需要得到满足时，协议就越发有意义。由于满足需要的方法有很多，当发掘到对方的需要动机时，便能够大大扩展谈判范围，并利用更多的谈判条件去达成更有效益的协议。

第三节　网络销售礼仪

一、网络销售礼仪的原则

网络销售是指企业以电子信息技术为基础，以计算机网络为媒介和手段而进行的各种销售活动（包括网络调研、网络新产品开发、网络促销、网络分销、网络服务等）的总称。网络销售礼仪具有以下原则。

（一）真诚

真诚既是做人的基本道德准则，又是网络销售成功的根本所在。网络销售的显著特点在于虚拟性，可以在未见其人、未闻其声、未知其真实状况下进行交易。

(二)公平

公平是法律的基本原则,在网络销售中也同样适用。网络世界给了我们最大的言论自由,但绝不意味着可以肆无忌惮、为所欲为。在网络中,机会对于每一个人、每一家企业都是均等的、公平的。

(三)自律

自律是一种高尚的品格,在网络销售礼仪中也显得尤为重要。网络世界的虚拟性、隐蔽性,容易使人眼花缭乱,想入非非。在进行网络销售的过程中,要经得起一切考验,不要受利益的驱使去做违法的事。

二、网络销售的礼仪规范

要在互联网上让更多的客户认识我们、了解我们、选择我们,就必须遵循网络销售的礼仪规范。

(一)信息要真实

互联网的宣传面相当广泛,每天都有许多人去阅读相关的信息。网上信息除了包括企业和产品介绍,还可以说明企业的经营理念、企业文化、服务保证等。企业要提高自身在消费者中的知名度,就必须客观地反映自己产品的特点,注意所提供信息的真实性。

(二)主题要明确

网络销售主要在于信息的提供,除了充分显示产品的性能、特点等内容,更重要的是对个别需求进行一对一的销售服务。因此,在对公司及产品进行介绍时一般要明确主题。

(三)语言要流畅

网上公布的信息要便于阅读,语言就必须流畅,尽量不要出现错别字、异体字,引用数据、资料时最好做到精确无误。

(四)文字要规范

许多人认为利用网络销售是无纸化交易,不需要传统意义上的信函,书写的礼仪没有必要注意。这是一种错误的认识,虽然是无纸化交易,但也需要人们通过电子信函去解决问题,所以写作依然要遵循传统商业信函的规范——应该有一个明确的主题,以便于有需求的客户准确地选择。

(五)承诺要兑现

目前,金融机构已率先进入信息网络,企业可通过金融机构提供更加灵活的付款方式,达到刺激和方便消费者购买的目的。这就需要我们提供优质的网上服务,兑现承诺。

(六)正确引用其他信息

网络上的信息转载、复制及对有版权的文字和图片的引用,要与版权人联系,在征得

销售商务礼仪

同意后方可使用；不要随意散发不属于自己的信息；不要任意链接他人站点的内容。

（七）以客户需求为基准

对某些需要注册会员并登录进入的网站，最好简化注册和登录程序，让使用者可以容易地查询或修改个人相关资料。只有具有人性化的设计，才会使客户乐于重复登录。

（八）尊重客户的隐私权

人们可以通过网络的便捷服务完成教育、娱乐、购物行为，甚至接受医疗保健、储蓄，参与政府事务。这些活动都是在网络上进行的，客户隐私容易被侵犯，所以企业应对客户的个人资料进行保密。

（九）注意保密

在网络销售中，数字签字是具有认定效力的商务活动，其重要的细节内容需要高度保密，所以需要额外的安全程序。例如，需要客户生成或取出独一无二的加密密码组，同时还需要由认证证书对签字做出最后确认等。

实训实践

项目名称　见面销售过程礼仪技能训练。

项目目的　通过实训练习，掌握销售过程中的礼貌用语。

项目简介　奥克是美国东区机械厂的推销员，他费了很大劲把一台发动机卖给了一家工厂的工程师亚当。奥克想多销售几台发动机，所以又鼓足了勇气去找这位工程师。没想到亚当却不打算再购买奥克的发动机，原因是亚当认为奥克所售的发动机太热了，热得烫手。奥克知道争辩不会有好处，于是采取了另外一种策略。

奥克：亚当先生，我想你说得对，发动机太热了。你要的发动机的热度不应当超过有关标准，是吗？

亚当：是的。

奥克：电器制造工会规定发动机的温度可以比室内温度高出72℉，是吗？

亚当：是的。

奥克：那么，你们厂房有多热？

亚当：大约75℉。

奥克：72加75，一共是147℉，想必一定很烫手，是吗？

亚当：是的。

奥克：那么，不把手放在发动机上行吗？

亚当：嗯，我想你说得不错。

亚当赞赏地笑起来，他把秘书叫来，准备签订购买30台发动机的合同。

项目要求

（1）把班上学生分成若干小组，由组长组织讨论。

（2）根据可能发生的情景，模拟演示双方从见面开始的问候、称谓、寒暄等。

项目说明
(1) 师生共同评议。
(2) 教师归纳总结。

本章小结

在市场销售活动中,要使销售活动能够正常进行,就必须开展产品、谈判、销售等实务活动,而活动过程中需要人和人之间的相互沟通与交流,只有讲礼仪的销售活动才会被市场所认可。销售谈判礼仪是销售活动和社会交际活动的统一,是销售双方为了达成交易,以经济利益为谈判目标的一种行为规范;网络销售礼仪是以电子信息技术为基础而进行的网络调研、网络新产品开发、网络促销等销售活动中的礼仪规范。

复习思考

想一想

1. 简述以下基本概念。
销售谈判礼仪
2. 谈谈市场销售礼仪的基本内容。
3. 产品销售礼仪有哪些?
4. 销售人员谈判准备阶段的礼仪有哪些?
5. 简述网络销售的礼仪规范。

练一练

1. 判断以下说法的正误。
(1) 探询阶段也叫概述阶段。　　　　　　　　　　　　　　　　　(　)
(2) 妥协阶段是洽谈过程中的"讨价还价"环节。　　　　　　　　(　)
2. 选择题。
1. (多选)在明示阶段,应做到(　　)。
　　A. 坦诚相见　　B. 心平气和　　C. 语言表达要斟酌　　D. 条理清晰
2. (多选)网络销售的礼仪原则是(　　)。
　　A. 真诚　　　　B. 公平　　　　C. 自律　　　　　　　D. 互相尊重
3. (单选)销售活动是以(　　)需求为导向的。
　　A. 生产者　　　B. 消费者　　　C. 产品　　　　　　　D. 企业

销售商务礼仪

谈一谈

刘强是一家大型国有企业的总经理。有一次，他获悉一家著名的德国企业的董事长正在本市进行访问，并有寻求合作伙伴的意向。他于是想尽办法，请有关部门为双方牵线搭桥。

让刘总经理欣喜若狂的是，对方也有兴趣同他的企业进行合作，而且希望尽快与他见面。到了双方会面的那一天，刘总经理对自己的形象刻意地进行了一番修饰，他根据自己对时尚的理解，上穿夹克衫，下穿牛仔裤，头戴棒球帽，足蹬旅游鞋。无疑，他希望自己能给对方留下精明强干、时尚新潮的印象。然而事与愿违，刘总经理自我感觉良好的这一身时髦的"行头"，却偏偏坏了他的大事。

思考 刘总经理的错误在哪里？

第六章 销售活动礼仪

> 有什么样的目的，就有什么样的礼仪。
>
> ——[古罗马]西赛罗

学习目标

掌握组织和参加宴请、舞会等活动的相关礼仪规范，具备商务人员应有的优雅风度和基本素质。

情景设计

武汉市与日本某市缔结友好城市，在某饭店举办大型中餐宴会，邀请本市最著名的演员助兴。这位演员到达后，费了很长时间才找到自己的位置。当她入座后发现与之同桌的许多人都是接送领导和其他客人的司机，感到自尊心受到伤害，没有同任何人打招呼就悄悄离开了饭店。当时宴会的组织者并未觉察到这一点，直到宴会主持人拟邀请这位演员演唱时，才发现演员并不在现场。幸好主持人头脑灵活，临时改换其他节目，才没有出现"冷场"。

任务 从本次宴会的座位安排中你能看出什么问题吗？为什么该演员不辞而别？

解决问题 一个大型活动的组织者，事先应精心策划，对被邀请的对象逐一分析，从门口接待到宴请的桌次和座位安排均应一一落实，分工到位。而这位中餐宴会的组织者，对著名演员的到来一无所知，既无人接待，座位的安排也不合适，极大地伤害了这位著名演员的自尊心，难怪她要不辞而别。

第一节　宴请礼仪

宴请是公关交往中常见的交际活动形式之一，恰到好处的宴请会为双方的友谊增添许多色彩。

一、餐桌礼仪

餐桌上有许多应注意的礼仪，而这些礼仪常被忽视。

（一）就座和离席

① 应等长者坐定后，方可入座。
② 如果席上有女性，应等女性入座后，方可入座。如果女性坐在邻位，应与其打招呼。
③ 用餐后，要等男、女主人离席后，其他宾客方可离席。
④ 坐姿要端正，与餐桌保持适当距离。
⑤ 在饭店用餐，应由服务生领台入座。
⑥ 离席时，应帮助邻座长者或女性拖拉座椅。

（二）餐巾的使用

① 餐巾主要用于防止弄脏衣服，兼用于擦嘴及手上的油渍。
② 必须等到大家坐定后，才可使用餐巾。
③ 餐巾应摊开后，放在双膝上端的大腿上，切勿系入腰带，或者挂在西装领口。
④ 切忌用餐巾擦拭餐具。

（三）餐桌上的一般礼仪

① 入座后姿势端正，脚踏在本人座位下，不可任意伸直；手肘不得抵在桌缘，或者将手放在邻座椅背上。
② 用餐时要温文尔雅，从容安静，不能急躁。
③ 在餐桌上不能只顾自己，也要关心别人，尤其要招呼两侧的女宾。
④ 口内有食物时应避免说话。
⑤ 自用餐具不可伸入公用餐盘夹取菜肴。
⑥ 必须小口进食，不要大口地塞；食物未咽下时，不能再塞食物入口。
⑦ 取菜舀汤时，应使用公筷公匙。
⑧ 吃进口的东西不能吐出来，如系滚烫的食物，可喝水或果汁冲凉。
⑨ 送食物入口时，两肘应向内靠，不宜向两旁张开碰及邻座。
⑩ 自己手上持刀叉，或者他人在咀嚼食物时，均应避免跟人说话或敬酒。
⑪ 好的吃相是食物就口，不可口就食物；食物带汁，不能匆忙送入口，否则汤汁滴在

桌布上极为不雅。

⑫ 切忌用手指掏牙，而应用牙签，并以手或手帕遮掩。

⑬ 避免在餐桌上咳嗽、打喷嚏。万一忍不住，应说声"对不起"。

⑭ 喝酒宜各随意，敬酒以礼到为止，切忌劝酒、猜拳、吆喝。

⑮ 如果餐具坠地，可请侍者拾起。

⑯ 遇有意外，如不慎将酒、水、汤汁溅到他人衣服上，表示歉意即可，不必恐慌赔罪，反使对方难为情。

⑰ 如果要取用摆在同桌其他客人面前的调味品，应请邻座客人帮忙传递，不可伸手横越，长驱取物。

⑱ 如果系主人亲自烹调食物，勿忘给予主人赞赏。

⑲ 如果吃到不洁或异味食物，不可吞入，应将入口食物轻巧地用拇指和食指取出，放入盘中。如果发现盘中的菜肴有昆虫和碎石，不要大惊小怪，宜待侍者走近，轻声告知侍者更换。

⑳ 食毕，餐具务必摆放整齐，不可凌乱放置。餐巾也应折好，放在桌上。

㉑ 在餐厅进餐不能抢着付账，推拉争付，甚为不雅；如果是做客，更不能抢付账；未征得朋友同意，也不宜代友付账。

㉒ 进餐的速度宜与男女主人同步，不宜太快，也不宜太慢。

㉓ 餐桌上不能谈悲戚之事，否则会破坏欢愉的气氛。

二、宴客礼仪

一般的宴会，除自助餐、茶会及酒会外，主人必须安排客人的席次，不能以随便坐的方式，以免引起主客及其他客人的不满。尤其在有外交使团的场合，大使及代表之间，前后有序，绝不相让。现就桌次的顺序和每桌座位的尊卑，分述如下。

1. 桌次的顺序

一般家庭的宴会，饭厅置圆桌一台，无桌次顺序的区分。但如果宴会设在饭店或礼堂，圆桌两桌，或者两桌以上时，则必须定其大小。其定位的原则，以背对饭厅或礼堂为正位，以右旁为大，左旁为小；如果场地排有3桌，则以中间为大，右旁次之，左旁为小。

2. 席次的安排

宾客邀妥后，必须安排客人的席次，目前我国有中式及西式两种席次的安排。两种方式不一，但基本原则相同。一般而言，必须注意下列原则。

① 以右为尊，前述桌次的安排，已述及尊右的原则，席次的安排也以右为尊，左为卑。因此，如果男女主人并坐，则男左女右，以右为大；如果席设两桌，男女主人分开主持，则以右桌为大；宾客席次的安排亦然，即以男女主人右侧为大，左侧为小。

② 职位或地位高者为尊，高者坐上席，即以官阶高低定位，不能逾越。

③ 职位或地位相同时，则必须依官职传统习惯定位。

④ 遵守外交惯例，依各国的惯例，当一国政府的首长，如总统或总理设宴款待外宾时，

则外交部部长的排名在其他各部部长之前。

⑤ 女性以夫为贵,其排名的次序与其丈夫相同,即在众多宾客中,男主宾排第一位,其夫人排第二位。但如果邀请对象是女宾,因她是某部长,而其先生官位不显,譬如是某大公司的董事长,则必须排在所有部长之后,即夫不见得与妻同贵。

⑥ 有政府官员、社会团体领袖及社会贤达参加的宴会,则依政府官员、社会团体领袖、社会贤达为序。

⑦ 欧美人士视宴会为社交最佳场合,故席位采取分坐的原则,即男女分坐,排位时男女互为间隔;夫妇、父女、母子、兄妹等必须分开;如果有外宾在座,则华人和外宾杂坐。

⑧ 遵守社会伦理,长幼有序,师生有别,在非正式的宴会场合,尤应遵守。例如,某君已为部长,而某教授为其恩师,在非正式场合,不能将某教授排在该部长之下。

⑨ 座位的末座,不能安排女宾。

⑩ 在男女主人出面设宴款待而对座的席次,不论圆桌或长桌,凡是 8、12、16、20、24 人(余类推)座次的安排,必有两男两女并坐的情形,所以理想的席次安排以 6、10、14、18 人(余类推)为宜。

⑪ 如果男女主人举办宴会,邀请了顶头上司,则男女主人必须谦让其应坐的尊位,改变座次。

案例小故事 6-1

王小雨应聘到一家外贸公司的财务部。公司举办了大型的西餐自助餐会,邀请了许多外国客户和公司的员工。因为很少吃西餐,王小雨在餐会上出了不少"洋相"。餐会一开始,王小雨端起面前的盘子去取菜,之后却发现,此盘子是装食物残渣用的。为节省取食物的路途,王小雨从离自己最近的水果沙拉开始吃,而此时同事们都在吃冷菜。王小雨只得开玩笑地说:"我在减肥呢!"随后,又因为刀叉放置得不正确,她面前还没吃完的菜,却被侍者端走了。一顿饭吃下来,王小雨浑身不自在。

小思考 王小雨为什么一顿西餐吃得浑身不自在?

第二节　舞会礼仪

在各种各样的社交性聚会中,以号召力最强、最受欢迎而言,恐怕要首推舞会了。那么参加舞会时,有哪些礼仪规范呢?

一、舞会准备

参加舞会时,必须先期进行必要的、合乎惯例的个人形象修饰。

（一）仪容

在仪容方面，舞会的参加者均应沐浴，并梳理出适当的发型；男性务必要剃须，女性在穿短袖或无袖装时应剃去腋毛。特别需要强调的有两点：第一，务必注意个人口腔卫生，认真清除口臭，并禁食有刺激气味的食物；第二，外伤患者、感冒患者及其他传染病患者，应自觉地不要参加舞会，否则不仅有可能传染于人，而且会影响大家的情绪。

（二）化妆

参加舞会前，有条件的人都要根据个人的情况进行适度的化妆。男性化妆的重点通常是美发、护肤和祛味；女士化妆的重点主要是美容和美发。与家居妆、上班妆相比，因舞会大都在晚上举行，舞者肯定难脱灯光的照射，故舞会妆允许相对浓烈一些。但如果不是参加化妆舞会，则化妆时仍要讲究美观、自然，切勿搞得怪诞神秘，令人咋舌。

（三）舞会着装

参加舞会的无论是男性还是女性，都必须穿着整洁得体。服装的选择依场地及舞蹈的形式而定，除了不失礼节，还必须兼顾个人在跳舞时的舒适和安全。

① 女性宜穿裙摆较大、长及脚踝的裙子，使舞姿更飘逸动人；职业套装一般不适宜于舞会；女性不要忘记戴上华美的首饰，让它们在五彩斑斓的灯光下闪亮。穿上高跟鞋，可以使女性的步态、舞姿更动人，还可以避免因穿长裙而显得拖沓。

② 男性要穿比较正规的西装，如符合西方传统的深蓝色、灰色西装；灯芯绒或格子呢的肘部打补丁的休闲西装不宜出现在十分正规的舞会上；即使是夏天，男性也得穿长裤去参加舞会，穿西装短裤、沙滩裤去跳舞是不礼貌的；男性还要把头发梳理整齐，把胡子剃干净，把皮鞋擦亮。

舞会上的穿着除了顾及个人的安全舒适，也应使舞伴轻松愉快地享受共舞的乐趣。请务必留意下列几点。

① 不管舞会正式与否，请穿舞鞋，不要穿运动鞋或任何胶底鞋，因为它们会粘在地板上，当做旋转动作时会导致膝盖受伤。

② 避免穿无袖或吊带的衣服，尤其在较活跃的舞步中，触摸到舞伴湿漉漉的肌肤并不是件愉悦的事。

③ 女性的配件，如大耳环、手表、胸针、长项链、大皮带头等在舞池中都是危险物品，都可能勾到舞伴的衣服或刮伤、碰伤舞伴，都是不好的。

④ 袖口低于腋窝的衣着并不适宜，尤其拉丁舞中男性常借助女性的背部，一不小心就会抓到宽松的衣袖。

⑤ 女性长发应往上扎好，或者梳理服帖，否则在转圈时头发甩到男性的脸上会显得很不礼貌。

二、舞会陪同

（一）舞伴选择

舞曲开始之后就可以邀请舞伴了。交际舞的特点是男女共舞，邀请舞伴通常是男性的任务，不过女性可以拒绝。此外，女性也可邀请男性，而男性却不能拒绝。

在舞会自行选择舞伴时，也有规范可循。有可能的话，不要急于行事，而是先适应一下四周的气氛，进行一下细心的观察。一般来说，以下 8 类对象是自选舞伴时最理智的选择。

① 年龄相仿之人。年龄相似的话，一般是容易进行合作的。

② 身高相当之人。如果双方身高差距过大，未免会令人感到尴尬难堪。

③ 气质相同之人。邀请气质、秉性相近的人一同共舞，往往容易各对各眼，互相产生好感，从而和睦相处。

④ 舞技相近之人。在舞会上，舞技相近者"棋逢对手"，相得益彰，有助于更好地发挥技艺。

⑤ 无人邀请之人。邀请较少有人邀请之人，既是对其表示一种重视，也不易遭到回绝。

⑥ 未带舞伴之人。邀请未带舞伴的人共舞，成功的机会往往较高。

⑦ 希望结识之人。想结识某人的话，不妨找机会邀请对方或是其同伴共舞一曲，以舞为"桥"，接近对方。

⑧ 打算联络之人。在舞会上遇到久未谋面的旧交，最好请其或其同伴跳一支曲子，以便有所联络。

（二）邀舞礼仪

邀请他人跳舞，应当力求文明、大方、自然，并且注意讲究礼貌。千万不要勉强对方，尤其是不要出言不逊，或者与其他人争抢舞伴。男性邀请舞伴时，应姿势端正，彬彬有礼地走到女性面前，微笑点头，同时伸出右手，掌心向上，手指向舞池并说："我可以请你跳舞吗？"如果被邀女性的丈夫或父母在场，要先向他们致意问候，得到同意时方可邀请女性跳舞。舞曲结束后，要把女性送到座位旁或送回其家人身边并致谢。

（三）拒邀礼仪

拒绝邀请应该得体。在舞会上一般不宜对邀请表示拒绝。如果出于某种原因不想接受他人的邀请，只要做得得体，也不算失礼。最佳的拒绝方法是"我想暂时休息一下"，或者"这首舞曲我不太会跳"，以便给邀请者一个台阶下。一旦拒绝某位男性的邀请，这支舞曲就不要再接受另一男性的邀请，以免造成对前者自尊心的伤害。

（四）共舞礼仪

舞会又称交谊舞、宫廷舞，英文为 ballroom dancing，最早起源于欧洲。其基本形式有：布鲁斯（又称慢四步）、慢华尔兹（又称慢三步）、快华尔兹（又称快三步）、狐步（福克斯，又称中四步）、快步、伦巴、探戈、吉特巴等。参加舞会，应注意自己的舞姿和舞技，但更重要的是自己跳舞时的举止风度要符合礼仪的规范要求。

① 步入舞池时，要尊重女伴，女在前，男在后，由女性选择具体位置；跳舞时，一般男性领舞引导在先，女性配合在后。一曲终了，应立于原处，面向乐队或主持人鼓掌表示感谢，男性再将女伴送回原处。

② 跳舞时舞姿要端正大方，身体不要晃动。双方面带微笑，不可大声谈笑。

③ 跳舞时男性不要强拉硬拽，女性不可挂、扑、靠、扭。
④ 双方身体应保持一定的距离。
⑤ 跳舞时如果冲撞了别人，应礼貌地向人道歉。
⑥ 不可目不转睛地凝视舞伴，即便是热恋中的情侣，在舞会上也不应过分亲昵。
⑦ 在双方共舞过程中，无论舞步有多么不合，都应坚持到底，一般不应中途离去。双方都礼貌下场是允许的。
⑧ 要按逆时针方向进行，不要旁若无人、横冲直撞。

（五）其他注意礼节

1．同性不宜共舞

根据国际惯例，两位男性共舞等于宣告他们不愿意邀请在场的任何一位女性，无形中表明他们是同性恋关系；两位女性也应尽量不共舞，尤其是在有外宾的情况下及在国外的舞会上。

2．当女性主动时

一般情况下，女性是不用主动邀请男性的，但在特殊情况下，需要请长者或贵宾时，则可以不失身份地表达"先生，请您赏光"或"我能有幸请您吗？"。

3．两位男性同时发出邀请时

从国际礼仪的角度考虑不难解决，女性在面对两位或两位以上的邀请者时，最能顾全他们面子的做法是全部委婉地谢绝。要是两位男性一前一后走过来邀请，则可以"先来后到"为顺序，接受先到者的邀请，同时诚恳地对后面的人表示"很抱歉，下一次吧"，并要尽量兑现自己的承诺。

4．不应总与一个人跳

依照正规的礼仪，结伴而来的一对男女，只要一同跳第一支舞曲就可以了。从第二支曲子开始，大家应该有意识地交换舞伴，认识更多的朋友。

5．不要轻易拒绝邀请

舞会是通过跳舞交友、会友的场合，所以在舞会上女性不能轻易拒绝他人的邀请。女性可以拒绝个别"感觉不佳"的男性的邀请，但要注意分寸和使用礼貌用语，要委婉地表达。

6．男性的绅士风度

在舞会上最能体现一个男性的绅士风度。例如，跳舞中要保持一定的距离，左手轻扶舞伴的后腰（略高于腰部），右手轻托舞伴的右掌，尤其在旋转的时候，男性一定要舞步稳健，动作协调，同舞伴一起享受华尔兹的优美。万一发现女性晕眩，男性一定要做好"护花使者"，护送她回原位。在一支曲子结束后，要礼貌地将女性送回原座位，道谢后再去邀请另一位女性。

7．何时离开舞会

无论是参加朋友的私人舞会，还是正式的大型舞会，遵守时间是首要的礼仪，要准时到达。至于离开舞会的时间，朋友的私人舞会最好坚持到舞会结束后再离去，这也是对朋友的支持；其他的舞会，只要不是只跳了一支曲子就离去显得应酬的色彩过浓就可以了。

本章小结

本章所讲授的是商业仪式等专题活动礼仪，主要包括宴请及舞会等商务活动的程序、礼仪规范及其遵循的惯例，具体涉及商务宴请中的交际礼仪、用餐礼仪与个人礼仪，舞会礼仪的安排与准备事项、邀舞与跳舞的礼仪规范等内容。

复习思考

想一想

1. 简述签字仪式的程序。
2. 在商务宴请中，对交际与个人礼仪有什么要求？
3. 参加舞会时，被邀请者应注意哪些礼仪？

练一练

1. 假如有5位英国客人来公司洽谈业务，总经理让小徐安排他们在京港大酒店的西餐厅就餐。为了表示尊重，公司也有5位陪客。按照西餐礼仪规范，英方来访的团长威尔逊先生应该坐哪里？请按照西餐桌次席位安排的基本礼仪规范，画出西餐座位图（以长方形桌为例，表明主陪及主客座次顺序），并说明理由。
2. 请组织一次舞会，邀请男女共30至50人参加舞会，并从中体验舞会应遵守的礼节。

谈一谈

王君是某县贸易公司经理。2018年5月的一天，王君乘火车到省城想与某公司洽谈一笔出口生意。听说附近在进行大规模的丝绸展，王君想顺便看看，以便给爱人带点礼物。

第二天，王君谢绝了陪同，一个人来到了丝绸展览会。展览会所展示的产品很丰富，他挑花了眼。王君抬头看到前面模特身上的衣服，感觉很合适，于是便快步走过去。摸摸手感不错，刚想开口问，就听到老板冲他说："你这人怎么这样啊，这件出口真丝衣服很贵，没看到纸上写着禁止手摸吗？"王君仔细一看，是有张纸上这样写着。王君被数落了一顿，没了心情，很快就出去了。

外面很热，他脱了西装，买了瓶水喝，顺便买了一双凉鞋换上，另外还买了一顶帽子和一副墨镜。想到下午坐车回去还早，于是他就到附近的现代雕塑展会看看。

王君进去后感觉很安静，手里拿着矿泉水瓶觉得别扭，看到左右没人就顺手放在地上了。突然，意识到自己与周围人不同，他赶快摘了帽子，也不再自言自语赞叹欣赏的作品了。到了另一展区，看到有人在打量他，王君看看自己没问题啊，闻闻好像是新的凉鞋有异味，他觉得不好意思了，于是就掏出墨镜戴上，继续看展览。

出去的时候，王君看到了参观展览指导说明，一下子脸红了，知道了自己今天看展览时有很多失误，后悔进去前没仔细看参观展览指导说明。

思考　你能指出王君今天的失误之处吗？

第七章
商务仪式礼仪

> 在宴席上最让人开胃的菜就是主人的礼节。
>
> ——[英]莎士比亚

学习目标

1. 了解签字仪式、开业仪式、庆典仪式、剪彩仪式、新闻发布会礼仪的基本概念；掌握筹备开业仪式的原则、程序及剪彩仪式的特征。
2. 熟悉签字仪式的程序、开业仪式筹备的内容、庆典仪式的类型和特点、新闻发布会的礼仪。
3. 掌握开幕、开工、奠基、破土、竣工、下水、通车和通航仪式的基本程序和特色。

情景设计

经过长期的谈判，恒昌公司终于同美国的一家跨国公司谈妥了一笔大生意，双方决定为此举行一个签字仪式。

由于双方的谈判工作是在中国进行的，因此签字仪式便由中方的恒昌公司来负责。为了表示对美方的重视与尊重，恒昌公司的工作人员精心布置了签字厅，将中方的国旗摆在签字桌的右侧，美方的国旗摆在签字桌的左侧。

然而，在签字仪式正式举行的那一天，美方人员见到签字厅的布置后恼火不已，并拒绝进入签字厅，最终决定取消与恒昌公司的合作。恒昌公司的生意就此告吹。

任务 请思考，美方人员为什么会取消与恒昌公司的合作？

解决问题 因为我国传统礼仪是"以右为上"，所以恒昌公司把美方的国旗摆在了签字桌左侧。然而在跨国的商务交往中，应遵循"以右为上"的国际惯例，所以应该把美方的国旗摆在右侧。通过这个案例也给了大家一个教训：在商务交往中，对于签字的礼仪不可不知。虽然签字仪式往往时间不长，也不像举办宴会那样涉及许多方面的工作，但是由于它涉及各方面的关系，同时往往是谈判成功的标志，有时甚至是历史转折的里程碑，因此一定要认真筹办，一丝不苟。

仪式礼仪是现代社会的重要社交方式，也是组织方对内营造和谐氛围、增加凝聚力，对外协调关系、扩大宣传、塑造形象的有效手段。商务仪式是指企业为了庆祝某个重要日子、重大事件而举行的气氛热烈、隆重的活动。随着企业的蓬勃发展和业务的不断扩大，围绕商务活动开展的各类仪式也多起来。在商务活动中，无论是主办方还是参加者都必须遵守一定的流程和礼仪规范。商务仪式礼仪是商务交往取得成功的基本前提和重要保障。商务仪式是丰富多彩、繁复多样的，如开业仪式、剪彩仪式、签字仪式、交接仪式等。本章主要介绍签字仪式、剪彩仪式、开业仪式、新闻发布会、国旗的仪式的礼仪规范。

第一节　签字仪式礼仪

在商务活动中，双方经过洽谈、讨论，就某项重大问题的意见、重要交易或合作项目达成一致后，就需要把谈判成果和共识用准确、规范、符合法律要求的格式与文字记载下来，经双方签字盖章形成具有法律约束力的文件。围绕这一过程，一般都要举行签字仪式。

2018年7月15日18:30—19:00（北京时间），广州朝阳汽车有限公司与美国新安汽车有限公司将在广州白天鹅宾馆签署技术合作协议。假如安排你负责本次合作项目的签字仪式，你将如何组织？

要完成本次任务，必须明确：从哪些方面做好准备；签字仪式有哪些程序。

一、签字仪式的含义

签字仪式通常是指订立合同、协议的各方在合同、协议正式签署时所举行的仪式。举行签字仪式不仅是对谈判成果的一种公开化、固定化，而且也是有关各方对自己履行合同、协议所做出的一种正式承诺。

签字仪式礼仪是指各方人员在举行签字仪式时应遵守的礼仪程序和规范。

二、签字仪式的准备

签字仪式是由双方代表正式在有关协议或合同上签字并产生法律效力，体现双方诚意和共祝合作成功的庄严而隆重的仪式。因此，主办方要做好充分的准备工作。

签字仪式的准备主要包括准备合同文本、确定出席人员、选择签字场地和布置签字厅。

（一）准备合同文本

1．文本定稿

在谈判或洽谈结束后，签约各方应指定专人共同审订合同中的各项具体条款及其表述，并核对与合同相关的附件、批文、证明等材料的真实性、完整性和准确性，最终使合同文本定稿。

2．确定语言文字类型

具体情况有以下两种。

① 双边签约的签字文本应同时使用双方法定的官方语言文字撰写，必要时还可以使用国际通行的第三方文字，如英文、法文。

② 多边签约的签字文本应使用经各方协商确定的语言文字撰写。

3．确定正本和副本

① 正本即签字文本，其数量通常与签约方的数量一致，正本签字后由签约各方保存或由专门的机构保存。

② 副本是为了方便工作而按照正本制作的，其内容与正本相同，其效力、印制数量和各方保存的份数由签约各方协商确定。

一般情况下，副本不用签字、盖章，或者只盖章、不签字。

4．文本盖章

为了保证合同在签字仪式上一经签字即生效，签约各方通常在举行签字仪式前在待签文本上盖上各自的公章。

5．文本装订

待签文本应用 A4 规格的高档白纸印刷并装订成册，再配以高档材料的封面，以示郑重。

文本的装订通常由主办签字仪式的签约方（以下简称"主方"）代办。

需要注意的是，主方应负责准备最终确定的文本；签字的合同双方各执一份，必要时可准备一份副本；要认真校对，不同文字须注明具有同等的法律效力；要用国际 A4 规格白纸装订成册；须用高档材料制作封面。

（二）确定出席人员

通常，签约各方应预先确定的人员包括主签人、助签人、见证人和主持人。

1．主签人

主签人是代表一个国家、政府或企业进行签字的人员，所以对主签人的选择十分关键。主签人可由各签约方参与谈判或洽谈的主谈人担任，也可由各方更高级别的领导人担任。

确定主签人的规则如下。

① 主签人必须具有签字资格。

② 主签人的职务和身份应当一致或大致相当。

2．助签人

助签人的职能是洽谈有关签字仪式的细节并在签字仪式上帮助翻阅与传递文本、指明签字处。双方的助签人由缔约双方共同商定。

确定助签人的规则如下。

① 助签人必须了解签约各方的谈判或洽谈过程，清楚待签文本的整理、起草和制作情况，并非常熟悉助签业务。

② 双边签约时，签约双方应事先选定各自的助签人；多边签约时，可由签约各方自选助签人，也可由主方委派一名助签人，依次协助各方的主签人签字。

3. 见证人

见证人通常由各方参加谈判或洽谈的人员担任，必要情况下也可请律师或公证机关的公证人员担任。

4. 主持人

主持人一般由主方人员担任，但其身份应经其他各方确认。

（三）选择签字场地

签字场地即正式举行签字仪式的场地，通常应根据参加签字仪式的人员人数和合同内容的重要程度来确定。

签字场地的选择应当由签约各方共同协商确定，任何一方自行决定后再通知其他各方的行为都属于失礼行为。

（四）布置签字厅

布置签字厅的总原则是：庄重、整洁、清净。

1. 厅内陈设

标准的签字厅内应铺设地毯，并摆上签字时必用的桌椅，其他陈设概不需要。签字桌通常应为长方形，桌上最好铺设深色（通常为深绿色）的台布，但同时应考虑签约各方的习惯和禁忌。

2. 桌椅摆放

签字桌应横放于签字厅内，面对着签字厅正门。签字椅应摆放在签字桌的一侧，其数量则应根据签约方的人数来具体确定，具体方法有以下两种。

① 双边签约时，可摆放两张座椅，供双方主签人就座。

② 多边签约时，可只摆放一张座椅，供签约各方的主签人轮流就座，也可为每位主签人各提供一张座椅。

3. 会标布置

会标通常悬挂在签字桌上方的醒目位置。

会标的写法通常有以下两种。

① 双方签约时，会标由签约双方的名称、签字文本标题加"签字仪式"或"签约仪式"构成。

② 多方签约时，会标由签约各方的名称、签约内容加"签字仪式"或"签约仪式"构成。

4. 待签文本及相关物品的摆放

签字桌上应事先摆放好待签文本、签字时所用的文具（如签字笔、吸墨器等）、话筒等物品，并在桌上放置各方主签人的桌牌。

桌牌上应写明签约方的名称，以及主签人的职务和姓名。在涉外签字仪式中，桌牌上的内容应用中文和英文两种文字标示。

5. 国旗插放

在签署涉外商务合同时，还应在签字桌上插放签约各方的国旗。国旗的插放位置必须符合礼宾顺序，主方国与客方国旗帜悬挂的方位是面对正门客右主左，即各方的国旗必须插放在该方签字人座椅的正前方。

6. 香槟酒及酒杯的准备

主方还应事先准备好一定数量的香槟酒和酒杯，以便签字仪式结束后，签约各方举杯庆贺。签字仪式结束后，按照惯例，应该安排祝酒庆贺。视谈判规格由服务人员端上倒好的香槟或葡萄酒，依职务高低、先客后主的顺序依次各取一杯，双方人员依次碰杯祝贺。碰杯只是用于表示庆祝的形式，每次碰杯及碰杯之后可把杯子端至嘴边，使杯口与嘴唇相触，也可饮一点，但不可大口饮用，更不可一饮而尽。最后由服务人员端走酒杯。

（五）服饰准备

按照规定，签字人、助签人及随员在出席签字仪式时，应当穿着具有礼服性质的深色西装套装、中山装套装或西服套裙，并且配以白色衬衫和深色皮鞋。男性还必须系上单色领带，以示正规。在签字仪式上露面的礼仪人员、接待人员，可以穿自己的工作制服或旗袍一类的礼仪性服装。

三、签字仪式的座次礼仪

从礼仪上来讲，举行签字仪式时，在力所能及的条件下，一定要郑重其事，认认真真。其中，最重要的当属举行签字仪式时座次排列方式的问题。

一般而言，举行签字仪式时，座次排列有3种基本形式，分别适用于不同的情况。

（一）并列式座次排列

并列式座次排列适用于双边签字仪式，其基本规则如下。

① 签约双方的主签人与其随席人员并列位于签字桌的一侧。

② 双方的主签人按照以右为尊（以室内面向正门的视角为基准）的惯例居中、面门而坐，客方居右，主方居左。

③ 双方的助签人站在各自主签人的外侧。

④ 双方的随席人员分别站在己方主签人的座位后面，并按照职位高低，由中间向两侧依次排开。

⑤ 如果是涉外双边签字仪式，还应将签约双方的国旗分别插放在主签人的正前方，并与双方的主签人相对应，即客方国旗居右，主方国旗居左。

并列式座次排列如图 7.1 所示。

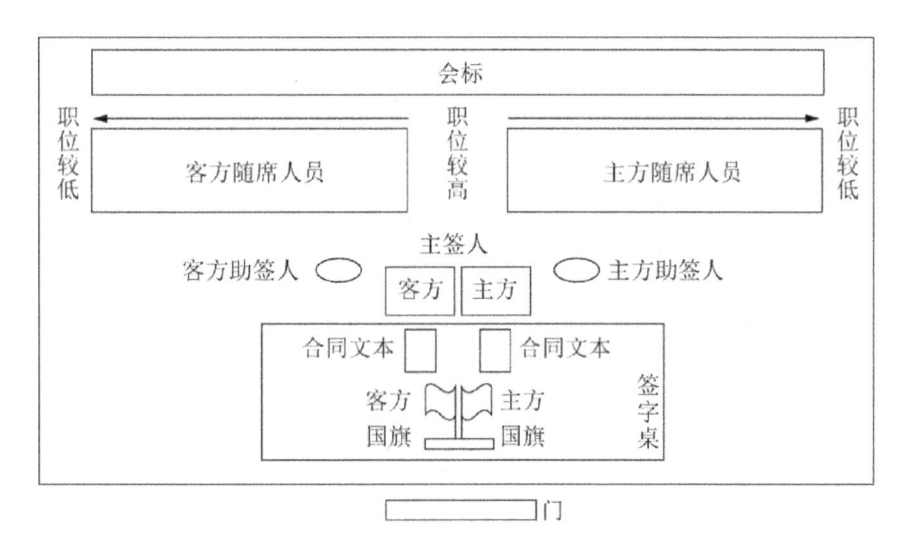

图 7.1　并列式座次排列

（二）相对式座次排列

相对式座次排列与并列式座次排列基本相同，二者唯一的差别在于：相对式座次排列将签约双方的随席人员移到了主签人的对面。

（三）主席式座次排列

主席式座次排列主要适用于多边签字仪式，其基本规则如下。

① 签字桌前只设一张签字椅，签约各方的主签人按照各方事先同意的顺序站在签字椅后面，面向签字桌。其中，排在第一顺序的主签人居中，其他主签人按照先右后左的顺序向两侧由近及远地依次排开。

② 签约各方的随席人员背对正门，面向签字桌就座于主签人的对面，并按照职位高低从前往后依次排开，通常每一方随席人员的位置与其主签人的位置相对应。

③ 签字时，各方主签人按照签约各方事先同意的先后顺序依次入座签字，各方的助签人则随其所在方的主签人上前助签，并按照以右为尊的原则站立在主签人的左侧。

④ 如果是涉外多边签字仪式，则还应在会标和主签人之间插放签约各方的国旗，国旗的插放顺序应与各方主签人的位置相对应。

主席式座次排列如图 7.2 所示。

销售商务礼仪

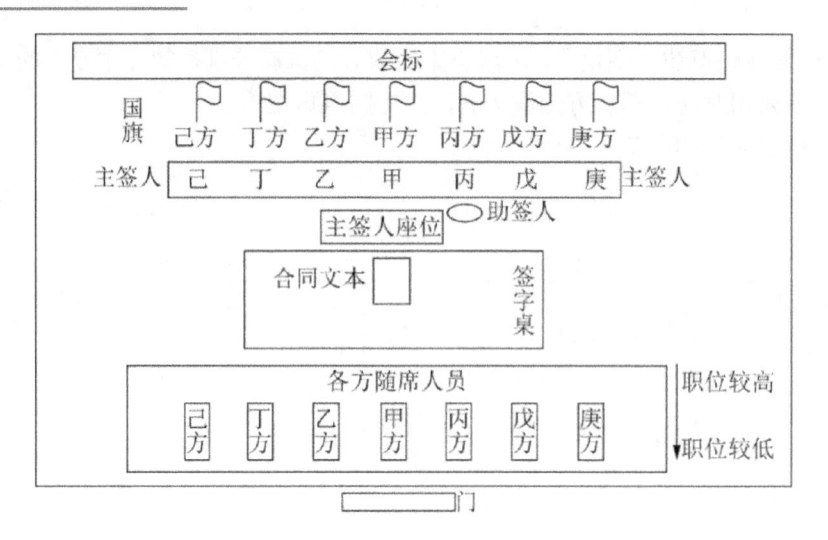

图 7.2 主席式座次排列

案例小·故事 7-1

7月15日是国能电力公司与美国PALID公司在多次谈判后达成协议,准备正式签字的日期。国能电力公司负责签字仪式的现场准备工作。国能电力公司将公司总部10层的大会议室作为签字现场,在会议室摆放了鲜花,长方形签字桌上临时铺设了深绿色的台呢布;摆放了中美两国的国旗,美国国旗放在签字桌左侧,中国国旗放在右侧;签字文本一式两份,放在黑色塑料的文件夹内,签字笔、吸墨器分别置放在两边;会议室空调温度控制在20℃。办公室陈主任检查了签字现场,觉得一切安排妥当。他让办公室张小姐通知国能电力公司董事长、总经理等我方签字人员在会议室等待,自己到楼下准备迎接客商。

上午9点,美方总经理一行乘坐一辆高级轿车,准时驶入国能电力公司总部办公楼。司机熟练地将车平稳地停在楼前,陈主任在门口迎候。他见副驾驶座上是一位女宾,便以娴熟优雅的姿势先为前排女宾打开车门,并做好护顶姿势,同时礼貌地问候对方。紧接着,陈主任迅速走到右后门,准备以同样动作迎接后排客人。不料,前排女宾已经先于他打开了后门,迎候后排男宾,陈主任急忙上前问候,但明显感觉女宾和后排男宾有不悦之色。陈主任一边引导客人进入大厅来到电梯口,一边告知客人董事长在会议室等待。电梯到达10层后,陈主任按住电梯控制开关,请客人先出,自己后出,然后引导客人到会议室。在会议室等待的国能电力公司的签字人员在客人进入会议室时,马上起立鼓掌欢迎,公司董事长急忙从座位上站起,主动与对方客人握手。不料,美方客人在扫视了会议室后,似乎非常不满,不肯就座,好像是临时改变了主意,不想签字了。

小思考

(1)国能电力公司安排的这次签字活动有不当之处吗?请对其进行评判。

(2)陈主任在迎接礼仪的安排和自己的迎送过程中是否有不周到之处?

四、签字仪式的基本程序

签字仪式的基本程序主要包括仪式开始、签署文本、交换文本、举杯庆贺、合影留念和退场这 6 个环节。

（一）仪式开始

签约各方的全体出席人员进入签字厅，按照礼仪顺序在指定的座位入座。

（二）签署文本

主签人签署文本时应采用轮换制的方式进行，即须签署多份正本文本时，各方主签人应先签署由己方保存的合同文本，并将名字列于首位，然后将合同文本交由他方主签人签字，再签署由他方保存的合同文本。

主签人签署文本时，助签人应站在相应位置协助翻揭文本并指明签字之处。

（三）交换文本

签约各方交换已经签字完毕的文本，以便各方保留己方首签的文本。交换后，各方主签人应起身站立，热情地与他方主签人握手，并相互祝贺，同时还可以相互交换各自使用过的签字笔，以作为纪念。此时，全场出席人员应热烈鼓掌，以表祝贺。

（四）举杯庆贺

签约各方的相关人员应接过一杯由礼宾人员端上来的香槟酒，与他方的主签人及相关人员一一碰杯并当场饮用，然后高举（以齐于眼部为宜）酒杯示意，相互道贺。

（五）合影留念

合影位次的排列规则如下。

按照以右为尊（以面向摄影师的视角为基准）的原则，客方人员居于右侧并按身份高低自左向右依次排列，主方人员居于左侧并按身份的高低自右向左依次排列，主客方站成一排。如果一排站不开，可按照前排尊于后排的规则排成两排或三排。

（六）退场

签字仪式结束后，主方应先请签约各方的最高领导人退场，然后请客方人员退场，最后主方人员退场。

整个仪式所用的时间以半小时为宜。

第二节　剪彩仪式礼仪

剪彩仪式是指商界的有关单位为了庆祝公司的成立、公司的周年庆典、企业的开工、

销售商务礼仪

宾馆的落成、商店的开张、银行的开业、大型建筑物的启用、道路或航道的开通、展销会或展览会的开幕等而举行的一项隆重的礼仪性程序。

资料小·看板 7-1

剪彩的由来有以下两种说法。

1. 剪彩起源于欧洲

在古代,西欧造船业比较发达,新船下水往往吸引着成千上万的群众前来观看。为了防止人群拥向新船而发生意外事故,主持人在新船下水前,会在离船体较远的地方,用绳索设置一道"防线"。等新船下水典礼就绪后,主持人就剪断绳索让观众参观。后来绳索改为彩带,人们就给它起了"剪彩"的名字。

2. 剪彩起源于美国

1912年,在美国的一个乡间小镇上,有家商店的店主慧眼独具,从一次偶然发生的事故中得到启迪,以它为模式开一代风气之先,为商家创立了一种崭新的庆贺仪式——剪彩仪式。

当时,这家商店即将开业,店主为了阻止闻讯之后蜂拥而至的顾客在正式营业前闯入店内,将特价商品抢购一空,而使守时而来的人们得不到公平的待遇,便随便找来一条布带子拴在门框上。谁曾料到这项临时性的措施竟然更加激发起了挤在店门之外的人们的好奇心,促使他们更想早一点进入店内,对行将出售的商品先睹为快。

事也凑巧,正当店门之外的人们的好奇心上升到极点,显得有些迫不及待的时候,店主的小女儿牵着一只小狗突然从店里跑了出来,那只"不谙世事"的可爱的小狗若无其事地将拴在店门上的布带子碰落在地。店外不明真相的人们误以为这是该店为了开张所搞的"新把戏",于是立即一拥而入,大肆抢购。让店主转怒为喜的是,他的这家小店开业之日的生意居然红火得令人难以想象。

向来有些迷信的他便追根溯源地对此进行了一番"反思",最后认定自己的好运气全是由那条被小女儿的小狗碰落在地的布带子所带来的。因此,此后在他旗下的几家连锁店陆续开业时,他便将错就错地如法加以炮制。久而久之,他的小女儿和小狗无意之中的"发明创造",经过他和后人不断地"提炼升华",逐渐成为一整套的仪式。它先是在全美,后是在全世界广为流传开来。在流传的过程中,它被人们赋予了一个极其响亮的大名——剪彩。沿袭下来,就成了今天盛行的"剪彩"仪式。

一、剪彩仪式的主要内容

在组织剪彩仪式时,没有必要一味地求新、求异、求轰动,而脱离了自己的实际能力——勤俭持家无论何时何地都是商界人士必须铭记在心的。

二、剪彩的准备

（一）剪彩仪式的准备

1. 确定剪彩人员

（1）剪彩者

剪彩者即剪彩仪式上持剪刀剪彩的人。剪彩者可以是一人，也可以是数人，但一般不多于5人。他们通常由举办单位的上级领导、合作伙伴、社会名流、员工代表或客户代表担任。确定剪彩者名单必须在剪彩仪式正式举行之前。名单一经确定，即应尽早告知对方，使其有所准备。在一般情况下，确定剪彩者时，必须尊重对方个人意见，切勿勉强对方。如果要邀请数人担任剪彩者，则还应分别告知每位剪彩者届时将与之同担此任的人员名单，否则是有失礼仪的。

必要时，可在剪彩仪式举行前将剪彩者集中在一起，告知有关的注意事项，并稍加训练。按照常规，剪彩者应着套装、套裙或制服，将头发梳理整齐，不允许戴帽子或墨镜，也不允许其穿着便装。

（2）助剪者

助剪者是指在剪彩者剪彩的一系列过程中从旁为其提供帮助的人员。一般而言，助剪者多由东道主一方的女职员担任。现在，人们对她们的常规称呼是礼仪小姐。

具体而言，在剪彩仪式上服务的礼仪小姐，又可以分为迎宾者、引导者、服务者、拉彩者、捧花者、托盘者。迎宾者的任务是在活动现场负责迎来送往；引导者的任务是在进行剪彩时负责带领剪彩者登台或退场；服务者的任务是为来宾，尤其是剪彩者提供饮料，安排休息之处；拉彩者的任务是在剪彩时展开、拉直红色缎带；捧花者的任务则是在剪彩时手托花团；托盘者的任务是为剪彩者提供剪刀、手套等剪彩用品。

在一般情况下，迎宾者与服务者应不止一人；引导者既可以是一个人，也可以为每位剪彩者各配一名；拉彩者通常应为两人；捧花者的人数则需要视花团的具体数目而定，一般应为一花一人；托盘者可以为一人，也可以为每位剪彩者各配一人。有时，礼仪小姐也可身兼数职。

2. 准备剪彩用具

（1）红色缎带

红色缎带即剪彩仪式中的"彩"。按照传统的做法，红色缎带应由一整匹未曾使用过的绸缎，在中间结成数朵花团而成；按照目前的做法，红色缎带也可为一条长度为2米左右的细窄的绸缎。

一般来说，红色缎带上所结的花团应硕大、生动、醒目，其数目应比现场剪彩者的人数多一个或少一个。

（2）新剪刀

新剪刀是剪彩者正式剪彩时所用的剪刀，必须崭新、锋利、顺手，且其数量应与剪彩者的人数一致。

仪式举办单位在准备新剪刀时一定要逐一检查剪刀是否开刃及好不好用，以免剪彩者届时不能一举成功地剪断红色缎带而一再补刀。

(3) 白色薄纱手套

为了显示郑重，最好为每位剪彩者准备一副白色薄纱手套。该手套应崭新平整、洁白无瑕、大小合适、数量充足。

(4) 托盘

托盘是托在托盘者手中，用于盛放红色缎带、新剪刀和白色薄纱手套的盘子。该托盘通常为崭新、洁净的银色不锈钢制品，在使用时可铺上红色绒布或绸布，以示正规。

托盘可仅配备一只，也可为每位剪彩者各配备一只。

(5) 红色地毯

地毯应铺设在剪彩者正式剪彩时所站立之处，其宽度应为1米以上，长度则可视剪彩者人数的多少而定。

(二) 剪彩仪式的基本礼仪

1. 剪彩人员的着装礼仪

剪彩者应着套装或职业制服出席剪彩仪式，以给人留下稳健、干练的好印象；对助剪者的基本要求是相貌较好、身材颀长、年轻健康、气质高雅、音色甜美、反应敏捷、机智灵活、善于交际。助剪者的最佳装束应为：化淡妆、盘起头发，穿款式、面料、色彩统一的单色旗袍，配肉色连裤丝袜、黑色高跟皮鞋，除戒指、耳环或耳钉外，不佩戴其他任何首饰。有时，助剪者身穿深色或单色的套裙也可。但是，她们的穿着打扮必须尽可能整齐统一，必要时可向庆典礼仪公司聘请专业礼仪小姐。

案例小故事 7-2

某商场正在举行开业仪式，甲、乙两位中年妇女刚好路过，就在旁边看热闹。

甲：商场看起来挺寒酸的。

乙：怎么了？外表看起来规模还挺大的，说是好多著名人士都来了呢。

甲：（不以为然地指了指台上的礼仪小姐）你看看这些礼仪小姐，怎么看起来都那么不好看啊，上次我在东边的那一家商场看到，人家那礼仪小姐个子又高，样子又周正，跟这儿简直就是一个天上，一个地下。你想想看，这礼仪小姐可是脸面啊，这都做不好，这商场肯定也高档不到哪儿去。

乙：（又仔细看了看，点头称是）可不是，饭店里端盘子的也比她们好看啊，看那衣服，还不是一个色，可真够马虎的。

甲：（撇撇嘴）这家商场肯定没什么实力，反正我以后是不会在这儿买东西的。

小思考 你认为这两位中年妇女的看法正确吗？谈谈你的想法。

案例提示 剪彩仪式说白了就是脸面上的事，是在宣传企业，一些看来不起眼的事如果没有考虑周全，就会因小失大。

2. 剪彩者的位次礼仪

如果剪彩者仅为一人，则其剪彩时居中而立即可；如果剪彩者不止一人，则对同时上

第七章　商务仪式礼仪

场剪彩时位次的尊卑就必须予以重视。一般的规矩是：中间高于两侧，右侧高于左侧，距离中间站立者越远位次越低，即主剪者应居于中央的位置。需要说明的是，之所以规定剪彩者的位次右侧高于左侧，主要是因为这是一项国际惯例，在剪彩仪式上理应遵守。其实，如果剪彩仪式并无外宾参加，则执行我国左侧高于右侧的传统做法也无不可。

3．剪彩的过程礼仪

步骤 1　主持人宣布剪彩后，助剪的捧花者和托盘者应立即率先登场。

登场时，通常应排成一行从仪式台的右侧（以全体到场者面向仪式台的视角为基准）进场。

登场后，捧花者均双手捧一朵花团站成一排面向全体到场者，托盘者则站在捧花者身后约 1 米处，并自成一行，如图 7.3 所示。

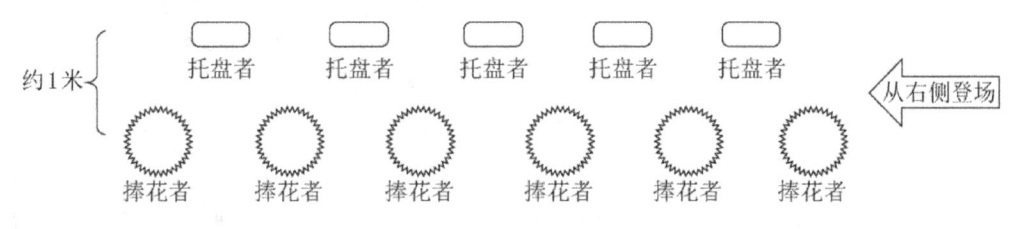

图 7.3　捧花者和托盘者的站次

步骤 2　助剪的引导者应行走在剪彩者的左前方，引导其从仪式台的右侧（以全体到场者面向仪式台的视角为基准）登场，使其在捧花者和托盘者之间站成一排，并面向全体到场者。

如果剪彩者不止一人，则众多剪彩者在登场时应自成一列行进，并使主剪者行进在前面。

当主持人向全体到场者介绍剪彩者时，被介绍者应面含微笑向全体到场者欠身或点头致意。

步骤 3　剪彩者到达既定的位置后，应向捧花者含笑致意。此时，托盘者应前行一步，到达剪彩者的右后侧，以便为其递剪刀和手套。

步骤 4　待捧花者有所准备后，剪彩者即可集中精力，右手持剪刀，庄重地将红色缎带一刀剪断。

如果有多人同时剪彩，则各剪彩者应留意其他剪彩者的动作，以使彼此的剪彩动作协调一致，从而同时剪断红色缎带。

按照惯例，剪彩以后红色花团应准确无误地落入托盘者手中的托盘里，而切勿使之坠地。为此，需要捧花者与托盘者的合作。

步骤 5　剪彩者在剪彩成功后，可以右手举起剪刀，面向全体到场者致意。然后放下剪刀、手套于托盘之内，举手鼓掌。之后，应依次与举办单位负责人握手道喜，并在引导者的引导下从右侧（以全体到场者面向仪式台的视角为基准）退场。

步骤 6　待剪彩者退场后，捧花者和托盘者方可列队从右侧（以全体到场者面向仪式台的视角为基准）退场。

销售商务礼仪

步骤7　不论是剪彩者还是主剪者，在登场和退场时都应步履稳健、神态自然、举止优雅，并保证现场井然有序。

三、剪彩仪式的程序

在正常情况下，剪彩仪式应在行将启用的建筑、工程或展销会、博览会的现场举行，正门外的广场、正门内的大厅都是可予以优先考虑的。在活动现场，可略做装饰，在剪彩之处悬挂写有剪彩仪式的具体名称的大型横幅更是必不可少的。

一般来说，剪彩仪式宜紧凑，忌拖沓，在所耗时间上越短越好——短则一刻钟即可，长则不超过一个小时。

按照惯例，剪彩既可以是开业仪式中的一项具体程序，也可以独立出来，由其自身的一系列程序所组成。独立而行的剪彩仪式通常应包含以下6个基本的步骤。

步骤1　请来宾就位。在剪彩仪式上，通常只为剪彩者、来宾和本单位的负责人安排座席。在剪彩仪式开始时，即应敬请大家在已排好顺序的座位上就座。在一般情况下，剪彩者应就座于前排。如果其不止一人，则应使之按照剪彩时的具体顺序就座。

步骤2　宣布仪式正式开始。在主持人宣布仪式开始后，乐队应演奏音乐，现场可施放礼花礼炮，全体到场者应热烈鼓掌。此后，主持人应向全体到场者介绍到场的重要来宾。

步骤3　演奏国歌。此刻须全场起立。必要时，也可随之演奏本单位的标志性歌曲。

步骤4　宾主发言。发言者依次应为东道主单位的代表、上级主管部门的代表、地方政府的代表、合作单位的代表等。本单位负责人致欢迎词并介绍本单位的详细情况及发展前景；其他代表的发言内容应围绕肯定、支持和祝贺展开，内容要言简意赅，每人不超过3分钟。

步骤5　进行剪彩。此刻，全体应热烈鼓掌，必要时还可奏乐或燃放鞭炮。在剪彩前，应向全体到场者介绍剪彩者。

步骤6　进行参观。剪彩之后，主人应陪同来宾参观被剪彩之物。仪式至此宣告结束。随后东道主单位可向来宾赠送纪念性礼品，并以自助餐款待全体来宾。

要注意以下事项。

① 剪彩不仅是一种仪式，而且是一种营造喜庆氛围、自我鞭策、展示宣传自我的手段。
② 剪彩的准备必须做到一丝不苟，才能取得令人满意的效果。

资料小看板 7-2

开业剪彩仪式方案流程

项目：龙凯万代购物广场开业剪彩仪式
地点：购物广场
时间：2010年1月30日（暂定）

一、策划目的
二、背景分析

三、指导思想

四、前期的广告宣传和舆论造势

五、现场设置

六、开业剪彩仪式安排

七、开业剪彩仪式全程开支项目

一、策划目的

龙凯贸易连锁超市万代购物广场（以下简称龙凯万代购物广场）开业，宣传龙凯贸易连锁超市整体形象，展示龙凯贸易连锁超市丰富多彩的商品，强力提升龙凯贸易连锁超市的品牌形象，树立龙凯贸易连锁超市地区行业领军地位，进一步拉动"办年货"黄金段市场，实现攸县零售业繁荣深远的影响。

二、背景分析

自古有"得中央者得天下"之说，龙凯万代购物广场地处攸县腹地，地理环境优越，交通便利，是攸县的商品集散地，从而形成了众多的零售商城，龙凯万代购物广场便在这样的条件下应运而生。随着攸县经济的快速发展，零售超市的快速升级，原有的超市已不能适应市场发展的需要。

龙凯贸易连锁超市以准确的市场定位，专业的经营管理理念，依托卓尔不凡的设计风格，秉承超市需求旺盛的人气，纳业界之精华，果断地投资500万元兴建龙凯万代购物广场。这些都使此次开业仪式非常重要。

三、指导思想

企业搭台，商家唱戏，把开业庆典仪式与商家促销活动相结合，形成互动，借开业剪彩仪式宣传商家产品，最终销售产品。

视觉效果布设如彩虹门、楼体条幅可以以商家赞助为主，从而节省庆典项目开支（为达到整体效果，必须统一布设）。

文艺演出可与商品展示进行互动。

为"办年货"黄金销售旺季的到来做积极的准备。

四、前期的广告宣传和舆论造势

（一）龙凯万代购物广场开业前期广告宣传策略

借原有的声誉进行人际传播，因为龙凯贸易连锁超市在消费者中早就有了很好的口碑，通过人和人之间的交流与传播，能更快、更直接地传递信息。根据人的消费心理，当一个人去消费的时候，周围人对他的影响很大，从而会形成一传十、十传百的连锁传播方式。这种传播方式会直接面向消费者，引起消费者的购买欲望，从而产生购买行为，还可以节省广告开支。

进行开业前期的户外广告宣传。户外广告的优势是冲击力强，接触的人群广，在人的视野中停留的时间长，能起到更好的宣传效果。一方面可以购买别人的户外媒体，另一方面鞋城楼体也可以用作媒体宣传。

趁最近媒体关于老百姓（办年货）系列报道之势，通过新闻的形式，以"第一家购物广场"等为点切入报道，引起消费者的关注，扩大社会影响。

（二）龙凯万代购物广场开业剪彩仪式前期筹划

开业剪彩仪式是一个系统工程，涉及面广，头绪多，须前期周密布置。建议成立筹备小组，专职做事前各项活动的落实工作，以确保龙凯万代购物广场开业剪彩仪式的水到渠成，不因前期工作的仓促准备而影响既定的实施效果。

（1）向有关单位申请占道证，提前5天向攸县气象局获取开业当天的天气情况资料。

（2）落实出席开业剪彩仪式的宾客名单、省市区局委有关领导名单、兄弟单位的领导名单，提前1周发放邀请函，并征集祝贺单位（非攸县来宾请柬要在典礼前7天寄出，攸县来宾提前5天寄出，并确认来否回执。请柬内容有：行车路线图、VIP停车证、司机午餐券等）。

（3）联系新闻媒体广告的制作与投放时间安排，拟定新闻采访邀请函，找准可供媒体炒作的切入点，推销"买点"。

（4）拟订周密的开业剪彩仪式计划。

（5）落实领导安全保障体系（公安交警部门负责）。

（6）确定各位领导讲话稿，主持领导的主持稿等讲话所涉及的文案。

（7）落实现场停车位、各单位代表停车区。

（8）落实电源位置并调试及其他相关事宜。

（9）落实开业剪彩仪式的应急措施。

（10）确定开业剪彩仪式宣传标语的内容，须提前5天交礼仪公司制作。

五、现场设置

（一）宏观静态元素布设

整体布设效果要求：所设各种庆典元素和谐搭配，整体上注重点、线、面的完美结合，凸显立体感、空间层次感，色彩追求强烈的视觉冲击力——张扬喜庆，展现隆重，使场面大气恢宏，不落俗套，热烈隆重且典雅有序。

（1）剪彩区布设

① 剪彩区。开业剪彩仪式设在超市正门前，用红地毯铺就10米×6米的剪彩区，两边摆放两排花篮装饰。当剪彩开始时，乐队可在剪彩区后边台阶上表演，作为后背景。

② 冷焰火。两组，设在剪彩区前方，配合剪彩时释放。

③ 龙门。横跨剪彩区上置16米跨度龙门1座，上悬挂"热烈祝贺龙凯万代购物广场盛大开业"条幅。

④ 剪彩花。10套剪彩花在开业剪彩仪式进行时由礼仪小姐整齐列队捧出，礼仪小姐典雅、轻盈、稳步地走上剪彩台，映衬着鲜艳热烈的剪彩花，预示着龙凯万代购物广场盛大开业的顺利圆满成功。

（2）表演区布设

① 舞台。在龙凯万代购物广场左边搭建舞台，整个台面用大红地毯通体覆盖，背景采用的主题词为"龙凯万代购物广场开业典礼"；舞台前方中间置立式话筒2对；前方以鲜花扎制10簇装饰；右侧后方设一主持人立式讲话台；两侧各设音箱1只；舞台和购物广场楼体之间留3米宽的距离，以便于人群走动；用红地毯把剪彩区和表演区连接起来。

② 音响设在表演区。

（3）周边环境布设

① 彩虹门。在购物广场正前方设置8座，从整体上渲染龙凯万代购物广场开业隆重的气氛。

② 条幅。设在鞋城楼体上若干。

③ 鲜花组。在剪彩区靠龙门两侧在台阶上摆放两组鲜花，大厅门口、大厅内部用时令鲜花装饰，鞋城前方树坛上摆放装饰鲜花，表现出热烈、隆重的气氛。

④ 迎宾彩旗。200面彩旗悬插在街道龙凯万代购物广场一侧。

⑤ 金色布幔。装饰大厅内部电梯扶手，柱子用金色布幔围衬装饰，让人有一种富丽堂皇的感觉，增加隆重效果。

⑥ 气球门。装饰电梯入口处，让人感到耳目一新，增加人性化的感觉。

（4）迎宾区布设

签到处置于龙凯万代购物广场正门右侧，备签到用品一套（笔、本）。

（二）宏观动态元素布设

整体布设效果要求：通过动态元素的有机和谐配合，造成开业剪彩仪式大势磅礴、龙腾虎跃的欢腾场面。

① 乐队30人。仪式开始前演奏，烘托气氛，聚集人气，仪式进行中间歇演奏。演奏曲目有《迎宾曲》《载歌载舞的人们》《好日子》《走进新时代》《凯旋进行曲》《在希望的田野上》《拉得斯基进行典》等。

② 威风盘鼓队30人。阵势威壮，动作整齐一致，鼓声震撼，动作灵活，队形多变，花样翻新，渲染气氛，配合进程间歇演奏。

③ 礼仪小姐10人。身高1.7米，年龄25岁以下，着玫瑰红色旗袍，佩绶带，落落大方，形象气质佳，接待、引领签到，为领导佩戴胸花，引领剪彩。

④ 皇家大礼炮6门。外观金黄色，造型古朴逼真，威严雄浑，豪华气派，采用环保安全惰性气体发射。射程高达30米，剪彩时鸣放，射出彩花彩带，姹紫嫣红，五颜六色，漫天飞舞，如天女散花，绚丽多彩，甚为壮观，把仪式推向高潮。

⑤ 千业小礼炮6门。设置在表演区，宣布龙凯万代购物广场开业剪彩仪式开始时释放，烘托气氛。

六、开业剪彩仪式安排

地点：龙凯万代购物广场

时间：2010年1月30日上午9:30开始

（一）开业剪彩仪式工作日程

（1）2010年1月25日，筹备组具体确定主席台位置及演出区，进行整体布局。

（2）1月25日，确定主题词、条幅标语，并交付礼仪公司部制作。

（3）1月26日，确定参加开业剪彩仪式的领导、嘉宾及讲话稿，并发出邀请函征集祝贺单位。

（4）1月29日，主体单位协调落实电源到位并调试通电。

（5）1月29日，主席台、后背景及大型喷绘开始搭建。

（6）9月30日凌晨，彩虹门、签字台、千业小礼炮开始布设。

（7）早晨8:30，所有现场静态元素布设完毕。

（二）开业剪彩仪式工作流程

（1）1月30日早8:00，开幕式筹备组成员准时到场，检验现场静态元素布设状况，协调现场动态元素布设，做好最后整体协调，落实细节，做到万无一失。

（2）8:20，乐队、盘鼓队、主持人到位，签到处、贵宾花、音响准备就绪，保安进行现场秩序维护。

（3）8:30，礼仪小姐到位，音响调试完毕，乐队、盘鼓队开始交替表演。

（4）8:50，参加开业剪彩仪式的领导和嘉宾陆续到场，礼仪小姐开始负责接待、引领签到、为领导佩戴胸花等礼仪服务。

（三）开业剪彩仪式程序安排

上午9:30开业剪彩仪式正式开始。

（1）9:25，参加开业剪彩仪式的领导、嘉宾由礼仪小姐引领走上主席台。

（2）主持人介绍参加开业剪彩仪式的领导、嘉宾。

（3）9:30，主持人宣布龙凯万代购物广场开业剪彩仪式开始（乐队奏乐，盘鼓队擂鼓）。

（4）请县级领导致贺词（2分钟）（讲话结束后盘鼓队低音伴奏）。

（5）请物业董事致贺词（2分钟）（讲话结束后盘鼓队低音伴奏）。

（6）请嘉宾代表致贺词（2分钟）（讲话结束后盘鼓队低音伴奏）。

（7）请商户代表致贺词（2分钟）（讲话结束后盘鼓队低音伴奏）。

（8）请超市董事致答谢词（2分钟）（讲话结束后盘鼓队低音伴奏）。

（9）主持人宣布请上级领导、超市董事到剪彩区为龙凯万代购物广场开业剪彩。

（10）礼仪小姐引导上级领导、超市董事、嘉宾代表到剪彩区，礼仪小姐整齐列队，双手捧出剪彩花，典雅、轻盈地稳步走上剪彩区。

（11）9:48，领导剪开红绸，宣告购物广场隆重开业。（此时，乐队奏乐，盘鼓队擂鼓，礼炮齐鸣，彩花彩带当空漫舞，如天女散花，姹紫嫣红，绚丽多彩，甚为壮观，仪式达到高潮。气氛热烈，人声鼎沸。）

（12）剪彩完毕后，请上级领导、超市董事、嘉宾代表参观超市。

（13）10:00，文艺演出活动开始。文艺演出活动应该与商家的促销活动相结合，以互动的方式进行。

文艺演出活动

主旨：强化形象认知，催生现实购买，引发购买高潮，加深品牌印象。

原则：活动形式不克隆，活动炒作不泛滥，开场轰动、收场圆满，高潮迭出。

形式：综艺类、新奇类、互动类、促销类。

内容：歌舞表演、魔术杂技表演等。（具体参见演出节目具体编排）

七、开业剪彩仪式全程开支项目

1. 舞台
2. 后背景

3. 乐队 30 人
4. 威风盘鼓队 30 人
5. 16 米跨度彩虹门
6. 16 米跨度龙门
7. 礼仪小姐 10 人
8. 音响、话筒
9. 礼炮（每门 12 枚礼花弹）
10. 剪彩用品 10 套
11. 签到用笔、本
12. 彩旗（五彩）100 面
13. 胸花
14. 条幅 0.9 米宽（楼体条幅）
15. 大红地毯
16. 气球门（五彩颜色）
17. 双面印字绶带 10 条
18. 时令鲜花
19. 金色布幔

第三节　开业仪式礼仪

开业仪式也称开业典礼，是指在单位创建、开业，项目完工、落成，某一建筑物正式启用，或者是某项工程正式开始之际，为了表示庆贺或纪念，按照一定的程序所隆重举行的专门的仪式。

资料小看板 7-3

开业礼式致辞

尊敬的各位领导、各位来宾、女士们、先生们：

下午好！

今天，是 XX 有限责任公司开业的日子，我谨代表 XX 有限责任公司全体员工向在百忙之中抽出时间出席开业仪式的各位领导和来宾表示热烈的欢迎与衷心的感谢！

正当举国上下欢庆党的十七大胜利召开之际，XX 有限责任公司正式挂牌成立，有着特殊的、积极的、深刻的意义。

我们公司目前发展的主要宗旨是：打造一个立足广东，面向东部，辐射全国，联结世界的文化产业集团。

各位领导，各位来宾，我们需要有梦想，梦想的实现需要精诚团结，努力开拓，奋力实现，我们更需要新老朋友携手相助，共同托起！

再次感谢各位领导和嘉宾的光临，你们的关心与关怀是对我们最大的鼓励和有力的支持！

谢谢！

一、开业仪式的原则

开业仪式尽管进行的时间极其短暂，但要营造出现场的热烈气氛，在指导思想上要遵循"热烈""节俭"与"缜密"三原则："热烈"是指要营造出一种欢快、喜庆、隆重而令人激动的氛围；"节俭"是指要求主办单位勤俭持家，在经费的支出上量力而行；"缜密"是指主办单位在筹备开业仪式之时，既要遵行礼仪惯例，又要具体情况具体分析，认真策划，注重细节，一丝不苟。

二、开业仪式的作用

① 反映主办单位领导人的组织能力、社交水平、文化素质，甚至主办单位的经营理念和企业文化。

② 增强全体员工的自豪感和荣誉感，培养员工的凝聚力和责任感。

③ 提高组织的知名度和美誉度，达到招徕顾客，吸引社会各界关注，与合作伙伴沟通交流的多重目的。

④ 塑造主办单位的良好形象。成功的开业仪式会在人们心目中留下长久的印象，成为人们美好的记忆，从而为组织形象的树立创造一个良好的开端。

三、开业仪式的准备

（一）人员安排

成立若干专项工作小组，由各小组成员分别负责处理宣传、布置仪式现场、接待宾客、准备和发放礼品、主持仪式、维护现场秩序、摄像或拍照、安排餐饮、组织娱乐、打扫卫生、管理经费等各个方面的事务。

（二）舆论宣传

① 利用报纸、杂志等视觉媒介物传播。这种方式具有信息发布迅速、接受面广、持续阅读时间长的优点。

② 自制广告散页传播，即向公众介绍商品、服务内容或宣传本企业本单位的服务宗旨等。这种方式所需费用较低。

③ 运用电台、电视台等大众媒体传播。这种传播方式效率最高，成本也最高，要慎重考虑投入与产出。

④ 在企业建筑物周围设置醒目的条幅、广告、宣传画等传播媒介物。

（三）来宾邀请

1．邀请的人员

可以邀请有关领导、社会名流、合作伙伴、媒体记者、社会公众、单位员工等。

2．邀请的方式

邀请来宾时，可以采取打电话、发传真、寄邀请函等方式进行。为了表示诚意与尊重，通常应采取寄邀请函的方式进行，对于重要嘉宾还应派专人将邀请函送到其手中。

3．邀请的时间

邀请工作应至少提前1周完成，以便被邀请者早做安排。

（四）场地布置

1．搭建仪式台

仪式台的设计：长方体，长25米，宽20米，高1米。

现场装饰的基本要求是：为显示隆重与敬意，可在来宾尤其是贵宾站立之处铺设红色地毯；在场地四周悬挂标语横幅；悬挂彩带、宫灯，在醒目处摆放来宾赠送的花篮、牌匾、空飘气球等，如在大门两侧各置中式花篮20个，花篮飘带上的一条写上"热烈庆祝××开业仪式"字样，另一条写上庆贺方的名称；正门外两侧，设充气动画人物、空中舞星、吉祥动物等。

开业仪式台搭建完成后的平面布局如图7.4所示。

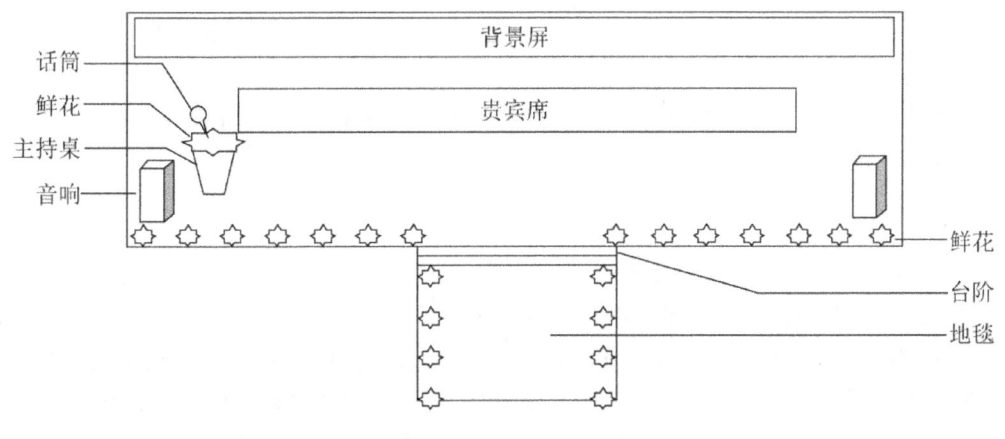

图7.4　开业仪式台

2．布置现场环境

开业仪式的场地布置完毕后的效果如图7.5所示。

选择场地应考虑以下因素：开业地点一般设在企业经营所在地、目标公众所在地或租用大型会议场所；场地是否够用，场内空间和场外空间的比例是否合适；交通是否便利，停车位是否足够；场地环境要精心布置，用彩带、气球、标语、祝贺单位条幅、花篮、牌匾等烘托喜庆热烈的气氛。

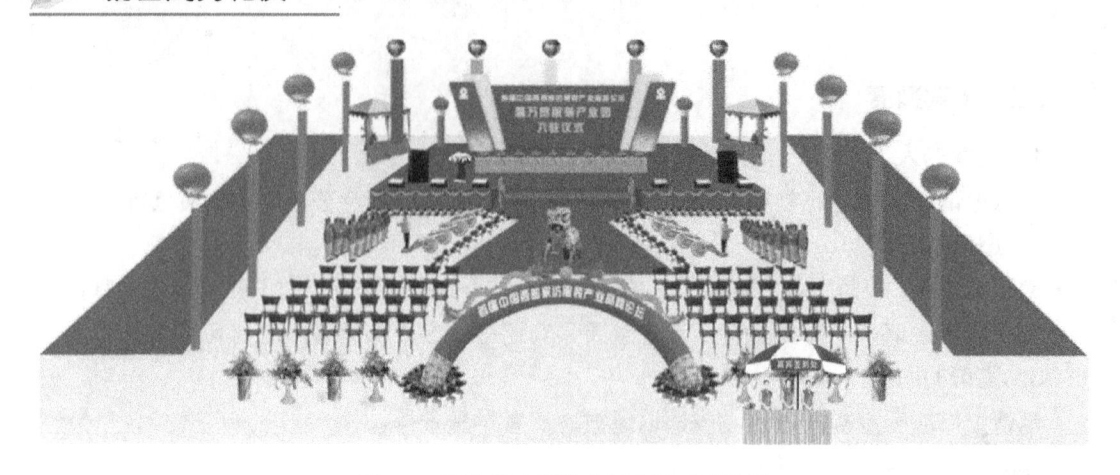

图7.5 开业仪式场地布置完毕后的效果

（五）礼品准备

所赠礼品应突出宣传性、价值性和实用性。

① 宣传性。宣传性就是礼品应具有开业单位的鲜明特色。通常，可采取在礼品及其包装上印刷开业单位的标志、产品图案、广告用语、开业日期的方式来增加礼品的宣传性。

② 价值性。价值性就是礼品应具有纪念意义，能使受赠者对其倍加珍惜。

③ 实用性。实用性就是礼品应具有实际使用价值，能为受赠者带来生活或工作上的便利。

（六）来宾接待

在开业仪式正式开始前，应派专人接待来宾，做好现场的后勤保障工作，包括车位安排、茶水供应、礼品发放、秩序维护等。

负责接待的人员必须以主人翁的身份热情待客、有求必应、主动相助。接待贵宾时，开业单位的主要负责人应当亲自出面。

（七）其他注意事项

① 关注天气预报，提前向气象部门咨询近期天气情况，选择阳光明媚的日子。天气晴好，更多的人才会走出家门，走上街头，参加活动。

② 时刻关注营业场所的建设情况，以及各种配套设施，如水电暖等硬件设施建设情况。

③ 要选择主要嘉宾、主要领导能够参加的时间，选择大多数目标公众能够参加的时间。

④ 应考虑公众消费心理和习惯，善于利用节假日传播组织信息。

⑤ 必须考虑周围居民的生活习惯，避免因过早或过晚而扰民，一般安排在上午9点至10点之间最恰当。

四、开业仪式的具体形式及其程序

开业仪式是众多礼仪仪式的统称，在不同的场合具体表现为不同的形式，常见的形式包括开幕仪式、开工仪式、奠基仪式、破土仪式、竣工仪式、通车与通航仪式、下水仪式等。

(一)开幕仪式

开幕仪式是指公司、企业、宾馆、商店、银行正式运营之前,或者各类商品的展示会、博览会、订货会正式开始之前所举行的庆典活动。

开幕仪式的基本程序如下。

步骤1 主持人宣布仪式开始,并介绍来宾。
步骤2 邀请重要来宾(如领导或社会知名人士)揭幕或剪彩。
步骤3 开业单位负责人致辞答谢。
步骤4 来宾代表发言祝贺。
步骤5 开业单位负责人陪同来宾进行参观或正式接待顾客。

(二)开工仪式

开工仪式是指生产企业准备正式开始生产产品时所专门举行的庆祝性、纪念性活动。

开工仪式的基本程序如下。

步骤1 主持人宣布仪式开始,并介绍来宾。
步骤2 开工单位负责人致辞,然后陪同来宾步行至开工现场,如机器开关或电闸附近。
步骤3 开工单位员工代表或来宾代表象征性地启动开工程序(如启动机器或合上电闸等),全体到场人员鼓掌庆贺,此时现场可奏乐、舞狮或燃放鞭炮。
步骤4 开工单位全体员工各就各位,上岗进行操作。
步骤5 开工单位负责人陪同到场来宾参观生产现场。

(三)奠基仪式

奠基仪式是指开工单位在正式动工修建建筑物(如大厦、场馆、园林、纪念碑等)之前所举行的庆贺性活动。

奠基仪式的基本程序如下。

步骤1 主持人宣布仪式开始,并介绍来宾。
步骤2 全体起立,奏国歌。
步骤3 开工单位领导致辞,并简要介绍即将修建的建筑物的功能和规划设计。
步骤4 来宾致辞道贺。
步骤5 正式进行奠基,即掩埋奠基石。此时,现场应演奏乐曲、锣鼓喧天。

奠基的具体做法为:首先,奠基人双手持握系有红绸的新锹为奠基石培土;然后,开工单位的人员与其他来宾依次为奠基石培土,直至将其埋没为止。

(四)破土仪式

破土仪式是指开工单位在正式开工修建道路、河道、水库、桥梁、电站、厂房、机场、码头、车站等之前所专门举行的仪式。

一般而言,破土仪式的基本程序与奠基仪式的基本程序大致相同。唯一不同之处在于,破土仪式的步骤5为破土动工。

其具体做法为:开工单位的全体人员和来宾环绕于破土之处,目视破土者(一般由开工单位领导人或重要嘉宾担任)双手握着系有红绸的新锹铲土3次,然后鼓掌、奏乐或燃放鞭炮。

(五)竣工仪式

竣工仪式又称落成仪式或建成仪式,是指开业单位所属的某一建筑物或某项设施建设、安装完成后,或者某一纪念性、标志性建筑物(如纪念碑、纪念塔、纪念堂、纪念像、纪念雕塑等)建成之后所专门举行的庆贺性活动。

竣工仪式的基本程序如下。

步骤1　主持人宣布仪式开始,并介绍来宾。
步骤2　全体起立,奏国歌,并演奏开业单位的标志性乐曲。
步骤3　开业单位的负责人发言,其内容以介绍、回顾和感谢为主。
步骤4　揭幕或剪彩。
步骤5　在场的全体人员向竣工的建筑物行注目礼。
步骤6　来宾致辞。
步骤7　开业单位负责人陪同到场来宾参观建筑物。

(六)通车与通航仪式

1. 通车仪式

通车仪式是指开工单位在重要的交通设施(如公路、铁路、地铁、桥梁、隧道等)完工并验收合格后,在交付使用前所举行的启用仪式。

通车仪式上,首次驶过交通设施的汽车、火车或地铁列车是被装饰的重点对象,一般应在车头系红花,在车身两侧插彩旗或挂横幅,如图7.6所示。

图7.6　通车仪式上车身的装饰

通车仪式的基本程序如下。

步骤1　主持人宣布仪式开始,并介绍来宾。
步骤2　全体起立,奏国歌。
步骤3　开工单位介绍即将通车的新线路、新桥梁或新隧道的基本情况,并向有关人士致以谢意。

步骤4　来宾代表致辞祝贺。

步骤5　开工单位领导或重要来宾剪彩。

步骤6　车辆通行。

2．通航仪式

通航仪式是指开工单位在正式开通飞机或轮船的一条新航线前所专门举行的庆祝性活动。

一般而言，通航仪式除了主要角色（飞机或轮船）以外，在其他方面往往与通车仪式大同小异，其具体程序可以参照通车仪式进行。

（七）下水仪式

下水仪式是指开工单位在新船建成下水起航之时所专门举行的庆祝仪式。具体而言，下水仪式是造船厂在吨位较大的轮船建造完成、验收完毕、交付使用之时，为其正式下水起航而特意举行的庆祝活动，如图7.7所示。

图7.7　轮船下水仪式

下水仪式的基本程序如下。

步骤1　主持人宣布仪式开始，并介绍来宾，此时乐队奏乐或锣鼓齐鸣。

步骤2　全体起立，奏国歌。

步骤3　开工单位简要介绍新船的基本状况，如船的吨位、马力、长度、高度、吃水、载重、用途、工价等。

步骤4　特邀嘉宾行掷瓶礼，然后砍断新船缆绳，以此宣告新船正式下水。掷瓶礼是下水仪式独有的项目，其目的是渲染喜庆的气氛。

步骤5　来宾代表致辞祝贺。

五、参加开业仪式的礼仪要求

步骤1　参加人员要注意仪容仪表，并准时参加仪式，为主办方捧场。
步骤2　宾客可在仪式前或仪式进行时送贺礼，并写上贺词。
步骤3　宾客见到主人时应向其表示祝贺，并说一些祝兴旺、发财等吉利的话语。
步骤4　宾客在致贺词时，要简短精练，注意文明用语，少用含义不明的手势。
步骤5　在仪式进行过程中，参加人员应做一些礼节性的附和，如鼓掌、跟随参观、写留言等。
步骤6　仪式结束后，宾客离开时应与主办单位领导、主持人、服务人员等握手告别，并致谢意。

第四节　新闻发布会礼仪

一、新闻发布会概述

新闻发布会简称发布会，有时也称记者招待会，是一种主动传播各类有关的信息，谋求新闻界对某一社会组织或某一活动、事件进行客观而公正报道的有效沟通方式。

新闻发布会是媒体所期待的。从全国性的媒体调查中发现，媒体获得新闻最重要的一个途径就是新闻发布会，几乎100%的媒体将其列为最常参加的活动。

对商界而言，举办新闻发布会，是自己联络和协调与新闻媒介之间相互关系的一种最重要的手段。

二、新闻发布会的原则

（一）主题明确

组织者一定要明确主题，以便确定邀请新闻记者的范围，达到组织者预定的传播信息的目的。

（二）准备充分

确定时间、地点、主持人、发言人；准备发言提纲和报道提纲、宣传辅助材料；确定邀请记者的范围并及早发出请柬；布置会场。

（三）选好发言人

发言人必须具有权威性，思维敏捷，反应速度快，有较高的政治素养和业务水平，吐字清晰、准确，逻辑性强，从容镇静，不慌不忙。对于记者提出的带有挑衅性或讽刺性的提问，不能针锋相对，恶语相讥，要绵里藏针，间接回答；对于不愿发表和透露的信息，或者涉及党和国家的机密问题，应委婉地做出必要解释，以求谅解；对于一时回答不了的问题，不宜用"无可奉告"之类的词应付，而应采取灵活的通情达理的方式应对。记者招待会上发布的信息必须准确无误，一旦发现错误，应及时更正。

（四）主持应具有风度

主持人言谈举止要讲究礼节礼貌，尊重记者的提问。如果记者提出远离会议主题的问题，应委婉地谢绝，巧妙地将话题引向主题；记者提问时，切不可随便插话，打断记者的提问；应注意调整会议气氛，掌握发布会预定时间。

（五）做好善后工作

工作人员要力求以最快的速度将报道纪要发给记者，以便记者组稿，准确及时地报道。如果记者没有报道或报道角度与组织的预期不一样，或者遭到新闻界善意的批评，不应抱怨新闻界，应主动与记者联系，征求意见，以便更好地改进工作；如果有歪曲事实或不正确的报道，应立即采取行动，使对方予以更正。

三、新闻发布会的特点

① 正规隆重。这是指形式正规，档次较高，地点经过精心安排，并邀请记者、新闻界（媒体）负责人、行业部门主管、各协作单位代表和政府官员参加。

② 沟通活跃。这是指要双向互动，先发布新闻，后请记者提问回答。

③ 方式优越。新闻传播面广，有报刊、电视、广播、网站等方式，能够集中发布（时间集中、人员集中、媒体集中），可以迅速将信息扩散给公众。

四、新闻发布会的筹备

（一）确定主题

决定召开新闻发布会后，首先应确定中心论题，即主题，这往往直接关系到发布会的预期目标能否实现。主题应集中、单一，不能同时发布几个不相关的信息。

企业新闻发布会的主题大致有以下3种。

① 发布某一消息，如企业推出新产品、新服务。

② 说明某一活动，如企业举行大型促销活动、展览会等。

③ 解释某一事件，如企业产品质量出了问题、企业营销策略遭遇了市场竞争对手的挑战、售后服务有了重大疏漏、企业发生重大事故等。

资料小看板 7-4

上海"6·27"莲花河畔景苑事故调查情况新闻发布会

上海市政府新闻办公室于7月3日上午11:15在市政府新闻发布厅召开"6.27"闵行区"莲花河畔景苑"在建楼房倒覆事故调查情况专题新闻发布会。本次新闻发布会将邀请市建设交通委、市安全生产监督管理局领导及事故处理相关专家组成员参加，介绍事故原因调查报告的主要内容，并回答记者关心的相关问题。

出席7月3日新闻发布会的调查组专家名单如下。

江欢成（组长），男，1938年生，建筑结构高级工程师，中国工程院院士，上海市现代建筑设计集团资深总工程师，从事建筑结构设计工作46年。

范庆国（副组长），男，1949年生，教授级高工，岩土工程专业，工学博士，上海建工集团总公司总工程师。

顾国荣（副组长），男，1960年生，教授级高工，国家级勘察设计大师，上海岩土工程勘察设计研究院有限公司技术总监，主要从事岩土工程勘察、设计、研究。

唐忠德，男，1949年生，教授级高工，同济大学建筑设计研究院（集团）岩土勘察设计分院院长，主要从事基坑工程的设计与研究工作。

发布会首先请事故调查组做情况通报。

关于"6·27"莲花河畔景苑事故调查情况的通报

市安全生产监督管理局局长　谢黎明

各位新闻界的同志们、朋友们：

上午好！

6月27日，在建的"莲花河畔景苑"楼房倒覆事故发生后，市委、市政府高度重视，刚才专家组（和黄融主任）通报了倒楼事故直接的技术原因。事故发生后，市政府迅速成立了由市安全生产监管局、市监察局、市建设交通委、市公安局、市总工会、市水务局等单位组成，并邀请市检察院参加的市政府"6·27"事故调查组。该事故调查组近日已进驻闵行区，正夜以继日地开展调查取证、论证分析工作，进行事故全过程的详细调查。

对此次事故的调查，市委、市政府的态度是非常明确和坚定的，即从规划、勘察设计、招投标、施工许可、资质管理、施工图审查、工程监理等方面进行全方位、全过程、全环节的调查，要兜底翻、彻底查，绝不姑息，不管涉及什么问题，要一查到底；不管涉及什么单位，要一追到底；不管涉及什么人，要一究到底。不仅事故技术原因的分析要准确、科学、严谨，而且对事故调查结论必须做到全面、公开和经得起历史检验，给社会和老百姓一个明确的交代。

事故调查组将按照"四不放过"的原则，以事实为依据，彻底调查事故发生的前因后果，不遗漏每一个程序、不遗漏每一个环节、不遗漏每一个行为，还原整个事故过程的本来面目。以标准规范为依据，调查组将根据事故发生的直接原因和其他原因，提出防范类似事故发生的指导性措施，避免类似事故再次发生。将以法律法规为依据，对事故涉及的相关责任人员，不管涉及谁，绝不姑息、绝不手软，依法、依纪、依规提出严肃的处理意见，严格追究责任。

目前，事故调查组的全体同志正在紧张地工作，对前一阶段搜集的证据、材料、笔录等进行仔细分析和论证。我们将通过认真细致的工作，尽快形成全面、科学、严谨、权威的事故调查结论，并及时向社会和媒体公布。同时，也希望各新闻媒体密切配合，共同做好舆论引导，为事故的调查处理创造良好的环境。

谢谢各位新闻界的朋友对事故调查工作的关心和支持！再次感谢！

市政府"6.27"事故调查组
2009年7月3日

（二）标题的选择

新闻发布会一般针对对企业意义重大、媒体感兴趣的事件举行。每个新闻发布会都会有一个名字，这个名字会出现在有关新闻发布会的一切表现形式上，如请柬、会议资料、会场布置、纪念品等。

对于新闻发布会的标题，需要注意以下几点。

① 避免使用新闻发布会的字样。我国对新闻发布会是有严格申报、审批程序的，对企业而言，没有必要如此烦琐，所以直接把发布会的名字定为"××信息发布会"或"××媒体沟通会"即可。

② 最好在发布会的标题中说明发布会的主旨内容，如"某某企业2018新品信息发布会"。

③ 通常情况下，需要给出会议举办的时间、地点和主办单位。这个可以在发布会主标题下以字号稍小的方式出现。

④ 有时可以为发布会选择一个具有象征意义的标题。这时，一般可以采取主题加副题的方式。副题说明发布会的内容，主题表现企业要表达的主要含义，如"海阔天空——五星电器收购青岛雅泰信息发布会"。

（三）时间的选择

新闻发布会的时间通常也是决定新闻何时播出或刊出的时间。因为多数平面媒体刊出新闻的时间是在获得信息的第二天，所以应尽可能把发布会的时间安排在周一至周四的上午10至12点或下午3至4点，会议时间长度保证在1至2小时，这样可以相对保证发布会的现场效果和会后见报效果。

部分主办者出于礼貌的考虑，希望可以与记者在发布会后共进午餐或晚餐。这并不可取，如果不是历时较长的邀请记者进行体验式的新闻发布会，一般不需要做类似的安排。有些以晚宴酒会形式举行的重大事件发布，也会邀请记者出席。这时应把新闻发布的内容安排在最初的阶段，至少保证记者的采访工作可以比较早的结束，确保媒体尽快发稿。

在时间的选择上还要避开节日或假日、避开本地的重大社会活动、避开其他单位的新闻发布会、避免与新闻界的重点宣传报道"撞车"，因为媒体对这些事件的大篇幅报道任务会冲淡企业新闻发布会的传播效果。

（四）地点的确定

新闻发布会优先考虑在首都或其他影响巨大的中心型城市举行，其次为在本单位所在地或事件所在地举行。

（五）人员的安排

新闻发布会的主持人大多由主办单位的公关部部长、办公室主任或秘书长担任，要求形象较好，反应灵活，能把握大局，并且具有丰富的主持经验。

发言人是会议的主角，通常应由本单位的高级领导担任。发言人的发言内容应详细。

新闻发布会的礼仪服务人员最好由品行良好、相貌端正、工作负责、善于交际的主办方的年轻女性担任。

为了主宾方便，主办单位所有正式出席新闻发布会的人员均应在会上正式佩戴事先统一制作的姓名胸卡，内容包括姓名、单位、部门与职务。

（六）材料的准备

① 发言稿。

② 记者提问提纲（答记者问的备忘录）应事先充分讨论，统一认识、口径，然后由专门班子起草、打印，分发给记者。

③ 提供给媒体的资料应以广告手提袋或文件袋的形式整理妥当，按顺序摆放，再在新闻发布会前发放给新闻媒体记者。

（七）发送请柬

请柬应提前一两周发出，重要宾客的请柬要专门安排人员送达，会前一两天用电话落实。

（八）准备胸卡和名签

主办单位应为每位出席者备好胸卡。另外，要安排好座位，特别要注意安排主席台上的嘉宾和主要人物的座位，并在其座位正前方放名签。

（九）席位安排

新闻发布会的席位一般是"主席台+课桌"式摆放。注意，对主席台上就座的人员须摆放席卡，以方便记者记录发言人姓名。摆放原则是职位高者靠前靠中，自己人靠边靠后，并且一般要在后面准备一些无桌子的座椅。

现在很多新闻发布会采用主席台只有主持人位和发言席，贵宾坐于下面第一排的方式；一些非正式、讨论性质的新闻发布会是圆桌摆放式。

摆放回字形会议桌的新闻发布会现在也出现得较多，即发言人坐在中间，两侧及对面是新闻记者的座席。这样便于沟通，也有利于摄影记者拍照。

（十）制订预算计划

要根据新闻发布会的规模制订预算计划。预算计划应留有余地，以备不时之需。

（十一）其他道具安排

其他道具包括背景板、麦克风、音响设备、投影仪、笔记本电脑、连接线、上网连接设备、投影幕布等。

其他道具安排需要注意以下事项。

① 相关的设备在新闻发布会前要反复调试，保证不出故障。

② 新闻发布会现场的背景布置和外围布置需要提前安排。一般在大堂、电梯口、转弯处要有导引指示欢迎牌——一般酒店都有这项服务，事先可请好礼仪小姐迎宾。

③ 新闻发布会背景板主要衬托出会议主题。

案例小故事 7-3

某公司自己新开发的一个新产品系列想通过新闻发布会的形式推向市场。时间安排在周一上午10点钟,眼看时间就要到了,可是前来参加新闻发布会的媒体代表只有三四个人。总经理非常焦急,询问负责发放通知的办公室主任小王。小王说:"我都通知到了呀。"总经理想了一下又问:"你是怎么通知的?"小王说:"我给各媒体单位一一打了电话,他们也应承要来参加,可谁想到他们都没来。"总经理听后气不打一处来,但只是瞪了半天眼睛却没有发火。他拍着自己的脑袋说:"这也怪我没交代清楚。"

小思考 你认为小王在负责通知记者这件事上有什么过失?总经理说自己没有交代清楚,是说没有交代清楚什么?

案例提示 会议通知事关与会人员到不到会、什么时间到会的问题,除了提前发出邀请函,会议前一天还应再打电话提醒和确认。特别是一些重要会议,一定要再次热情邀请。

五、新闻发布会的程序

(一)迎宾签到

让记者和来宾在事先预备好的签到簿上签下自己的姓名、单位、联系方式等内容,然后按事先的安排把与会者引导入会场就座。

(二)分发资料

应发给每位记者和来宾一个事先准备好的资料袋,其中有新闻发布稿、技术性说明(必要时发放)、会上要展示的产品或模型的照片。

(三)宣布新闻发布会开始

新闻发布会开始时主持人应简要说明召集发布会的目的、所要发的信息或事件发生的背景和经过等。

(四)发言人讲话

发言人讲话要措辞准确,讲清重点,吐字清晰、自然,可以就某些内容做重点、详细的讲述。

(五)回答记者提问

发言人要准确、流利地回答记者提出的各种问题,态度要诚恳、语言要精练,对于保密或不便回答的问题不要避而不谈,可以用幽默的方式进行回答。

(六)接受重点采访

如果记者有这样的要求,应尽力安排,给记者更多了解企业的机会。

(七)宣布新闻发布会结束

如果有条件,企业还可以举行茶会或酒会,以便与记者进一步沟通,加强企业与媒体的联系。

(八)安排其他相关活动

新闻发布会结束后,可邀请记者和嘉宾一起参观企业或试用产品,或者安排小型宴会。

六、媒体的应对

(一)了解各类媒体的特点

① 电视。优点是受众广泛,真实感强,传播迅速;缺点是受时空限制,不易保存。
② 报纸。优点是信息容量大,易储存查阅,覆盖面广;缺点是感染力差,不够精美。
③ 广播。优点是传播速度快,鼓动性极强,受限制较少;缺点是稍纵即逝,选择性差。
④ 杂志。优点是印刷精美,系统性强,形式多变;缺点是出版周期较长。

(二)确定会议的参加者

邀请新闻单位的基本规则为:宣布某一消息,尤其是为了扩大影响,提高本单位的知名度时,邀请的新闻单位通常多多益善;说明某一活动,解释某一事件,特别是本单位处于守势时,邀请新闻单位的面不宜过于宽泛,应优先选择影响巨大、主持正义、报道公正、口碑良好的新闻单位。

(三)处理好与新闻界人士的关系

① 要把新闻界人士当作自己真正的朋友对待,对对方既要尊重友好更要坦诚相待。
② 要对所有与会的新闻界人士一视同仁,不要亲疏有别、厚此薄彼。要尽可能地向新闻界人士提供对方所需要的信息;要注意信息的准确性、真实性与实效性,不要弄虚作假、"爆炒"新闻。
③ 要尊重新闻界人士的自我判断,不要拉拢、收买对方,更不要左右对方。
④ 要与新闻界人士保持联络,要注意经常与对方互通信息,常来常往,争取建立双方的持久关系。

七、现场的应酬

(一)主持人、发言人的外表和举止

主持人、发言人的仪容和他们的服饰要事先进行认真的修饰;主持人、发言人的举止要自然大方,面含微笑,目光炯炯,表情松弛,坐姿端正。

(二)主持人、发言人相互间的配合

主持人要主持会议、引导提问,当新闻界人士提出的某些问题过于尖锐或难于回答时,要想办法转移话题,不使发言人难堪;发言人要做主旨发言、答复提问,当主持人邀请某

位新闻记者提问之后，要给予对方适当的回答。

主持人、发言人的彼此支持在新闻发布会上通常是极其重要的。在新闻发布会进行期间，主持人与发言人必须保持一致的口径，不允许公开顶牛、互相拆台。

（三）主持人、发言人的讲话要求

① 要简明扼要（条理清楚、重点集中、容易听懂、印象深刻）。
② 要提供新闻（满足新闻人士的需求）。
③ 要生动灵活（挽救冷场、平复冲突）。
④ 要礼貌待人（保持镇定、谦恭敬人）。

八、善后的事宜

（一）了解新闻界的反应

核查新闻界人士到会情况，大致推断新闻界对本单位的重视程度；了解有多少媒体代表发表了新闻稿，搜集反馈信息，总结经验。

（二）整理与保存会议资料

整理会议自身的图文音像资料，即会议进行中所使用的一切文件、图表、录音、录像等，还可以整理新闻媒介有关会议报道的资料，即电视、报纸、广播、杂志上公开发表的涉及新闻发布会的消息、通讯、评论、图片等。

（三）对不利报道应酌情采取补救措施

对于事实准确的批评性报道，主办单位应闻过即改、虚心接受；对于因误解而出现的失实性报道，应通过适当途径加以解释，消除误解；对于有意歪曲事实的敌视性报道，应在讲究策略、方式的前提下据理力争、立场坚定，尽量挽回声誉。

九、新闻发布会应注意的礼仪事项

（一）新闻发布会主持人应注意的礼仪事项

① 主持人不要随意变更会议程序，也不要随意变更主题，更不可与记者发生冲突。
② 主持人会前不要单独会见记者或提供任何信息。
③ 主持人不允许越俎代庖，也不允许与发言人公开顶牛。

（二）新闻发布会发言人应注意的礼仪事项

① 发言人在发言和回答问题时，不能条理不清，没有重点。
② 发言人面对记者提出的一些尖锐而棘手的问题，或者巧妙回答，或者直言"无可奉告"，切不可向对方恶语相加，甚至粗暴地打断对方的提问。
③ 发言人与主持人要相互尊重、相互配合，当主持人邀请某位记者提问后，发言人一般要给予对方适当的回答。

（三）新闻发布会后应注意的礼仪事项

① 整理会议资料。
② 搜集各方面反馈信息。

案例·小·故事 7-4

小徐平时好说好动，即使在公司各种会议场合，别人在台上发表对某个问题的看法时，他在台下也要一边嘟囔，一边做出古怪的表情；别人在台上公布获奖名单，他会在台下与别人不停嘀咕；别人在台上做分析报告，他在台下向前后左右地讲街头新闻。有好心的同事提醒他，但他毫不在意。

小思考　小徐这样做，会给他本人带来什么影响？

案例提示　别人发言时小声嘀咕，首先是对发言者表达不满和抗议，其次容易影响会场秩序，再次会影响个人在公众中的形象。别人说话时不该在那里嘀咕，这容易使人产生怀疑和反感。

第五节　国旗礼仪

国旗是指某个国家由宪法规定的代表国家的旗帜。它是国家的一种标志，是国家的象征，如我国是五星红旗、美国是星条旗、日本是太阳旗。人们往往通过悬挂国旗表示对本国的热爱或对他国的尊重。但是，在一个主权国家领土上，一般不得随意悬挂他国国旗，有些国家还对悬挂外国国旗做了专门规定。在国际交往中，已形成了为各国所公认的悬挂国旗的惯例。

一、国旗悬挂规范

室外悬挂国旗应日出而升，日落而降。国旗不能倒挂，升旗要升至杆顶。须降半旗致哀时，应先将国旗升至杆顶再下降至离杆顶相当于杆长 1/3 处。

降旗时，先将旗升至杆顶，再徐徐降下；升旗时，服装要整齐，并立正脱帽，面对国旗行注目礼；不能使用破旧污损的国旗。

悬挂双方国旗时以右为上，左为下；两旗并挂时，以旗正面为准，右为客方，左为主方。

在汽车车头两端旗座挂旗时，司机右手方向挂客方旗，左手方向挂主方旗。

各国国旗的比例不同，两国国旗放在一起时，常会大小不一，所以并排悬挂不同比例的国旗时，应将其中一面旗缩放一些，使两旗面积大致相同。

从国际规则和礼遇出发，一国国家元首、政府首脑访问外国时，在到访国住地和交通工具上，可悬挂本国国旗（或元首旗）。到访国在接待外国元首和政府首脑时，在其住地和交通工具上应悬挂来访国国旗（或元首旗）。另外，驻外使节有权在办公地、官邸和交通工具上悬挂本国国旗。在国际会议上，各国政府代表团团长可按规定在一些场所或车辆上悬挂本国国旗。在大型国际性展览会、体育比赛等活动场合，也可悬挂本国国旗。

二、国旗悬挂法

（一）两面国旗并挂（见图7.8）

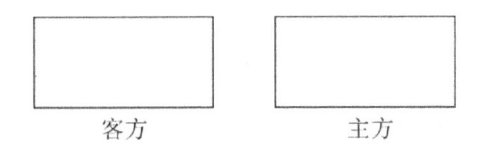

图7.8　两面国旗并挂

（二）三面以上国旗并挂（见图7.9）

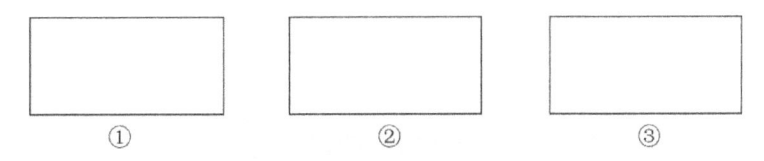

图7.9　三面以上国旗并挂

注意，多面国旗并列，主方在最后。如果是国际会议，则无主客之分，按会议规定的礼宾顺序排列。

（三）并列悬挂（见图7.10）

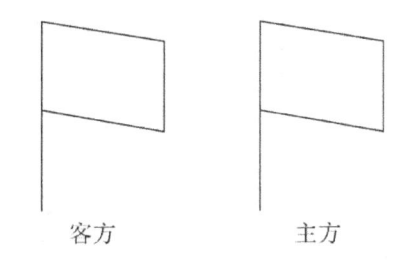

图7.10　并列悬挂

（四）交叉悬挂（见图7.11）

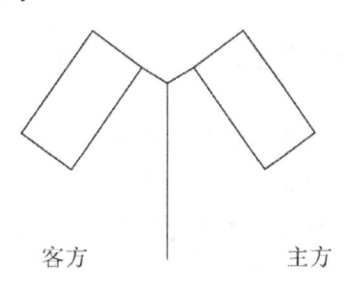

图7.11　交叉悬挂

（五）竖挂（客方为反面，主方为正面）（见图7.12）

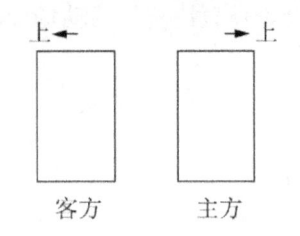

图7.12　竖挂

（六）交叉挂（见图7.13）

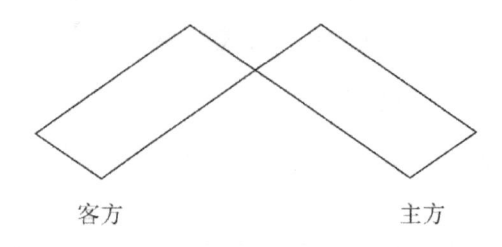

图7.13　交叉挂

（七）竖挂（双方均为正面）（见图7.14）

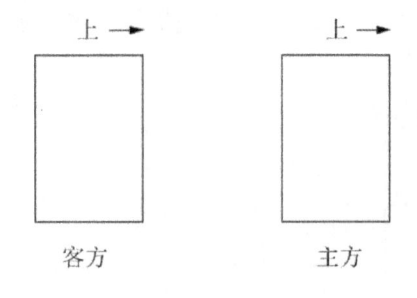

图7.14　竖挂

实训实践

实训设计一

项目名称　涉外签字仪式。

项目目的　通过实训，使学生熟悉涉外签字仪式的各项工作环节和基本规范，初步具备策划、组织签字仪式的能力。

项目简介　本实训贯彻学生自编、自导、自演和分级管理的原则。指导教师要按照涉外签字仪式的规范具体指导学生对本实训项目进行策划、准备、实施和善后，引导学生自己发现问题，按照责任分工的原则指导学生自己解决问题，切实锻炼和提高学生分析问题与解决问题的能力。本实训以班级为单位，设项目总协调人（由学生担任），将其他学生分成策划组、嘉宾组（扮演领导嘉宾）、文件组、翻译组、礼仪接待组、记者组、宣传组、后勤保障组等团队，每个团队均设组长，把签字仪式的各项策划与组织工作落实到每个团队和每个学生，使每个团队都有明确的分工，每个学生都负责一项具体的工作。

各项分工通过学生自愿申请和集体协商来确定，鼓励学生充分运用实训的机会展示自己的能力和风采。

项目要求

（1）签字仪式名称

中国××学院与美国阶梯公司合作举办上海国际秘书学院签约仪式

（2）准备工作及分工

① 策划。由若干位学生组成策划组，提交策划书。策划书经指导教师指导修改后作为实施方案分发给全体学生。

② 签字文本准备。若干名学生负责起草、排版、校对、印刷、装订。

- 标题。中国××学院与美国阶梯公司关于合作举办上海国际秘书学院的协议书。
- 正文。内容符合国家的有关法律法规，格式规范。
- 用中英文两种文字书写印刷，一式两份，中美双方各保存一份。

③ 出席嘉宾。均由学生扮演。

- 双方授权签字人员2名，身份为中国××学院院长、美国阶梯公司总裁，要求着正装。
- 双方致辞人4名，身份为××市教委主任（中文致辞）、美国驻上海总领事（英文致辞）；中国××学院董事长（中文致辞）、美国阶梯公司董事长（英文致辞）。要求着正装。
- 主持人1名，身份为中国××学院副院长，负责起草主持词。要求着正装。

④ 工作人员。

- 助签人员2名，负责准备签字笔和吸墨器。要求着礼仪服。
- 翻译人员若干名，负责签字文本、主持词、致辞稿的笔译和现场口译。
- 礼仪人员若干名，要求着礼仪服，负责签到和礼仪引导，准备签到桌、签到簿、签字笔、胸花。
- 现场布置人员若干名，负责制作会标，摆放签字桌椅和其他人员的座位，制作席卡和条幅，布置国旗和鲜花，准备音响设备、背景音乐、香槟、酒杯和托盘等。会标用中英文书写，计算机投影。
- 现场记录人员若干名，负责摄影记录、摄像记录、文字记录。

⑤ 记者若干名，身份由学生策划确定，负责撰写新闻稿。

⑥ 观摩实训的嘉宾，如辅导员、系领导、校有关部门领导等，由学生自行策划确定邀请的对象，由礼仪接待组负责制作请柬并当面递请。

⑦ 仪式开始后，扮演嘉宾、主持人、现场翻译、礼仪人员、记者以外的学生全部作为双方代表全程观摩。

⑧ 文件收集和归档人员若干名，负责在实训结束后收集所有的文书（包括电子稿）、照片、视频，经筛选后装订成册，电子文件刻盘保存。

⑨设总协调人1名,负责协调各组的工作安排和进度,督促每个学生按照要求完成各项准备工作,组织有关学生排练,与指导教师沟通。

(3)模拟签字仪式的流程

①入场签到。要求全体学生以扮演的角色进行模拟签到,签到人员做好签到接待和礼仪引导工作。

②全体参加人员先在台下就座。双方嘉宾坐在前排,座位对应上台后站立的位置。其他人员按事先划定的座区就座。

③主持人做简短开场白后按身份高低先主后宾、一主一宾介绍双方嘉宾,然后请双方嘉宾上台,按主左客右的惯例和身份高低的原则从中间向两侧排列。

④主持人宣布签字仪式开始,请双方签字人入席。

⑤助签人翻揭文本,指明签字处;双方在己方保存的文本上签字,然后用吸墨器吸干;助签人在签字人身后交换文本;双方在对方保存的文本上签字;签字结束后,双方签字人起立,交换文本、握手,全场鼓掌祝贺。

⑥主持人请礼仪人员给双方嘉宾敬上香槟,双方嘉宾互相敬酒祝贺。

⑦双方嘉宾致辞,顺序为××市教委主任(中文致辞)、美国驻上海总领事(英文致辞)、中国××学院董事长(中文致辞)、美国阶梯公司董事长(英文致辞)。由翻译人员现场翻译。

⑧主持人做简短小结后宣布签字仪式结束。

(4)实训所需主要物品

①签字桌1张,椅子若干。

②暗红色或墨绿色台布1块。

③签字笔若干。

④吸墨器2个。

⑤小型中国国旗和美国国旗2面。

⑥旗架2个。

⑦鲜花若干。

⑧酒杯若干,托盘1个。

⑨计算机、投影仪、扩音机、数码相机、摄像机各1台;话筒若干。

实训设计二

项目名称 剪彩仪式礼仪。

项目目的 通过实训,能够把握剪彩仪式的准备工作要点和剪彩仪式的基本程序及秘书在剪彩仪式中的作用。

项目说明

(1)把学生分成小组,以小组的形式开展实训教学。

(2)以小组为单位选取一个剪彩仪式素材,策划一场庆典活动。

(3)在实训开始前要向教师提交策划方案。

(4)完整展示剪彩仪式的准备工作、程序等过程。

（5）本次课共3个小组展示，每个小组展示时间30分钟左右。

项目说明

（1）每小组各出一名代表，陈述本小组剪彩仪式的主题。（5~10分钟）

（2）第一小组展示。（30分钟左右）

（3）其他同学对第一小组同学的展示进行点评，教师记录。同时，第二小组的同学布置现场。（5~10分钟）

（4）第二小组同学展示。（30分钟左右）

（5）其他同学对第二小组同学的展示进行点评教师记录。（5~10分钟）

（6）第三小组同学展示。（30分钟左右）

（7）其他同学对第三小组同学的展示进行点评教师记录。（5~10分钟）

（8）教师点评、总结并给出实训成绩。根据每小组实训总体情况及学生在实训中担任的角色、表现，为每位参与实训的同学评分，具体评分标准参考下表。

序号	项目	总分	评分参考				
1	规范性	50	非常规范	规范	比较规范	基本规范	不规范
			47~50	42~47	37~42	12~32	0~12
2	团队协作意识	10	非常强	强	比较强	基本有协作意识	没有协作意识
			9、10	8、9	7、8	6、7	0~5
3	应变能力	20	应变能力非常强	应变能力强	有一定应变能力	应变能力不太强	无应变能力
			19、20	18、19	17、18	16、17	0~5
4	实践态度	10	非常好	好	较好	一般	差
			9、10	8、9	7、8	6、7	0~5
5	综合素质	10	非常好	好	较好	一般	差
			9、10	8、9	7、8	6、7	0~5

本章小结

商务仪式是现代社会的重要社交方式，也是组织方对内营造和谐氛围、增加凝聚力、对外协调关系、扩大宣传、塑造形象的有效手段。随着企业的蓬勃发展和业务的不断扩大，围绕商务活动开展的各类仪式也多起来。在商务活动中，无论是主办方还是参加者，都必须遵守一定的流程和礼仪规范。商务仪式礼仪是商务交往取得成功的基本前提和重要保障。

商务仪式礼仪包括签字仪式、剪彩仪式、开业仪式、新闻发布会等礼仪。

在商务交往中，我们要掌握仪式礼仪的基本技巧和规范，熟悉签字仪式的座次礼仪和流程以及剪彩仪式的基本礼仪，了解新闻发布会如何来筹办和开业仪式的流程规范及一些相关的国旗礼仪。

复习思考

想一想

1. 简述以下基本概念。
   签字仪式、剪彩仪式、开业仪式、新闻发布会、国旗
2. 签字仪式的流程是什么?
3. 剪彩仪式的程序和礼仪要求有哪些?
4. 开业剪彩仪式的程序和礼仪要求有哪些?
5. 开业仪式需要做好哪些准备?
6. 举行新闻发布会的主要原则是什么?
7. 主要的国旗悬挂法有几种?

练一练

1. 判断以下说法的正误。
   (1) 在新闻发布会中不要对前来参加新闻发布会的记者厚此薄彼。 (　　)
   (2) 参加开业剪彩仪式可以不遵守时间。 (　　)
   (3) 开业剪彩仪式需要提前1周发出请柬,以便被邀者及早安排和准备。 (　　)
   (4) 在举行签字仪式之前不需要提前确定好参加仪式的人员。 (　　)
2. 选择题。
   (1)(多选)签字仪式的座次安排原则是(　　)。
   　　A. 双方签字者面门而坐,宾左主右
   　　B. 双边仪式参加者列队站于签字者之后,中央高于两侧,右侧高于左侧
   　　C. 双方签字人员面对房间正门,站在右侧为客方
   　　D. 多边签字仪式时签字桌面门横放,人多可设多方
   (2)(多选)举行开业仪式的原则是(　　)。
   　　A. 缜密　　　B. 热烈　　　C. 节俭　　　D. 隆重

谈一谈

小郑刚参加工作不久,公司举办了一次大型的产品发布会,邀请了国内很多知名企业人士参加。小郑被安排在接待工作岗位上。接待当天,小郑早早来到机场,当等到来参加

发布会的人时,他便开口说:"您好!是来参加发布会的吗?请告知您的单位及姓名,以便我们安排好就餐与住宿。"小郑有条不紊地做好了记录。后来在会场,小郑帮客人引路,虽然他自己一向走路很快,但此时他放慢脚步,很注意与客人的距离相隔不远。小郑一路带着客人,电梯上下他也是走在前面,做好带路工作。原本觉得很简单的事情,却几次被上司批评。

思考 为什么小郑总是被批评?你认为他哪些方面做得不好?

参 考 文 献

[1] 金正昆. 实用商务礼仪 [M]. 北京：中国人民大学出版社，2015.
[2] 王炎，杨晶. 商务礼仪——情境·项目·训练 [M]. 北京：电子工业出版社，2014.
[3] 舒静庐. 商务礼仪 [M]. 上海：上海三联书店，2014.
[4] 庄磊，吴莅芳，郁山英. 商务礼仪 [M]. 西安：西安交通大学出版社，2014.
[5] 陆季春，董华英，万芳. 商务礼仪 [M]. 杭州：浙江大学出版社，2014.
[6] 刘白玉，包芳. 领先国际商务礼仪 [M]. 北京：高等教育出版社，2014.
[7] 陈玲. 商务礼仪 [M]. 北京：清华大学出版社，2013.
[8] 杨路. 高端商务礼仪：56个细节决定商务成败 [M]. 北京：北京联合出版公司，2013.
[9] 王红，余少文. 商务礼仪 [M]. 广州：广东高等教育出版社，2013.
[10] 戴湖北. 商务礼仪——入职第一课 [M]. 北京：人民邮电出版社，2013.
[11] 天津市礼仪服务协会. 商务礼仪手册 [M]. 北京：中国商务出版社，2013.
[12] 崔海潮. 商务礼仪 [M]. 北京：北京师范大学出版社，2013.
[13] 靳斓. 商务礼仪与交往艺术 [M]. 北京：中国经济出版社，2013.
[14] 申作兰，冷德伟. 商务礼仪 [M]. 北京：中国轻工业出版社，2012.
[15] 卢兆强，汤义贤，陈严春. 商务社交礼仪实训 [M]. 大连：大连理工大学出版社，2012.
[16] 李兰英，肖云林. 商务礼仪 [M]. 上海：上海财经大学出版社，2012.
[17] 徐艟. 商务礼仪 [M]. 芜湖：安徽师范大学出版社，2012.
[18] 周思敏. 你的礼仪价值百万 [M]. 北京：中国纺织出版社，2010.
[19] 刘青，邓代玉. 世界礼仪文化 [M]. 北京：时事出版社，2010.
[20] 金正昆. 社交礼仪教程 [M]. 北京：中国人民大学出版社，2009.
[21] 联合国贸易网络上海中心. 如何与外国人打交道——海外商务文化礼仪习俗指南 [M]. 北京：中国出版集团公司，世界图书出版公司，2009.

尊敬的老师：

您好。

请您认真、完整地填写以下表格的内容(务必填写每一项)，索取相关图书的教学资源。

教学资源索取表

书　名				作者名	
姓　名		所在学校			
职　称		职　务		职　称	
联系方式	电话		E-mail		
	QQ号		微信号		
地址（含邮编）					
贵校已购本教材的数量（本）					
所需教学资源					
系/院主任姓名					

系／院主任：_____（签字）

（系／院办公室公章）

20____年____月____日

注意：

① 本配套教学资源仅向购买了相关教材的学校老师免费提供。

② 请任课老师认真填写以上信息，并请系／院加盖公章，然后传真到（010）80115555 转 718438 索取配套教学资源。也可将加盖公章的文件扫描后，发送到 fservice@126.com 索取教学资源。欢迎各位老师扫码关注我们的微信号和公众号，随时与我们进行沟通和互动。

③ 个人购买的读者，请提供含有书名的购书凭证，如发票、网络交易信息，以及购书地点和本人工作单位来索取。

微信号　　　　　　　　　　　　　公众号

反侵权盗版声明

电子工业出版社依法对本作品享有专有出版权。任何未经权利人书面许可，复制、销售或通过信息网络传播本作品的行为；歪曲、篡改、剽窃本作品的行为，均违反《中华人民共和国著作权法》，其行为人应承担相应的民事责任和行政责任，构成犯罪的，将被依法追究刑事责任。

为了维护市场秩序，保护权利人的合法权益，我社将依法查处和打击侵权盗版的单位和个人。欢迎社会各界人士积极举报侵权盗版行为，本社将奖励举报有功人员，并保证举报人的信息不被泄露。

举报电话：(010)88254396；(010)88258888
传　　真：(010)88254397
E - mail ：dbqq@phei.com.cn
通信地址：北京市万寿路173信箱
　　　　　电子工业出版社总编办公室
邮　　编：100036